儲けの科学

シンフォニーマーケティング
庭山一郎

The B2B Marketing
ザ・B2B マーケティング

売れるサービスを開発し、
営業生産性を劇的に引き上げた
オーケストレーションの技法

日経BP

はじめに

「儲かっている企業」はマーケティングを企業のど真ん中に置いています。それは世界でも国内でも同じです。世界をリードするアップル、HP、デル、ダッソー、日本を代表するソニー（現ソニーグループ）、パナソニック、セコム、京セラなどは創業者が天才的なマーケティングのセンスを持っていました。

マーケティングは戦略であり、企業文化であり、科学です。小手先のテクニックでも、広告キャンペーンでも、単なるブランディングでもありません。企業の中心にしっかり据えて「ナレッジ」と「人材」に継続して投資すべきものです。マーケティングが強い企業に進化するためには、マーケティング部門だけでなく、経営層、営業部門、ものづくり部門がマーケティングの基礎を学び、共通言語としなければなりません。これが理解されていないことが原因で、マーケティングに取り組んだ多くの日本企業が行き詰まっています。私は、日本のB2B企業が元気になる唯一の道は、全体最適の「マーケティング・オーケストレーション」に取り組むことだと考えています。

この本はマーケティング・オーケストレーションについて書かれた、日本で初めての書籍です。

マーケティングの重要性やそれが自社の弱点であることは、多くの経営者はもう理解しています。問題は何がどれくらい世界から遅れているのか、どんな要素が足りていないのか、具体的にどこをどう強化すべきなのか、そのためにどのくらいの予算を割り当てるべきなのか、を誰も理解していないことなのです。

我々が「マーケティングオーガナイゼーションパラドックス」と呼んでいる現象があります。マーケティングを始めた企業で、数年後にマーケティング部門が社内の問題児になって、予算の縮小やチームの解散、責任者の解雇などに結び付くことで、私は日本でＭＡ（マーケティングオートメーション）の普及が始まった２０１４年から警鐘を鳴らしてきました。現在の日本はまさにこのパラドックスがあちこちで起きてしまっています。ＣＥＯ（最高経営責任者）を含むトップマネジメントにこうした状況を説明し、理解を求める責任はＣＭＯ（最高マーケティング責任者）にありますが、残念ながら多くの日本企業にはＣＭＯが存在しません。これも、日本企業の競争力を削いでいる大きな原因です。この本ではＣＭＯのミッションや求められるスキルなどにも項を割いています。

この本は、マーケティングとセールスの生産性を引き上げる方法を「儲けの科学」として具体的に書いています。日本のバックオフィスの生産性は低くありません。ものづくりに至ってはいまだに世界一です。生産性が悪いのはマーケティングとセールスで構成される「売り上げをつくる」部分です。そこを網羅的に、具体的に、分かりやすく書きました。

今まで私は、「ＭＡの選定基準」や「ＡＢＭ（アカウントベースドマーケティング）の取り組み」などの比較的専門的な本を書いてきましたが、今求められているのはマーケティングとセールスの全体を俯瞰《ふかん》できる本だと思いました。それがこの本のコンセプトに〝売れるサービスを開発し、営業生産性を劇的に引き上げたマーケティング・オーケストレーション〟を選んだ理由で、組織や人、そのグローバルの新しい潮流、そしてマーケティングの学び方などを例を挙げて書いています。

この本の編集は日経クロストレンドの酒井康治さんが担当してくれました。今まで6冊の書籍を出版した経験から、一冊の本をつくるには編集者との相性がとても大切だと学びました。経験豊かな編集者からのアドバイスはとてもありがたいものでした。酒井さんに巡り会えて幸いでした。日経クロストレンド編集長の勝俣哲生さん、ご紹介いただいた日経BPの杉本昭彦さんにも重ねてお礼申し上げます。おかげさまで書きたかった本をタイムリーに世に出すことができました。

本書の中で使っている写真や図版は、私の海外の友人が掲載を許可してくれたものです。マーテック・ランドスケープのスコット・ブリンカー氏、元ダッソー・システムズのチーフストラテジーオフィサーのモニカ・メンギニ氏、元エロクワCMOのスティーブ・ゴシック氏、シリウスディシジョンズ創業者のジョン・ネーサン氏など、海外の友人たちにも感謝を申し上げたいと思います。

弊社の中でB2Bマーケティングの研修講師やスキルアップ用コンテンツの制作、コピーワークなどで活躍してくれている内海美徳さんがこの本の編集や資料収集、引用元の確認などをサポートしてくれました。内海さんは弊社で長く一緒に仕事をしていて、シンフォニー流B2Bマーケティングを深く理解してくれているので、彼のサポートはとても心強いものでした。また、文中の図表に関しては、B2Bのマーケティング Webの制作で国内随一の実績を持つ弊社のクリエイティブエキスパート小林青児がサポートしてくれました。

そして、これまでの6冊と同じようにこの本の企画からタイトル、全体構成、推敲《すいこう》までを監修してくれたのは、弊社の丸山直子副社長です。財務、人事・組織、サービス開発、そして営業と八面六臂《はちめんろっぴ》で活躍する経営パートナーの彼女がいることで、私はマーケティングだけに専念することができています。

一方、読者としては最も鋭い批評家で、昨年11月に書いた草稿への評価も、「集中力が切れた箇所が分かりやすいですねぇ」などとそれは辛辣なものでしたが、彼女の叱咤《しった》激励と素敵なアイデアのおかげで、なんとか恥ずかしくない本に仕上がりました。いつものことながら感謝しかありません。

この本は大部分を赤城山南麓にあるシンフォニーの森の小さなコテージで、一部をハワイの滞在先で書きました。執筆に集中できるように気を使ってくれ、いつも大好きな草餅を添えてコーヒーを淹《い》れてくれる奥さんにも感謝をささげたいと思います。

赤城山南麓のシンフォニーの森にて

2024年新春

儲けの科学 The B2B Marketing

目次

序章

私はなぜマーケティングと恋に落ちたのか

The B2B Marketing

靴屋というのは、靴を売っているのじゃなくて、
その靴をはいた脚の美しさを売っているのですよ。

ソニア・バータ

ジャック・セゲラ著『広告に恋した男』(晶文社)

大学の図書館で手にしたセオドア・レビットの書

私はセミナーなどの冒頭の自己紹介で、マーケティングに対する感謝の言葉を入れることが多くなりました。マーケティングに出会ってから40年以上も夢中で追い続け、ただの一度も、いや一瞬たりとも飽きたことがないからです。自分の選んだ仕事にここまで長い年月にわたって夢中でいられる人はあまり多くないかもしれません。そういう意味で毎日ワクワクしながら向き合えるものに出会えたことを本当にありがたいと思っています。

１９８１年、法学部の1年生だった私は八王子に移転して間もない中央大学の図書館で、たまたまセオドア・レビット（マーケティング論の大家。元ハーバード・ビジネス・スクール名誉教授）の本を手に取りました。その本に収録されていた「マーケティング近視眼（Marketing Myopia）」という論文を読んだ時の衝撃は今でも忘れないほどのものでした。

私は前橋市の商店街にある小さな帽子屋の家に生まれました。商家の子は店で育ちます。私はいつも店で交わされる大人の会話を聴いて過ごしました。お得意さんや、父のことを「大将」と呼ぶ問屋さんの地方回りの営業がお茶を飲みながら父と話していたのは

「あの店は、店員の給料の支払いが遅れがちだそうですよ」

「そんなに悪いのか？」

「危ないって話ですよ」


「あそこの店は大繁盛なので、近くのあの店はお客さんをごっそり持っていかれたらしいですよ」

「年が越せるか心配だね？」

「難しいんじゃないかなぁ」


「あの店は相変わらず儲かってそうだね」

「大将そう思いますか？」

「違うの？」

「いや、商売は良いのですが、婿にもらった人が株で大失敗したらしくて頭を抱えてましたよ」

「あぁ、株でねぇ」

「証券会社出身なんですよ、あそこの婿さん」


「あそこは景気いいですよ、新しく出した店が大繁盛らしいですわ」

「羽振りが良さそうだよね」

「何でもコンビニエンスストアっていう小さなスーパーなんですけど、まぁ会社の規則が厳しくて大変そうですけどね」
「ウチにもこの前どうですかって話があったよ」
「大将やるんですか？」
「やらないよ、あれは郊外型の店だと思うんだよなぁ」

私はいつも「こらっ、大人の話を聞いてるんじゃありません」と母に叱られながらそんな会話を楽しみに聴いていました。そして後からその時に名前が出た店が倒産したり、店の主人が夜逃げをしたりした話を聞くと「あの時の店だ」とドキドキしたものです。

そういう環境で育つと、自然に繁盛する店とそうでない店の違いは何だろう?と考えるようになります。同じ商店街にあって広さも品ぞろえもさして違わないのに、片方の店は、いつ前を通ってもお客さんがおらず、店主はいつも不機嫌そうでした。それに対してもう片方は、いつもお客さんがいて、景気の良いレジの音が絶えることがなく、店主はいつも愉快そうにしていました。その違いは何なのか？　隣の土地を購入して店を拡張する人もいれば、張り紙を残して夜逃げする人もいます。商店街で見聞きするドラマは子供心に「なぜ？」を植え付けていった気がします。

その答えが、「マーケティング近視眼」を収録したレビットの本にあったのです。隆盛を誇った米国の鉄道会社はなぜバスやトラックに市場を奪われたのか、エンターテインメントの王者だったハリウッドの映画産業が新興のテレビとどう向き合ったのか、そして「ドリルを買いに来た人が欲しかったのはドリルではなく穴である」というマーケティング界の至宝のような格言。子供の頃から漠然といつも心にあった疑問の答えを、ついに見つけた思いでした。

今思えば、私はあの瞬間に、マーケティングと恋に落ち、マーケティングを一生の仕事にすると決めたように思います。

未来なき子供服業界で、生きた「STP」を発見

当時、中央大学の商学部には既にマーケティング学科がありました。法学部だった私は学部変更も考えて、マーケティング学科の授業を聴講してみました。しかし残念なことに、その頃のマーケティング学科の講義は統計学を中心にしたものでした。

「私が学びたいマーケティングはこれではない」

そう思った私は、法学部の学生を続けながら独学でマーケティングを学ぶことにしました。そして学内

に「中央大学マーケティング研究会」というサークルをつくり、仲間数人を誘って勉強を始めました。

2年の夏休みの前に、休み中の研究課題にSTP（セグメンテーション、ターゲティング、ポジショニング）を選びました。業種を決めて、その業種の企業がものづくりやマーケティング施策でSTPをどう活用しているのかを調べてリポートし、休み明けに発表するという課題でした。

私はなぜか「子供服業界」を選びました。学生に寛容だった時代ですから、きちんと手紙を書いて取材を申し込むと、驚くほど偉い人がインタビューに応じてくれました。学生でマーケティングを研究している人が少なかった時代でもありました。そしてお会いした子供服メーカーの方々は、一様にこう言いました。

「この業界に未来はないのです」

あらゆる統計で、少子化の方向性ははっきりしている。女性の社会進出が加速すれば、ますます子供は少なくなる。つまり子供服の対象である子供が減るのだから、未来なんか描けない。STPどころか、婦人服や雑貨などに進出する「脱子供服」の流れがはっきり見えたのです。中には親切に収集した人口統計数値から導き出したグラフを使って、子供服産業の市場がいかに縮小していくかを説明してくれた人までいました。

リサーチ最初の2週間で、私は調査対象を変更することにしました。この業界を調査しても意味がないと思ったからです。

しかしそうした矢先、老舗の子供服メーカーなどが明確に未来を否定するこの業界に、新規参入してきた会社が倍々で売り上げを伸ばしていました。それは「ミキハウス」でした。この会社の人が人口統計を知らないはずはありません。でも業績は伸びています。おかしい……。私は調査対象を変更するのは、ひとまずミキハウスを調べてからにしようと思いました。同社への正式なインタビューはできませんでしたが、いくつかの店頭で話を聞くことができました。

まず驚いたのは客単価です。他の子供服店の平均客単価が2000〜4000円だったのに対し、ミキハウスはその3倍から店によっては8倍の客単価だったのです。店舗の内装のグレードや照明器具の配置も、子供服店というよりはブティックに近く、商品の陳列もワゴンに詰め込むのではなく、一点一点をハンガーに掛けて並べてありました。そして子供服の隣には、同じデザインの大人用のシャツやトレーナーが置いてあり、これをセット購入する人が多いのも客単価を押し上げている要因でした。

さらに観察すると、どの店もレジ台が大きくて、後ろにはいろいろなデザインの包装紙が選べるようになっており、リボンも柄も太さも迷うほどの種類が並んでいました。店内の人も購入している人も、他の子供服の店とは全く異なっていたのです。

私はハッと気が付きました。この店は子供服店じゃない、子供を持つ親へのギフトの店だ。買っている人のほとんどは子供を持つ親ではなく、その友人たちでした。また年齢層から判断して、親の親、つまりおじいちゃんおばあちゃんが多く、子供服とペアルックを購入しているのはそうした層でした。ミキハウスは、既存の老舗子供服メーカーとは全く異なるターゲットセグメントで戦っていたのです。

「STPだ！」

本で学んだフィリップ・コトラー博士が提唱するSTPがそこにありました。市場を細分化し、子供服の市場の中から親が購入する市場ではなく、祖父母や親戚、友人などのギフト市場を選択し、製品設計から店舗デザイン、店舗の出店立地、値付け、マーチャンダイジング、包装紙からラッピングテープまでを、すべて定義したターゲット市場である〝子供を持つ親へのギフト〟に全体最適化した結果、誰もが諦めた縮小する市場で快進撃をして業績を伸ばしていました。

それが見えてきたとき、本で学んだSTPが生きていると実感し、感動のあまり涙が出る思いでした。インタビューに答えてくれた店長が言いました。

「売り上げは圧倒的にギフトですね。親が買うには、ミキハウスは高いですから。この背中に大きなロゴの入ったトレーナーはペアでよく売れています。孫へはプレゼントとしてラッピングし、同じ柄を自分用に買っていくおじいちゃんが多いのです」

そしてこう続けました。

「ミキハウスは家族の笑顔を売っているのだと思います」

菜種油がビールと競合する市場

大学3年生の年末に、私はお歳暮配達のアルバイトをしていました。運転免許を持っていたので稼げると友人に紹介してもらったのです。

バンタイプの軽トラと担当地域を割り振られて、多い日には200軒以上もお歳暮を配達します。住宅地図上に配達経路を考えて記入し、その順番に配達して回り、受け取りの判子を押してもらった伝票を持って帰ります。

集配所に戻ると一日の伝票を提出し、翌日分の伝票を受け取り、地図とにらめっこして配達順路を決めて、その通りに伝票を並べ直し、その配達順に軽トラに荷物を積み込みます。ここで手を抜くと、配送先で荷物を探すのに時間を取られることになります。

そんなバイトの中で、私は伝票に記載されたお歳暮の中身が、菜種油とビールが多いことに気が付きました。私は配達伝票を渡すときに運送会社の人に質問しました。

「なんで菜種油とビールがこんなに多いんですか?」

「あぁ、お歳暮やお中元って箱の大きさや重さが重要なんだよ。同じ値段なら箱が大きくてずっしり重いほうがいいからね」

「運ぶのは大変ですけど……」

「そうだね、でも贈る人にとってみれば〝手応え〟を感じてほしいんだろうね」


調理用の高級菜種油と缶ビールが多いことは理解できましたが、それなら菜種油と缶ビールは店頭で競合していることになります。食用油メーカーの人は、ビールメーカーと競合していることを知っているのか? お中元とお歳暮という年に2回の季節変動競合なんて、意識するものなのか? そこがどうしても気になり出しました。STPで言えば、ある季節にだけ出現するセグメントがあり、その時だけ競合関係が変化するということになるからです。

お歳暮シーズンの終盤、集配センターに百貨店から来た女性がヘルプに入りました。お歳暮などを置く、催し物売り場の担当でした。私は彼女にここ数日考えていたことを質問してみました。


「そんなこと考えながら配達してたの?」

「はぁ、マーケティング研究会なんです」

「運送会社の人に水球部だって聞いたけど」

「水球部とマーケティングサークルです」

「変わった学生ね、それでSTPを考えてたんだ……」

「はぁ」

「お歳暮って、値段が大事なのよ」

「値段？」

「2000円を何個、3000円を何個、5000円を何個というリストを持った奥さんが来店して、その予算の中で選ぶのよ」

「半端はないんですか？」

「ないわね。2300円とか絶対売れないの、頭の中は1000円単位だから」

「はぁ、ならその1000円単位の詰め合わせはメーカーが考えるんですか？」

「メーカーと一緒に百貨店が考えるかな。お中元とお歳暮商戦って、1年前から準備するのよ」

「そうなんですか？」

「これだけの在庫をメーカーに確保してもらうのって、すごく大変なのよ」


私はどうしても知りたかったことを質問しました。

「それで食用油メーカーの人は、店頭でビールと競合してるって知ってるんですか？」

「当たり前じゃない、贈答品市場ってすごい売り上げ規模なのよ」

「そうかぁ……」

「この時期の百貨店の催し物売り場って行ったことある？」

「ありません」

「今度見に行くといいわよ、でも配達のバイトしてたら無理ね」

「あの、そうなると季節限定のセグメントがあって競合が変わるってことですね」

「よく考えたわね、その通りよ。普段は競合しない、離れた売り場にある商材がその季節だけ同じ３０００円のテーブルで競合するの」

「メーカーはそこで勝つために詰め合わせを考えるんですか？」

「ウチはバイヤーと、催し物売り場担当と、メーカーで企画会議をやってるの」

「どうしてですか？」

「基本的にはメーカーが提案してくるんだけど、ウチも他の百貨店と競合してるから、差別化したいでしょ」

「テーブルの上も競合で、百貨店同士も競合なんですね」

高級ビールの競合は高級菜種油で、カルピスの競合はせっけん、タオルメーカーも毎年いろいろな提案を持ってくるけど、重さが足りないので企画が通らないし、通ってもやっぱりあまり売れない。でも、百貨店は差別化をしたいので、いろいろなメーカーの提案はできるだけ聞くようにしている。特にまだ他の百貨店が置いていないものを探して、バイヤーは日本中駆け回っている。珍しいものは魅力はあるけど製品デリバリーに不安があるので、結局大手メーカーの商品が中心になって、あまり他店と差別化ができない。お中元とお歳暮だけでなく、北海道展や瀬戸内海フェアなどもあるので、催し物売り場の担当は年中とても忙しい……。

その人は愉快そうに教えてくれました。そして、こんな話まで明かしてくれました。

「内緒でウチの差別化戦略を教えてあげようか？」

「はい、お願いします」

「贈り先のリストを保管してるのよ」

「贈り先の……」

「もしそれがなければ、お客さまは毎年贈り先の住所や電話番号を、店頭で伝票に記入しなきゃならないでしょ」

「あぁ、そうか。この伝票ですね」

「そう、それプリンターが印字したものが多いでしょ」

「そうですね」

「それはウチのデータベースから印字してるの」

「お客さまが楽ができるようにですか？」

「そうよ、それがあればお客さまは店頭で前の年の配送リストを見ながら、今年はこの人には贈らない、代わりにこの人を新しくリストに入れて、って指示するだけでいいでしょ」

「贈る数が多い人ほど楽ですね」

「贈る数が多い人ほど競合店に奪われたくないお客さまよ。ウチでは外商部が管理してるわ」

「外商部ってなんですか？」

「お得意さまを担当する部署、どの百貨店にもあるのよ」


私にとっては、これ以降40年間追い続けるテーマ「顧客データベース」のマーケティング活用を知った最初の瞬間でした。その戦略に興奮して次々に質問する私に

「あなたみたいな人がMDに向いてるのよね」

「MDって何ですか？」

「マーチャンダイジング。バイヤーの上で品ぞろえを決める人で、世界中飛び回るのよ」

「面白そうですね」

「百貨店に就職すれば？」

と勧めてくれました。

しかし、そのときはとても「もうプロフェッショナルマーケターになると決めています」とは言えませんでした。

ディスコの入場制限にマーケティングを見た！

私の学生時代は「ディスコ」がとてもはやっていて、風営法が施行される前の金曜日や土曜日は、新宿や渋谷のディスコは入場制限するほどの人気でした。私も一度、先輩に連れられて、新宿のディスコに行ったことがあります。踊れないので隅の席で一緒に行った人たちの荷物番をしながら店内を観察していました。

入り口にはいかつい顔をしたスタッフがいて、〝入れる人〟と〝入れない人〟を選別していました。どういう基準で分けているのかよく見てみると、彼らは明らかに容姿で人を選んでいました。中には料金を取っていない人までいたのです。

私はジュースをオーダーしたウエーターに質問しました。

「きれいな女の人は優先なんですか？」

「だって、みんなきれいな女性と踊りたいでしょ。美人を集めれば男は自然に集まりますから、金は男から取るんです」

なんと、ディスコの繁盛の裏にはれっきとした〝マーケティング〟があったのです。

小売りやレストランなどのマーケティングは「カスタマークリエーション（顧客の開拓）」と「カスタマーリテンション（顧客の維持・再来店）」に集約されます。「あそこは素敵な女性が集まっている」という口コミでカスタマー・クリエーションし、実際に彼女たちと踊り、仲良くなれば再来店し、やがて常連になってくれます。

踊り疲れて席に戻ってきた先輩にそれを話すと、

「お前そんなこと観てたのか。踊らないならもう連れて来ないぞ」

と言われ、その言葉通り、それっきり誘われなくなりました。

実は、これには後日談があります。それから10年後、私が勤めた2社目の会社はホテルや飲食業のマーケティングを得意とするコンサルティング会社でした。その頃、ディスコは「クラブ」と名を変えて、またブームになっていました。

渋谷で有数の人気クラブを経営してる人を、社長と訪ねたことがありました。歩けないほど混雑した店内を案内してもらった後で、奥の特別室で一緒に食事をしました。そのクラブ経営者は人気の秘訣を語ってくれました。


「エントランスのガードマン見た？」

「はい、ごっついですね。プロレスラーみたいでした」

「だろ？　あいつらにお客さんを選別させてるんだけど、最優先は紺かグレーのスーツに大手企業のバッジを付けてる若いビジネスマンなんだよ」

「バッジで見分けるんですか？」

「そう、そういう人を見つけて優先して入れてる。大手銀行や総合商社ならＶＩＰ待遇で通せって言ってあるんだ」

「？？？」

「そして六本木のクラブで遊んでるような、しゃれた人間や不良外国人は絶対入れないんだよ」

「もめ事が起きるからですか？」

「違うよ」


社長は愉快そうに笑いながら続けました。

「ウチはさ、女性客を集めたいんだよ。だからあのガードマンは、『ここにいる男は大丈夫。みんな大手企業のエリートで、遊び人はいないから』ってメッセージなんだわ」

「それでこんなに繁盛してるんですか？」

「そう、全部女性客の口コミだよ。どんなＤＪか、どんな曲をかけてるかなんてことを言うのは遊び慣れた人だから、六本木や麻布で遊べばよくて、ウチには来なくて構わないんだ。ウチが呼びたいのは、どんな男が集まってるかを気にする真面目な女性客だから」

「目当ては音楽や踊りじゃないんですね？」

「さっき見たでしょう、階段からフロアからテラスまで、みんなグラス片手に話してる。ウチは男女が安心して出会える場を売ってるんだよ」

「ポジショニングですね」

「そう、ポジショニングがすべてだね」

10年で時代は男女を逆転させていましたが、見事に全体最適されたＳＴＰを見た気がしました。帰りのタクシーの中で社長に「やっぱりマーケティングなんですねぇ」と言うと、社長は〝我が意を得たり〟という顔でうなずきました。

「ホテルでもレストランでもクラブでも、マーケティングで成功が決まるんだ」

ニューヨークの百貨店が本当に「売っているモノ」

1社目に就職したのが、ファッションビルやショッピングセンターの企画・マーケティングを専門とする会社でした。当時、流通の王者はまだ百貨店で、世界最高峰の百貨店が集まっていたのは米ニューヨークのミッドタウンでした。

ニューヨークの老舗高級百貨店の中で、最も早く通販で成功を収めたのはニーマン・マーカスでした。当時はリアル店舗を持っている会社のオンライン通販を「クリック&モルタル型」と呼びましたが、その中でも光っていたのがニーマン・マーカスが始めた「Neiman Marcus by Mail」で、紙とオンラインの両方のメディアを想定し、さらに店頭では買えない通販だけの色やデザインを入れることで、店頭の顧客をオンラインでも取り込むことに成功していました。

EC（電子商取引）はインターネットの世界であり、デジタルの世界だと考えている人もいます。しかし、実は純然たる小売りビジネスですから、要諦はマーチャンダイジングです。当時の彼らはそれをしっかり理解していました。

このNeiman Marcus by Mailの立ち上げを担当したのは、米コネティカット州にある中堅のマーケティング会社でしたが、私が訪問した時に対応してくれた副社長が、偶然このニーマン・マーカスの担当でした。彼との交流は今でも続いています。

その頃、私はブルーミングデールズという百貨店に夢中でした。ニューヨークのブロードウェイには世界最大規模のメイシーズがあり、英ロンドンには伝統のハロッズがありましたが、私はブルーミングデールズ派だったのです。

ニューヨークのマンハッタンを代表する高級百貨店のサックス・フィフス・アベニュー、ニーマン・マーカス、バーグドルフ・グッドマン、ロード&テイラーなどが、みな五番街（5th Ave）に店を構えていました。そうした中、ブルーミングデールズはやや離れたレキシントン・アベニューにありましたが、私の中では別格の百貨店でした。

ブルーミングデールズの際立った特徴は、マーチャンダイジングに対する考え方にありました。1階の化粧品売り場で、〝華やか〟という言葉をそのまま空間にしたような「B・Way」、6階の大理石づくりの家庭用品売り場「ザ・メインコース」、同じ6階にありオリエント急行の食堂車をイメージしたフレンチレストラン「ル・トレイン・ブルー」などは、この店がモノを売るだけではなく、雰囲気や接客まで提供する商品と考えていることを雄弁に物語っていました。

その象徴が5階の家具売り場でした。当時のCEOは、ブルーミングデールズの中興の祖といわれるマービン・トロウブで、家具売り場（ホームファニシング部門）を仕切っていたのはデザイン担当副社長のバーバラ・ダーシーでした。

ニューヨーク本店の5階の家具フロアは、ほとんどが小さく仕切られた部屋になっていました。各部屋は、まるで今の今まで誰かが生活をしていたようにつくられていて、見ているとひょっこり部屋の主が帰ってくるのではと思うレベルでした。ゴルフ好きの男性の書斎、フライフィッシングが大好きな独身男性の部屋、おしゃれ好きな女子大学生の部屋、料理が大好きな主婦のキッチンとその隣にある趣味の部屋、若い夫婦のリビング、年配夫婦のポーチ、2人の子供がいる家族のリビングなどがつくられていました。もちろん机の上には、同じコンセプトでセレクトされた文房具やデスクライトが他の売り場から持ってきて置いてあり、リビングのテーブルにはマグカップやワイングラス、ワインボトルも置いてありました。

私が店の人に、日本からこの5階のフロアを見るためだけに来たと告げると、「今日はバーバラはいませんが、彼女のアシスタントを呼んできましょう」と言ってくれました。そのアシスタントは、

「この部屋をそのまま下さい。万年筆からデスクライトから灰皿まで、このままそっくり再現してほしい」

「この部屋と食器やグラスやカーテンまで、全部このまま下さい」

「壁と天井もこのまま再現できますか?」

というオーダーが珍しくないのだと説明してくれました。

既に取り壊されていた過去の部屋の写真も見せてくれました。そこにはニューヨーク・フィルハーモニックの常任指揮者を長く務めてニューヨーカーに愛されたレナード・バーンスタインの部屋や、作家のトルーマン・カポーティの書斎などもありました。本人や家族の同意を得て完璧に再現したのだそうです。

そして別れ際に、バーバラ・ダーシーがいつも言っている言葉を教えてくれました。

「私たちは家具を売ってるんじゃないの。素敵に暮らせる空間を演出するコーディネート力を売っているのよ」

米GEで見たサービス化戦略

私が大学の図書館でマーケティングに出会った年に、米国を代表する企業に40代のCEOが誕生しました。ゼネラル・エレクトリック（GE）のジャック・ウェルチです。彼は業績が傾き始めたGEの事業再編に着手し、業界1位か2位以外の事業は全部切り離すという荒技の大改革を推し進め、「ニュートロン・ジャック」というあだ名と共に米国の雑誌の表紙を飾っていました。

ニュートロンとは中性子爆弾のことで、建物を残して人間をみんな殺してしまう兵器のことですから、ひどいあだ名を付けられたものです。しかし、そのジャック・ウェルチが進めたもう一つの改革が「サービスへの大転換」でした。製造業であったGEを、サービス業に転換すると宣言したのです。

「GEはこれから販売した製品のサービスで収益を上げる企業になる」

それがジャック・ウェルチの宣言でした。GEは火力発電用の大型タービンや原子炉などの社会インフ

米国ボストン郊外にあるGEアビエーション

ラを得意とし、それらを24時間体制で遠隔監視するシステムを保有していました。また、GEは米航空宇宙局（NASA）を顧客として、衛星の通信や制御に関する高度な技術も持っていました。これらを組み合わせて航空機用ジェットエンジンに多くのセンサーを埋め込み、それを世界数カ所の遠隔モニタリングセンターで常時監視するサービスをリリースしました。そしてこれを武器に英ロールス・ロイスやプラット&ホイットニーなどの競合のシェアを奪っていったのです。

私はこれが気になって仕方がありませんでした。そこにマーケティングの香りがしたからです。当時大学4年生だった私は、GEの本社や航空機部門の事業所の広報に、ぜひ訪問させてほしい手紙と書きました。今思えば辞書を引きながら書いたひどい英語でしたが、何通か出し続けると、ボストン郊外のリンという町にある、航空機事業所の広報担当者から返事が来ました。外国人を見学させるサービスも予定もないし、外国の学生のインタビューも受け付けていないが、ファミリーデイがある。その日なら私の親戚ということで中を案内できる、というものでした。今では考えられないような古き良き時代です。

約束の日、ボストンのYMCAホテルで待っていると、その広報担当者は夫婦で迎えにきてくれました。GEアビエーションの広大な事業所では、彼の親戚にアジア系などいないことをみんな知っていながら「へイ、ようこそGEアビエーションへ」と温かく迎えてくれました。

「君が熱心に見たかったのは工場かい？」

やはり私の英語は通じていませんでした。私はマーケティングを研究していること、GEという製造業がサービス業に転換することに興味があり、そこにマーケティングが存在するかを知りたかったと身ぶり手ぶりで説明しました。

彼はにっこり笑って、ある部屋に案内してくれました。そこには遠隔監視サービスの概念図や世界中の遠隔監視センターの写真が飾ってありました。

「これがCEOが言っているサービスだよ。ジャックのアイデアじゃないけどね」

「でもこれで、競合のシェアを奪ってますよね？」

「よく調べたね、その通りだよ」

そして、その理由を説明してくれました。

航空会社は成田空港発ロンドンのヒースロー空港行きの機体を、数時間後には逆のヒースロー空港発成田空港行きの便として使います。パイロットがロンドンに着陸する1時間前に、右のエンジンの調子がちょっとおかしいのを感じたとします。緊急対応するほどではないので飛び続け、無事に着陸し、整備担当にそのことを伝えます。もちろん帰りの便を操縦するのは別のクルーです。

エンジンの不調を聞いた整備士は原因を探していろいろチェックします。もし時間までに問題を見つけて解決しなければ、その機体は飛ばせません。代わりの機体を用意できなければフライトキャンセルか大幅ディレイになります。航空会社にとってはこれが最も大きなダメージになります。

GEのサービスを契約していれば状況は全く異なります。

ロンドンに到着する数時間前に、ヒースロー空港の整備担当にGEのモニタリングセンターから連絡が入ります。

「3時間後に到着する成田空港発○○便の、右のエンジンのこの部分の流れに少し異常があります。このパーツを交換すればよいので、そちらに在庫があるはずです。△△のレベルの資格を持つ整備士を待機させておけば1時間で交換できますから、オンタイムで飛ばせますよ」

航空会社はフライトキャンセルのリスクを最小限にできますし、交換の難しいパーツやパーツの在庫がない場合は、代わりの機体を他の空港から回すこともできます。どちらにしても、経済的ダメージを最小限に抑えられるのです。

説明を聞いて、これなら他社のシェアをスイッチできるはずだと納得しました。

私は質問しました。

「でも、航空会社にも整備士はいますよね？　このサービスは彼らと競合することにはならないのですか？」

「ならないよ、彼らは整備が仕事で、我々はジェットエンジンをつくってる。整備は彼らだけどモニタリングや修理は我々がやる。つくった会社がやったほうが、うまくできるに決まってると思わないかい？」

私が感動でぼうぜんとしていると、彼は言いました。

「航空会社の本業は飛行機のエンジンをメンテナンスすることじゃない。お客さまや荷物を運ぶことだよ。だから我々は顧客がその本業に集中できるように、エンジンを見守っているんだ。これはCEOのジャック・ウェルチの受け売りね」

そしてこう続けました。

「この仕組みをCTスキャンでも取り入れるらしいよ。その分野は君の国の企業にやられてるからね。ジャックはこれで日本に逆襲すると思うよ」

巨大企業を巻き込んだマーケティングの変革

彼の言葉は数年後、現実になりました。遠隔モニタリングサービスを組み込んだCTスキャンは、他社の平均ダウンタイムが2営業日だったのに対して30分を実現しました。このサービスを評価して慶應義塾大学病院が契約し、その系列へとGEはあっという間にシェアを広げていきました。

日立製作所、東芝、島津製作所というCTスキャンの世界シェアの多くを占める日本企業にとって、この慶応大学病院の決定はショッキングなニュースだったらしく、NHKが取材したほどでした。その時のインタビューに答え、ジャック・ウェルチは言いました。

「病院の本業は患者の病気の治療であって、医療機器の監視やメンテナンスじゃない。だから我々は彼らの代わりにその仕事を引き受けて、病院が本業に集中し、地域での競争に勝てるようにサポートしているのです」

私は数年前の航空機事業所の訪問を思い出していました。

日本では、このGEのCTスキャンは「シックスシグマ（米モトローラが開発した経営や品質管理の手法）」によって編み出された製品だから売れた、と解説しているメディアがありました。しかし、実際に売れた理由はサービス化戦略であり、それを武器にしたインダストリアルマーケティングでした。

このマーケティングはさらなる変革を生みます。

GEの遠隔モニタリングサービスによって旅客機用ジェットエンジンのシェアを奪われた英ロールス・ロイスは、米マイクロソフトなどのIT産業と連携することで「トータルケア」と呼ぶ新しい航空機エンジンの提供サービスを始めます。これは飛行時間に対して課金するというサブスクリプション（サブスク）モデルで、膨大なデータの分析による故障予知などのノウハウを詰め込んだものでした。航空機の最も高価なパーツであるエンジンを購入しなくて済むとあって、価格競争で低収益にあえいでいたアメリカン航空が飛びつき、多くのエアラインが後に続きました。

ＧＥも黙ってはいません。遠隔地モニタリングの契約をしている顧客の整備工場に、ＧＥ製の３Ｄプリンターを設置し、必要な部品をそこでつくってしまうというサービスを開始しました。ＧＥは３Ｄプリンターでつくった航空機パーツの試験データを提出し、米連邦航空局（ＦＡＡ：Federal Aviation Administration）から使用許可を取ったのです。

さらにジャック・ウェルチからＣＥＯを引き継いだジェフ・イメルトは、ものづくりとＩＴのさらなる融合が必要だと気付き、シリコンバレーに莫大な投資を行い、ＧＥデジタルとそのサービスであるものづくりのプラットフォームを目指した「プレディクス」をリリースします。

後にこの先行投資も原因の一つとなって、イメルトは任期の途中でＧＥを去ることになります。

いずれにしても、インターネットやそれによって収集、連携されるデータが生み出す価値は製造業が最も大きいといわれており、仏ダッソー、独シーメンス、英ロールス・ロイスなどが全力で取り組んでいます。残念ながら製造業を基幹産業とする日本は、そこでも大きく後れを取っているのです。

＊　＊　＊

こうして私は迷宮に迷い込んだ子供のように次々とマーケティングの扉を開け、そのたびに感動し、感銘を受け、さらに次の扉を開いて、いつしかすっかりマーケティングの虜《とりこ》になっていました。

大学を卒業してからマーケティング会社に就職し、2年後に転職し、28歳で自分のマーケティングを極めるためにシンフォニーマーケティングを起業し、その会社が２０２５年には創立35年になります。素晴らしい顧客、会社の仲間、そして世界中のマーケティング分野の友人たちやマーケティングを教えてくれた先達に対し、感謝の言葉しかありません。

冒頭でマーケティングに飽きた瞬間がないと書きましたが、正直に言うならマーケティングに出会った42年前より、今のほうがもっと夢中になって追いかけています。何より42年前は片思いだったマーケティングとの関係が、今では相思相愛だと感じられるようになりました。40年も脇目も振らずに追いかけ続ければ、片思いも成就するのです。

「人生は出会いだ」と聞いたことがあります。ならば、長く夢中で付き合えるコトやモノやヒトに出会えた人を「幸せな人」と呼ぶのでしょう。その意味において、私は紛れもなく幸せな人なのです。

The B2B Marketing

第1部

日本のB2Bマーケティングの“今”を俯瞰《ふかん》する

第1章

科学と感性のB2Bマーケティング

The B2B Marketing

マーケティングを突き詰めれば、顧客を獲得し、
それを維持するための活動である。

セオドア・レビット

セオドア・レビット著「無形性のマーケティング」(DIAMONDハーバード・ビジネス・レビュー)

コンシューマー市場とは異なるバランス

この「科学と感性のB2Bマーケティング」という言葉は、私がB2Bマーケティングの魅力を表現するときによく使う言葉です。

「科学＝science」はデータマネジメントであり、コミュニケーションの設計と分析であり、インターネットなどのインフラや、データベースやMA（マーケティングオートメーション）、CRM（顧客情報管理）などのテクノロジーであり、その背景にある統計学、論理学、社会学、行動心理学、戦略論、マーケティング論などの学問体系を指します。

一方の「感性＝emotion」は、コミュニケーションのためのコピーライティングやデザイン、イベント、ラウンドテーブルなどのリアルコミュニケーションの演出など、表現をつかさどるクリエイティブな世界です。

私にとってB2Bマーケティングはこの〝2つのバランス〟が心地良いのです。

もしB2Bマーケティングが統計学などの「科学」だけで語り尽くせるなら、私にとってこれほどまで面白くは感じなかったでしょう。大学時代、商学部にマーケティング学科があるのを知って他学部履修で聴講したことがありました。しかし、そのマーケティングの講義は統計の世界でした。私の学びたいマーケティングはこれではないと履修をとりやめ、自ら学内に「マーケティング研究会」というサークルをつくって独学で学び始めました。

実はB2Bマーケティングを科学で解き明かそうという試みは日本でも海外でも昔から行われています。中にはこんな話もありました。

ある企業のマーケティング部門が顧客満足度と解約との関係について、顧客から見た愛着度を数値化して顧客ロイヤルティーを測定するための指標「NPS（ネット・プロモーター・スコア：顧客推奨意向）」を使って解き明かそうとしていました。それを知った営業部門から「そのNPSをNPSさせてくれないか？」と言われ、全国270人の営業を調査したところ、集計結果がほとんど「0」か「1」でした。そのため、この企画は流れたそうです。

カスタマージャーニーが米国で話題になった時も、米国のB2Bのマーケティングサービスのサークルでは既に顧客データの分析を済ませていて、「ジャーニーしない」という結論に至っていました。

「B2Bはマーケティングのリードタイムもセールスのリードタイムも長いから、その間にいくつもの出口や入り口がある。人は辞めるし、部署名も変わるしね」

つまり、受注に至ったケースから逆引きで見たら、ジャーニーしている形跡がほとんど探せなかったというのです。

そういう意味で、科学的なアプローチで見事にB2Bマーケティングを説明したモデルは、B2Bマーケティングのリサーチ＆アドバイザリーファームとして知られる米シリウスディシジョンズが2012年に発表した「デマンドウォーターフォール（Demand Waterfall）」モデルだと私は考えています。これは実数を入れた設計が可能で、企業固有の販売形態や減衰要因を加味することができます。こちらについては、後の章で詳しく解説します。

シリウスディシジョンズは、台頭してきたB2B分野のマーケティング手法「ABM（アカウントベースドマーケティング）」を取り込むことを目的として、2017年に「デマンドユニットウォーターフォール（Demand Unit Waterfall）」モデルを発表しました。しかしこれは使いにくく、シリウスディシジョンズを買収した米フォレスター・リサーチが改良を加え、後に「フォレスターレベニューウォーターフォール」モデルとして発表しました。ただし、その評価はまだ定まっていません。

2023年の米国のカンファレンスで、ラウンドテーブルミーティングがありました。世界中から集まったB2Bマーケティングサービス会社の社長が20人ほど参加した、珍しいラウンドテーブルでした。

その席で私が、「実は私の会社では、いまだに2012年版のデマンドウォーターフォールモデルを主力として使っています」と話すと、多くの人が「私も」「ウチもだよ」と賛同してくれました。これが、デマンドウォーターフォールモデルをB2Bで科学的に成功した数少ないモデルの一つかもしれないと考えている理由です。

一方、私にとってB2Cマーケティングは少し「感性」に寄り過ぎています。感性は心に訴えます。心とは得体の知れないものだと私は思っています。

私はマーケティングをなりわいにしてもう40年になります。40年マーケティングをやっている私が、「コカ・コーラ」の成功を説明できないのです。コカ・コーラは世界のブランドランキングで常に上位にいます。米ザ コカ・コーラ カンパニーは5兆円を超える売り上げを誇り、10万人近い社員を雇用して世界中でコカ・コーラを販売しています。でもそれは「黒い」清涼飲料水なのです。

私は何とかその謎を解きたいと、米ジョージア州アトランタにある「コカ・コーラ博物館」まで行きましたが、答えは見つかりませんでした。銀行にあるような重厚な金庫の中に、門外不出の配合ノートのレプリカが保管されていましたが、その中身は今でも謎が多いそうです。

もちろん彼らの戦略、ブランドづくり、価格戦略、流通チャネルの開拓や、製造販売や原液を支給するボトリング方式でのグローバル展開などは極めて優れたもので、学ぶ点は本当に多いのです。しかし、売っているのは〝成分のよく分からない黒い炭酸飲料〟です。他の炭酸系の飲料と比較しても突出しておいしいかと言えば、私にとっては「?」です。でも、圧倒的な売り上げと利益とブランド価値を持っています。それが私にはロジカルに説明できないのです。

マーケティング会社に勤めていた頃、ビールのブラインドテストに立ち会ったことがあります。ビールが好きな人を20人ほど集めてブランドを隠したビールを試飲してもらい、その味や辛さなどをアンケートに記入してもらうものです。私はマジックミラーを隔てた部屋でビールメーカーの人とそれを見ていました。

試飲前には、

「私はキリンラガーしか飲まないし、他のビールは口に合わないんだ。飲めばすぐに分かるよ」

「アサヒのスーパードライの辛さが好きだから、他のビールは飲まないよ。缶を開けた瞬間に分かるからね」

「サッポロのビールはホップが独特だから飲めばすぐ分かるよ」

と言っていた人たちが全く当てられません。さらに辛い順に並べてくださいという棚で、アサヒビールの「スーパードライ」は辛いほうに並びませんでした。

実はびっくりしていたのは私だけでした。当たらないことをみんな予想していたのです。さらにこんなことも言われました。

「庭山さん、缶コーヒーならもっと当たらないんですよ」

「そうなんですか？」

「だからテレビCMをやめられないんですよ」

B2Bではこれはありません。「B」はプロとプロの世界です。工作機械であっても半導体デバイス、機能性樹脂、業務アプリケーションなど、何であってもそれを売っている人より製品を日々使っている人のほうがはるかに詳しく、感性に訴えてイメージで印象を操作することはほとんどできません。

そして、B2Bなら成功している商材はその理由を説明することができます。車載半導体デバイスなら高信頼性、ポリカーボネートなら圧倒的な強度、炭素繊維なら圧倒的な軽量化の実現、工業用インクジェットプリンターなら印字速度と正確性そして生産管理システムとのシステム連携、汎用電子部品なら安定供給能力、工場内の搬送システムならミリ単位の正確性とワーク後の処理スピード、そしてメンテナンス性などで売れています。ロジカルに説明できるのです。その説明にはクリエイティブを使います。

当然ですが、B2Bでもクリエイティブは極めて重要です。どんなにデータ分析を駆使してセグメントできたとしても、センスのないワーディングのコピーを送り、見た人が幻滅するWebにランディングさせてしまえば一巻の終わりです。

マーケティングの本質は市場とのコミュニケーション（会話）であり、ダイアローグ（対話）です。市場と製品やサービスの声を注意深く聴いて、その姿を見て、観察し、時に優しく話しかけたり、大声で叫んだりします。つまり、常にデータを見ながらコミュニケーションすることが最高に面白いのです。

B2Bマーケティングはこの〝2つのバランス〟が「科学70%：感性30%」だと考えていますが、B2Cマーケティングではこれが逆のような気がしています。私にはこの70：30が心地良いのです。しかし、B2Bといえどもクリエイティブな部分がなければマーケティングはつまらないし、それ故に想像力がない人には難しい仕事なのです。

だから私はいつもこう言っています。

「B2Bマーケティングは科学と感性でできています」

製品がささやく時

ある特定用途に向けたモーターのマーケティングを担当した時のことです。期待の新製品だったそのモーターの売り上げは、想定を大きく下回りました。担当事業部は1年間の試行錯誤の末、それまでの広告代理店から私の会社にスイッチして、もう1年だけ頑張って、それでも駄目なら製造中止にしようという話でした。

私はサンプルのモーターをデスクに置いて、この1年で行ったマーケティングの企画書、ターゲティング選定基準、製品カタログ、製品紹介Ｗｅｂなどを見ていました。すっかり夜が遅くなり気が付けばオフィスには私だけになっていました。

オフィスの電気を消して自分のデスクに戻り、またモーターを触りながら過去の資料を確認していました。顧客側が発注の時に書いた製品の特徴、セールスポイント、想定ターゲット市場などがなぜかしっくりきません。テンプレートを埋めただけで、製品に対する思いや愛情が全く感じられませんでした。

そのまま考え続けて、どれくらいたったか、突然その製品の声が聞こえてきたような気がしました。ちょうどＲＦＰ（提案依頼書）の製品紹介の部分を読み返していたときでした。

「そこは本当は得意じゃないんだ」

「えっ……」

「それにその市場では僕は勝てないよ」

「何で？」

「だって僕の軸は、そこで使われるほど強度がないもん」

「そうか……そうだね」

「僕が勝てる市場を探してよ」

実は40年を超えるマーケティングのキャリアの中で何度か経験しているのですが、製品やサービスが語りかけてくる瞬間があるのです。それが本当に語りかけてきたのか、自分がある種のトランス状態になっていたのかは分かりません。でも、確かに声が聞こえた気がするのです。

そのプロジェクトでは、業務用市場からホームセンターで販売されるアマチュア市場向け製品にターゲット市場を変更してもらい、販売を軌道に乗せることができました。

また、あるコンピューターメーカーのサーバーのマーケティングを担当した時のことです。そのサーバーは、当時普及が始まったフラッシュメモリーとハードディスクのハイブリッドモデルでした。フラッシュメモリーだけのフルフラッシュモデルはまだとても高額でした。対するハードディスクは低価格で安定感がありましたが、読み取りも書き込みも遅いという欠点がありました。

このサーバーは、例えば午前9時のような始業時間のファイルサーバーにアクセスが集中する時間帯はフラッシュメモリーを使って高速に処理し、アクセスが落ち着いてきたらハードディスクに切り替えるという優れものでした。しかもその制御のアプリケーションの出来がとても良かったので、同社でも期待が高い製品でした。

私は早速マーケティングプランを練ってキャンペーンを開始しました。反応も良く、予定以上の商談をつくることができましたが、パイプライン（見込み客が顧客になるまでの一連のプロセス）が先に進みません。途中でどんどん商談が消えていきます。

不思議に思って営業部門にヒアリングをすることにしました。その結果、顧客はこのハイブリッドサーバーの先進性に反応はしますが、検討の結果やはりフルフラッシュかハードディスクを選択していました。幸いその会社は両方のラインアップを持っていたので、販売には貢献していたのですが、売れたのはハイブリッドサーバーではなかったのです。

報告が近づいて、私はもう一度その製品のカタログを見ていました。その時、こんな声が聞こえた気がしました。

「僕は人寄せパンダだから……」

私はふと気が緩んで笑ってしまいました。そっか、君は人寄せパンダか……。でも他の製品が売れているなら立派に役割は果たしているよな。

翌日、担当部長はご立腹でした。受注が伸びていなかったので当然です。私はパイプラインの減衰要因を、営業や販売代理店にヒアリングした結果として報告しました。顧客はこの製品の新しいアイデアに引かれて反応してくれましたが、検討の結果スピードを重視して予算を出せる企業はフルフラッシュを購入し、アクセスが集中するのは日に2~3回の一瞬だけなので、運用でピークカットは可能だと考えた顧客はコストパフォーマンスに優れたハードディスクを購入していました。「この製品は、そうした他の製品の商談をつくる役割を果たしています」と報告しました。

「そんなの言い訳だよ、この製品が売れなきゃ意味がないんだよ」

実はB2Bの場合、ファネルの下、つまり受注に近づけば近づくほど、マーケティングの手が届かなくなります。そこは営業パーソンのスキルと、製品そのものの競合優位性の世界です。パイプラインに入れた案件が、同社の他の製品に切り替わるのをマーケティングでは制御できません。でも、それは言い訳だと言われればそれまでです。私の会社はお払い箱になりました。

第2章

業績とマーケティングナレッジの関係

The B2B Marketing

マーケティングは単なる事業活動の一つにとどまらない。
企業全体を導く理念でもある。

フィリップ・コトラー

フィリップ・コトラー著『コトラーのマーケティング講義』(ダイヤモンド社)

経営戦略がハーモニーを奏でるとき

私はマーケティングのプランニング会社に2社勤務した後、1990年に自分自身の会社シンフォニーマーケティングを設立しました。会社の立ち上げにおいて、一つの信念がありました。

日本のB2B企業を元気にしないと世界にどんどん置いていかれてしまう。そのB2Bマーケティングは、ハイスキルな個人がけん引する時代は終わり、多くの専門分野のスペシャリストが力を合わせ、まるでオーケストラが指揮者のタクトに合わせて交響曲を奏でるような「マーケティング・オーケストレーション」の時代にきっとなる――。

そんなマーケティングを実現したいと考え、社名にシンフォニー（交響曲）という言葉を冠して出発しました。

しかし、まだバブルの余韻が漂う当時の日本のB2B企業には、マーケティングのニーズはありませんでした。マーケティングなどなくても「強い製品」と「24時間戦える営業」で十分に成長できたのです。そして何よりも当時の日本企業の最優先課題は、受注ではなく納品でした。納期を守り、スペックを守り、不良品や欠品を出さずに納品することができれば、取引先は毎年前年を上回る発注をくれました。

顧客からは絶えざるコスト削減、軽量化、高機能化などへの要求が出され、その対応と、安い労働市場や輸出障壁をクリアするための海外進出などで手いっぱいだったのです。

そんな時代背景の中で私の会社がどんなに熱心に営業しても、時々社内勉強会やセミナーの依頼をいただけるくらいです。受注には至りませんでした。

「確かに製造業もいつかこういうマーケティングが必要になるでしょうね、勉強になりました」

そんな言葉を背に、訪問先を後にする日々が続きました。マーケティングの仲間からも「B2Bにこだわってると会社が潰れるぞ、Cにも顧客管理系の仕事はいくらでもあるからやらないか？」と一度ならず声をかけていただきました。後で聞いたのですが、マーケティングの仲間たちは「B2Bにこだわって強情を張ってると、本当に会社が潰れるぞ」と心配してくれていたそうです。それくらい日本にはB2Bマーケティングの市場は存在しませんでした。

幸い、捨てる神あれば拾う神ありで、当時日本でのビジネス拡大に力を入れていた外資系企業が我々のサービスを採用してくれました。米HPから分社したばかりの米アジレント・テクノロジー、米テキサス・インスツルメンツ、米デル、独SAP、米AMDそしてフランスのダッソーなどの企業が、日本でのマーケティングのサポートを依頼してくれました。

外資系ハイテク企業のマーケティングをサポートする中で、世界最先端のマーケティングをどれだけ学べたか分かりません。２０００年代の初頭にある顧客企業から呼ばれて、こんな質問をされました。

「実は本社が〝エロ〟何とかというマーケティングツールを導入したらしく、日本でも使うことになりそうなんだけど、庭山さん知ってる?」

それが世界最初のMAの「Eloqua（エロクア）」でした。私はEloquaの情報を求めてトロントに飛び、本社を訪問しました。私の会社とMAの今に続く長い関係の最初の瞬間でした。

その後リーマン・ショックまでは、我々の顧客の70％以上は外資系企業だったのです。このリーマン・ショックが日本のB2B企業にとってウェイクアップコールになりました。それまでは納品だけをしっかり守っていればよかった企業が取引先に呼ばれ、こう言い渡されたのです。

「これからは自分の餌は自分で探してください」

そんなことを何十年もしてこなかった製造業の驚きは想像を絶するでしょう。上位3社で売り上げの90％

という状況で顧客からそんなことを言われれば誰でも「倒産」を思い浮かべるからです。

そして、その時に私の会社を思い出してくれる会社が出てきたのです。


「何年か前の勉強会、あれもう一度やってもらえませんか？」


そんな電話がかかってくるようになりました。

勉強会に参加する人の真剣さは数年前とは明らかに違いました。それを見て日本のB2B企業にもマーケティングに取り組む機運が出てきたと判断し、日本企業向けの営業を再開し、現在では顧客の約70％は日本の大手企業になっています。

そうした歴史から、私の会社はくしくも日本と欧米の同業種・同規模の企業のマーケティングをサポートすることで、その違いを詳細に見ることになりました。


その違いは、マーケティングを経営の真ん中に据えて、企業文化にも深く織り込んでいることでした。

欧米の製造業では「ファブレス」と呼ばれる工場を持たない経営スタイルがはやっていた頃でした。製造業でありながらオフィスは研究所のようで、「研究開発と生産技術とマーケティングと経営企画だけしかないのです」と説明を受けて驚いたことが何度もありました。設計部門が主催する製品開発会議でもマーケティング用語が普通に飛び交い、販売代理店とのセールス会議でもパイプラインの進捗やマーケティングからの送客の数や質が熱心に議論されていました。

マーケティングに使うツールを選定する場合でも、彼らは自分たちがやるべきマーケティング手法、ターゲットセグメント、ペルソナ、そしてその市場（セグメント）へのアプローチを理解して、それを基準に選びます。本社中枢の人から日本を含む各国のマーケティング担当者までが、「言葉の定義」や戦略や戦術はもちろん、評価や教育方針までの基準がしっかりそろっていました。

それは、まるでオーケストラが交響曲を奏でるように見えました。自社のリソースを集中すべき市場を定義し、そこに無駄のないハーモニーでアプローチすることが高収益の源泉だったのです。

私が1990年に会社を設立する際、社名に込めたマーケティング・オーケストレーションがそこにありました。

そしてそれは同業種・同規模の日本企業には全くないものでした。

経営戦略は、それを実現するためのサブ戦略を必要とします。人事戦略、財務戦略などがそうですが、その中の最も重要なサブ戦略がマーケティング戦略です。そして、経営戦略というといわば主旋律を、実現可能なマーケティング戦略、つまりオーケストラ用の楽譜に編曲する作業こそがオーケストレーションなのです。

日本企業に足りないものはこのマーケティング・オーケストレーションなのです。

日本のB2B企業のマーケティングROIは危機的状況

マーケティングの費用対効果の指標に「ROMI」があります。「Return On Marketing Investment」の略で、「マーケティング投資回収率」と訳されます。私はこのROMIにはつらい思い出があります。

20年ほど前、何度かマーケティングキャンペーンをサポートしていた外資系企業の日本法人の社長が代わりました。米国人の新社長に呼ばれた私は、過去2年間のマーケティング活動をROMIでリポートするように依頼されました。資料と計算式は支給されたものなので加工のしようもありませんでした。私がリポートを提出した翌月、15人いたマーケティングチームは1人になっていました。私が受注に貢献していないマーケティング活動に厳しいのは、このトラウマがあるからです。

受注を意識しなければマーケティング活動は楽しいものです。会社のお金を使ってイベントをしたり、クリエイティブな人たちとWebを作ったり、動画を作製したりできます。それを「部分最適では駄目です、受注に貢献しましょう」と言われれば、気分が悪くなるでしょう。でも、いつか必ず「ROMIでリポートしてください」と言われます。

現在、日本のB2B企業の多くのマーケティング活動は、残念ながら売り上げに貢献できていません。これはマーケティングをほとんどやっていなかった10年前、15年前より深刻な事態だと私は考えています。ROI（投資対効果）で考えれば、マーケティングをしていなかった時代は、効果もゼロですが投資もゼロです。ROIだけで見れば悪くはありません。しかし、今は効果はゼロですが投資はしています。

2010年以降、日本のB2B企業もようやくマーケティングの必要性に気が付き始めました。マーケティング部門を創設し、展示会出展の主管を営業部門からマーケティング部門に移管し、Webのリニューアルを繰り返し、CRMやMAやBI（ビジネスインテリジェンス）と呼ばれる分析ツールも導入しました。さらに新型コロナウイルス禍の時代には、デジタル系の投資が加速しました。

何よりもマーケティング組織をつくったことで人的資源を投入しています。既にたっぷり投資してしまっているのです。しかし、つながっていないので、これらのマーケティング活動が受注に貢献しているかどうかが分かりません。分からないというのは、数値で換算すればゼロです。ですから今の日本のB2B企業のマーケティングROIは、危機的状況なのです。

その原因は〝ハーモニー〟になっていないことです。ハーモニーの語源は音楽用語で「調和」です。日本企業のマーケティング活動は全く調和していないのです。

Webの担当者はWebを一生懸命改善しています。その指標はページビューであり、セッションであり、インプレッションであり、直帰率です。本来はKGI（重要目標達成指標）であるはずの受注や売り上げとほとんど相関がない数字をＫＰＩ（重要業績評価指標）にしています。

展示会の担当者も同様で、自分の仕事を狭く定義してその中を一生懸命改善しています。その指標はアンケートの収集数であり、ブース内の商談数であり、競合企業とのブースとの定性的な比較です。

セミナー担当者は集客とアンケートの内容で、セミナーの参加者が営業部門が会いたいと思っていたペルソナかどうかまでは見ていません。ＭＡ担当者はメルマガのクリック率で、オウンドメディアの担当者はフォロワーの数を改善しようとしていますが、そこだけしか見ていません。

これを「部分最適」と呼びます。

逆にマーケティング活動が全体最適になって、それぞれのＫＰＩは受注と相関のある数値になっており、セールス部門とも調和し、さらに研究開発や設計などのものづくり部門とも調和した状態を「アラインメント（連携）」と呼びます。連携していなければハーモニーは生まれず、マーケティング活動が受注に貢献することはないのです。

なぜ、日本のB2B企業のマーケティングは遅れたのか

マーケティングとはマーケット（市場）との対話とも呼ばれます。企業は自分たちの存在基盤であるマーケットに最大の関心を寄せるべきですが、残念ながら日本企業はそのマーケットに関心がありませんでした。監督官庁、親会社、競合、特定の顧客などには細心の注意を払っても、マーケットには無関心だったのです。

私は仕事で年に数回は海外へ出張します。滞在するホテルの部屋のテレビは、昔はほぼ日本製でした。今は日本製を見ることはまずありません。30年前、米国のGEを再建し、20世紀最高の経営者といわれたジャック・ウェルチに「日本人に殺される夢を何度も見た」と言わしめた白物家電やテレビなどでは、完全に世界シェアを失ってしまいました。製造業ではトップティアが市場を失えば、その下のサプライチェーンも大きなダメージを受けます。多くの場合、競合製品には独自のサプライチェーンがあるからです。

日本経済を支えている柱の一つは自動車産業でしょう。パーツ数が多い自動車産業は雄大な富士山を思わせるほど裾野が広く、トップメーカーのトヨタ自動車だけでも数万社のサプライヤーが存在します。米国市場で韓国製の自動車を多く見るようになった頃、私はクライアントの自動車パーツメーカーにそれを話しました。

「庭山さんは自動車に詳しくないからそう思うかもしれませんね。大丈夫なんですよ、あの韓国製の自動

車のパーツはほとんど日本製ですから、日本車が韓国のエンブレムを付けて走っていると思ってください」

その後、韓国車で使われていた日本製パーツは、急速に韓国製や中国製に切り替えられていきました。同じことがiPhoneでも言われました。米アップル（Apple）は製品開発やデザインとマーケティング機能しか持たないファブレス企業で、iPhoneはほとんど台湾企業が製造しています。その時、日本企業のある幹部が「この前台湾企業の人と話しましたが、iPhoneを製造している富士康科技集団（フォックスコン）の工場で動いている工作機械は、ほとんど日本製だそうですよ」と説明してくれました。

これもその後、急速に中国や台湾製品に置き換えられています。どうも日本人は都合の良い情報をうのみにする傾向があるように思います。

誰も存在基盤（市場）を見ていない

日本企業もオフィサー制を採用する企業が増え、CEO（最高経営責任者）やCFO（最高財務責任者）、CIO（最高情報責任者）などの肩書を目にする機会が増えました。CFOは財務を見ます。CIOは情報システムを、CTO（最高技術責任者）は技術を、CHO（最高人事責任者）は人事の責任を持って見ています。

「この会社でマーケット（市場）を見る責任者はどなたでしょうか？」

私のこの質問に対する答えは、大抵こうなります。

「みんなで」

「みんなで見る」は「誰も見ていない」と同義語なのです。日本企業はあらゆる意味で市場を見ていません。私はこれからの企業経営はマーケット至上主義でなければならないと考えていますが、残念なことにその全く逆の現実を見ることが多いのです。

金融関係のビジネスをしている米国人の友人がいます。日本支社に数年勤務して大の日本好きになり、日本人女性と再婚した彼は2年間モンゴルに勤務した後、日本に戻ってきました。彼が「日本の金融サービスはモンゴルより遅れてるんだ」とぽつりと言いました。オンラインサービスの使いにくさ、ユーザーインターフェース（UI）の不便さ、そしてサポートの悪さは先進国では最低だ。また、会社設立の手続きの煩雑さや銀行口座開設時の必要書類の数などは、日本好きとして恥ずかしいレベルだと話してくれました。

「日本の銀行の幹部は、みんなシンガポールに行って会社を設立してみたらいいよ。いかにこの国の銀行がバカげているか、分かるだろうからね」

そもそもなぜ共働きが圧倒的に多い東京で、銀行が午後3時に営業を終了し、土日は営業を休むのでしょうか。もし、どこかの銀行が午後8時まで営業し、土日も営業したなら、一気にシェアが取れるに違いありません。でも、それは監督官庁である金融庁が許しません。外資系金融機関の進出も、金融庁が国内金融機関を保護するためサービスを提供できません。既得権益を守ってやるから言うことを聞け、ということなのです。

私は彼に自分の経験から説明しました。

「日本の金融機関は顧客や市場ではなく、金融庁だけを見てるんだ、だからリテールは儲からないミクロ顧客だし、法人顧客は信用ならない対象なんだよ。彼らは必ず2～3年で担当を代える。それ以上長く担当させると、顧客とつるんで悪さをすると考えているんだ」

「普通、顧客とは信頼関係を構築するのに努力を重ねるものじゃないの？」

「日本の金融業は違うんだよ」

「でもさ、それって自分の会社の社員を信用していないってことだよね？」

「そういうことだね」

市場に背を向け、監督官庁だけを見て、鎖国政策で利権を守ろうとする、まるで日本の縮図のようです。マーケティングの定義は広義も狭義も含めるといくつもありますが、基本的には「市場と向き合う」という点はそろっています。その考え方が日本企業には欠落しているのです。あまりにも長く、そしてみんなでそうしてきたので、それがビジネスで致命的なことだとは誰も考えていないのでしょう。

マーケティング組織とCMOの役割は市場の「センサー機能」

組織横断のマーケティング組織を持たない企業の特徴として、市場を失うまで気が付かない、というものがあります。

産業の米といわれる半導体製品は、一時期日本のお家芸でした。米フェアチャイルド出身の天才エンジニアで「ムーアの法則」で知られるゴードン・ムーアとロバート・ノイスが創業した米インテルはメモリー市場の王者でした。その市場に日本のメモリーメーカーが襲いかかったのです。

インテルの3人目の社員でインテル中興の祖と呼ばれるアンドリュー・グローブは、著書『Only the Paranoid Survive』（邦題『パラノイアだけが生き残る』／日経BP）の中で「何をどうやっても日本企業に勝てなかった」と書いています。結局、追い詰められたインテルはメモリー市場からの撤退と、開発の途中だったマイクロプロセッサーにフォーカスする決断を下し、それが現在の世界最大の半導体メーカーへ至る分岐点になりました。

一方、インテルからメモリー市場を奪った日本企業は、その地位を韓国や台湾企業から守れませんでした。辛うじて高価格帯ハイスペックの市場を東芝が守っていましたが、原子力事業の後始末で事業売却を余儀なくされてしまい、現在はキオクシアホールディングスという会社になっています。

私が1990年に会社をつくった頃、日本のビジネスコンピューター市場ではNECの「PC98シリーズ」が圧倒的なシェアを誇っていました。その強さの源は、PC98のOS上で動く業務アプリケーションのパートナーネットワークでした。会計、人事給与などの勘定系はもちろん、機械設計、生産管理など多岐にわたる業務アプリケーションが充実しており、その牙城はガラパゴスではありましたが、その分、国内では極めて強固に見えました。

米国ではIBMがPCをリリース。そこに搭載されたマイクロソフトが開発したOS（IBM PC DOS）を、他のPCメーカーに対してもマイクロソフト経由で（MS-DOSとして）OEM供給し、「IBM PC互換機」というカテゴリーが生まれました。そこに米コンパック、ゲートウェイ、デルなどの新興企業が誕生し、猛烈な勢いで成長しました。

私はNECの当時の役員に、米国で見たIBM PC互換機の熱気を伝えましたが、その人は「日本のPC98の牙城はびくともしませんよ。だってあのIBM PC互換機では、PC98用に開発された業務用アプリケーションは動きませんから。日本市場は我々のものです」とはっきり言っていました。

1995年11月、マイクロソフト「Windows 95」の日本語版がリリースされました。夜中の0時に発売するというプロモーション企画が大成功して、秋葉原の店頭には長蛇の列ができ、それをテレビや新聞が連日報道しました。その過熱する報道を見たPC98系の業務アプリケーションメーカーは慌てて自社ソフトのWindows版をリリースし、強固と思われたNECの牙城はあっという間に崩壊しました。

組織横断のマーケティング部門を持ち、そのトップとしてCMOを置くことが重要な理由の一つは「センサー機能」です。マーケティング部門はその名の通り、マーケットと向き合う専門家集団です。市場を理解し、変化を読み、新しく出現した脅威や競合製品を注視します。そしてその情報は、リポートとしてCMOに上がります。CMOは必要に応じてボードメンバーやCEOに報告します。

こうしたマーケティング組織やCMOを置かない日本企業は、市場の変化をつかむのが遅く、売り上げや利益が激減するまで気が付かないことが多いのです。市場は失ってから取り戻すのは至難の業です。小売店でも、「自分の店のお得意さんの最初の〝浮気〟で気が付かなければ、二度目以後は競合店のお得意さんになってしまう」といわれます。これはB2Bでも同じなのです。

縦糸だけで横糸がない日本企業

コミュニケーションデバイスというカテゴリーがあったとしたら、それは「iPhone前」と「iPhone後」に分けなければならないでしょう。アップルのiPhoneという製品は、それくらいインパクトがあったのです。

携帯電話の時代は国内でも、三菱電機、富士通、NEC、パナソニック（現パナソニック ホールディングス）、シャープ、ソニー（当時はソニー・エリクソン・モバイルコミュニケーションズ、現ソニーモバイルコミュニケーションズ）、京セラなどが独自の製品を製造販売していました。海外ではモトローラ、加ブラックベリーと欧州のノキアがシェアを争っていました。iPhoneはそれらを根絶やしにし、iPhone後の世界は、iOS端末とアンドロイド端末だけの世界になりました。

iPhoneは2007年1月に米国で開催されたアップルのイベントMacworld Conference & Expoでスティーブ・ジョブズによって発表され、その圧倒的なシェアの獲得でアップルは株式時価総額世界一の企業へと駆け登りました。

技術的に見ればiPhoneは携帯音楽プレーヤーのiPodに、通話機能とインターネット接続機能を組み合わせたデバイスです。iPhoneが登場する以前、パナソニックやソニー、東芝、NEC、三菱電機は、携帯電話も携帯音楽プレーヤーもノートPCも製造・販売していました。つまりiPhoneと同様の製品をつくるための要素は、アップルよりずっと先に持っていたことになります。東芝に至ってはマイクロソフトがiPodキラーとして華々しくリリースした「Zune（ズーン）」をOEM製造しており、さらにノートPCでは世界一のシェアを持っていましたから、最も可能性を持っていたと言えるでしょう。

では、なぜ日本企業はiPhoneを生み出せなかったのでしょうか。その理由は明確で、縦糸しかなかったからです。

どの企業も携帯音楽プレーヤー、PC、携帯電話は異なる事業部がつくっていました。日本企業の組織構造は縦糸だけで、横糸の役割を担うマーケティング部門がありません。ですから同じ会社の別の事業部は競合関係にこそあれ、製品を共同開発することなどほとんどなかったのです。

特に製造業は製品事業部ごとに研究開発部門から設計、試作、量産、そしてそれを販売する営業部門と販売代理店網を独自で抱えています。まるで独立した企業のように、事業部完結型の集合体でした。しかし、縦糸だけでは布にはなりません。顧客を包み込むためには、横糸を張って自らを布に進化させる必要があります。日本に必要なのはより強い縦糸ではありません、それらを紡ぐ横糸なのです。

アップルがiPhoneで大成功を収めた理由は、スティーブ・ジョブズその人が天才的なマーケターであったことも事実ですが、フィル・シラーCMO率いる素晴らしい横糸のマーケティング組織を持っていたことが大きいのです。そもそもアップルは横糸が圧倒的に強い、マーケティングオリエンテッドな企業なのです。

B2Bマーケティングプロフェッサーの視点から

日本の経営者が今、本気でマーケティングに取り組まなければ、日本は競争力を完全に失うかもしれません。弱点はマーケティングだけというのは現在の話で、この先は他の分野でも優位性を失うかもしれないからです。すぐに取り組まなければ手遅れになる、その意識をどれだけの経営者が持てるかだと私は考えています。

第3章

オペレーションでは勝てない、戦略の重要性

The B2B Marketing

オペレーションの効率化や継続的改善の積み重ねは、
戦略ではない。
マイケル・ポーター

マイケル・ポーター著『競争戦略論』(ダイヤモンド社)

真面目で勤勉な日本人が陥った部分最適

日本企業が全くマーケティング活動をしていなかったわけではありません。展示会、セミナー、内見会、ユーザー会、Web、カタログ、サンプル配布などを一生懸命やってきました。それぞれの担当者は本当に真面目にしっかり頑張っています。問題は、それが売り上げに貢献しているのかいないのかさっぱり分からないことです。

「展示会には昔から力を入れています。予算も人的リソースも競合より多いはずです」

こんな説明を受けてから、展示会チームとヒアリングを実施します。展示会に関する説明を聞いた後で私はこう質問します。

「昨年の売り上げの中で展示会由来は何社何件でいくらになりますか？」

「……」

多くの場合、答えは返ってきません。どの資料にもないからです。そしてこう言われます。

「マーケティングのコンサルが来るというので、過去数年分の展示会関連の資料をそろえてきました。各展示会の予算、ブースデザインのパースや写真、ノベルティー、総来場者の数やブース来場者の数、収集したアンケートの数などです。でも、売り上げは分かりませんよ。それは営業に聞いてください」

Webでも同じ会話が繰り返されます。私が「今、営業さんが追いかけている案件の中で、Web由来は何社何件でしょうか?」と質問すると、こんなふうに返されてしまいます。

「ちょっと待ってください、我々はWebを担当しているデジマ（デジタルマーケティング）のチームです。ページビューとかセッションとかインプレッション、直帰率などは回答する用意をしてきました。でも、売り上げとの関係を聞かれるとは思っていませんでした。それなら営業に聞いてください」

オンラインのウェビナー（Webセミナー）でもリアルのセミナーでも、同じ会話になります。

B2Bマーケティングの基本的なフレームワークの中に「SGL」と「SAL」という重要なプロセスが存在します。SGLはセールスジェネレーテッドリード（Sales Generated Lead）の略で、営業部門が日ごろの営業活動の中からつくった案件を指します。要するにマーケティングは関係していない商談で、今の日本企業の売り上げの大半はここから生み出されています。一方、SALとはセールスアクセプテッドリード（Sales Accepted Lead）の略で、マーケティング由来の案件という意味です。つまり、展示会由来、Web由来、セミナー由来の案件です。この売り上げのメカニズムのフレームワークが基礎知識として頭に入っていれば即答できる質問です。

そのフレームワークが、第1章で述べた「デマンドウォーターフォール」と呼ばれるグローバルスタンダードモデルです。残念ながらマーケティング後進国の日本では、これがほとんど知られていません。そうなると、いくら各担当者が真面目に頑張ったとしても、マーケティング活動の売り上げに対する貢献を説明することはできません。

これはとても不幸なことなのです。

KGIと相関を持たないKPIは金食い虫

KGIとは「キーゴールインジケーター(Key Goal Indicator)」の略で、「重要目標達成指標」とも呼ばれます。B2B企業がマーケティングを設計する際のKGIは、「受注」であるべきだと私は考えています。売り上げに計上できるのは受注ではなく「納品」ですが、受注から納品までの間はマーケティング部門が関与できることはほとんどありません。実務において関与できないポイントをインジケーターにすると、有効な手が打てないばかりか、言い訳の材料になってしまうからです。

そしてKPIとは「キーパフォーマンスインジケーター（Key Performance Indicator)」の略で「重

要業績評価指標」と呼ばれます。KGIが目標（ゴール）の指標であるのに対して、KPIはプロセスの達成状況をベンチマークしようとするものですから、KGIに対して最も強い相関を持つ数値（地点）でなければなりません。だからこそベンチマークする価値と必要があるのです。

KGIが受注だとしても、KPIは企業によってそれぞれ異なります。得意技が異なるからです。業界1位と2位は違うでしょうし、直販営業が売る場合と、販売代理店を使う場合では違って当たり前です。ですから、KPIの選定はCMOの重要なミッションの一つとなりますが、そのCMOがいない日本企業のマーケティングKPIの多くは、KGIとほとんど相関を持っていないのです。

例えば、Web担当者が報告する「ページビュー」「セッション」「インプレッション」「直帰率」などの数値は、どれも受注と強い相関は持っていません。B2CのECサイトであれば、これらは重要なKPIかもしれません。しかし、B2Bのラストワンマイルは、営業部門や販売代理店が稼働するような商材ではほとんど相関はないはずです。相関を持たない活動にコストをかければ、「金食い虫」などと他部門から冷たい目で見られるのは当然です。

展示会のブース来場者数、収集したアンケート数、セミナーの参加者などはいずれもKGIとの明確な相関は見つけられないでしょう。相関のほとんど見つけられないモノをKPIにしている限り、マーケティングが評価されることはありません。

B2Bマーケティングでは、ターゲットの選定からリードデータの収集、コミュニケーション、そして案件化、商談、最終見積もり提出、受注までの間に数多くのプロセスがあり、それぞれにコンバージョン率が存在します。展示会で収集したリードデータも、MAに入れてマージすれば純増率が分かります。

1000人の名刺データを収集しても、既に300人はMA内に存在したとしたら純増は700人です。さらに営業部門との話し合いで、ターゲット企業と部署が定義されていれば、ターゲット率を算出します。純増が700人で、その中のターゲットが70人なら10%という計算の仕方になります。

セミナーでも単に参加者数や参加申し込みからの歩留まり率などは、受注との相関が低過ぎるので、営業部門は興味がありません。しかし、そのセミナー参加者の中のターゲット率なら営業は興味を持ちます。ターゲットは営業が接点を持ちたい企業の会いたい部署の人だからです。

受注というKGIに対して、無数にあるコンバージョン率の中から相関の高いものを選んで、中間KGIとしてツリー構造をつくることを勧めているのはそういう理由です。そしてそのモデルは既に世界に多く存在します。

インテルの中興の祖と言われたアンドリュー・グローブが提唱した「OKR（Objectives and Key Results：目標と主要な結果）」などもその一つですが、私はやはりB2Bのグローバルスタンダードであるデマンドウォーターフォールが一番分かりやすいと考えています。

デマンドウォーターフォールとデマンドセンターについては第12章で説明します。

私の経験では、顧客企業の評価部門へのサンプル供給、キーパーソンのショールーム訪問、キーパーソンを集めたラウンドテーブルミーティング、複数人での動画閲覧、詳細資料の請求やダウンロードなどは相関が強く、商談やその先の受注につながる重要な指標になります。ＫＧＩに対して最も強い相関を持つＫＰＩを定義し、そこにあらゆるリソースを集中してベンチマークする、これはマーケティングが機能している企業の特徴でもあり、ＣＭＯがきちんと仕事をしている証しでもあるのです。

マイケル・ポーターの慧眼《けいがん》「オペレーションで勝って戦略で負けた日本」

１９７９年に米国の社会学者エズラ・ヴォーゲルが『ジャパン・アズ・ナンバーワン（Japan as Number One：Lessons for America）』を出版し、日本でもベストセラーになりました。日本企業が世界市場で快進撃していた頃で、日本に見習え、日本企業の秘密を研究しろという大合唱が起こりました。マネジメントの大家であるピーター・ドラッカーも、マーケティングの大家であるフィリップ・コトラーも大の日本好きで日本文化に傾倒していましたから、それは真実のように見えましたし、バブル経済とも重なって当時の日本人は有頂天になっていました。

その時、ハーバード大学の大学院で教壇に立っていた戦略論の大家マイケル・ポーターだけは、紳士的ながら、強烈なこのような表現で日本の弱点を喝破しました。

「日本企業の強さはオペレーションにある。しかしオペレーションの強化は戦略ではない、日本企業はいつか戦略の欠落によって厳しい状況に追い込まれる」

その後は、さらに辛辣なものでした。

「今日本企業はオペレーションの秀逸さで世界市場で勝っている。それは間違いないが、その勝利によって自分たちはオペレーションだけでなく、経営戦略においても優秀なのではないか、と勘違いしている」

当時の日本は「QC（クオリティーコントロール）」と呼ばれた品質管理で世界の最高峰でした。数万人の社員を擁する企業の各事業所、各部門単位でQCサークルという品質管理をテーマにしたミーティングが開かれ、ブルーカラーどころか契約社員やアルバイトまでが品質管理に参加する様子は、世界から驚きを持って称賛されました。

QCは「TQC（トータルクオリティーコントロール）」へと進化し、さらには世界に冠たるトヨタの「カイゼン」や、京セラの「アメーバ」へと進化を遂げ、品質なら日本、生産なら日本といわれた時期でした。

しかし、ポーターは「それは経営としては大変立派なことだが、品質管理の向上は戦略とは別のものである」と指摘して、日本企業の経営陣が〝オペレーショナルエクセレンス〟を戦略的勝利と勘違いしている危険を指摘し続けたのです。

今となれば、ポーターの指摘がいかに的を射ていたかが分かります。まさに慧眼《けいがん》という他はありません。ポーターはさらに研究を進め、その成果を2000年に『日本の競争戦略』（ダイヤモンド社）という本にまとめています。この本はなぜかこんなポジティブな書名になっていますが、原書のタイトルは『Can Japan compete?（日本は競争できるのか？）』という辛辣なものです。

PPMも使えない

PPMは「プロダクトポートフォリオマネジメント（Product Portfolio Management）」の略で、事業をセグメントする際に最も使われるモデルの一つです。

1970年代に米国の大手企業GEは、200近くの事業を手掛けていて、それを整理する必要に迫られていました。事業とはどんどん拡大し、派生する事業が次々に生まれるものです。特に土壌が豊かであれば際限がありません。しかし、200の事業をマネジメントするのはいかにGEであっても困難を極め、それはコングロマリットディスカウントという形で株価の低迷を招いていました。

そこでGEは米ボストン・コンサルティング・グループに依頼し、事業の整理手法を編み出したのです。それがPPMで、これによって事業の整理に成功したGEは見事に再生し、その手法が世界にも広がりま

PPM（Product Portfolio Management）

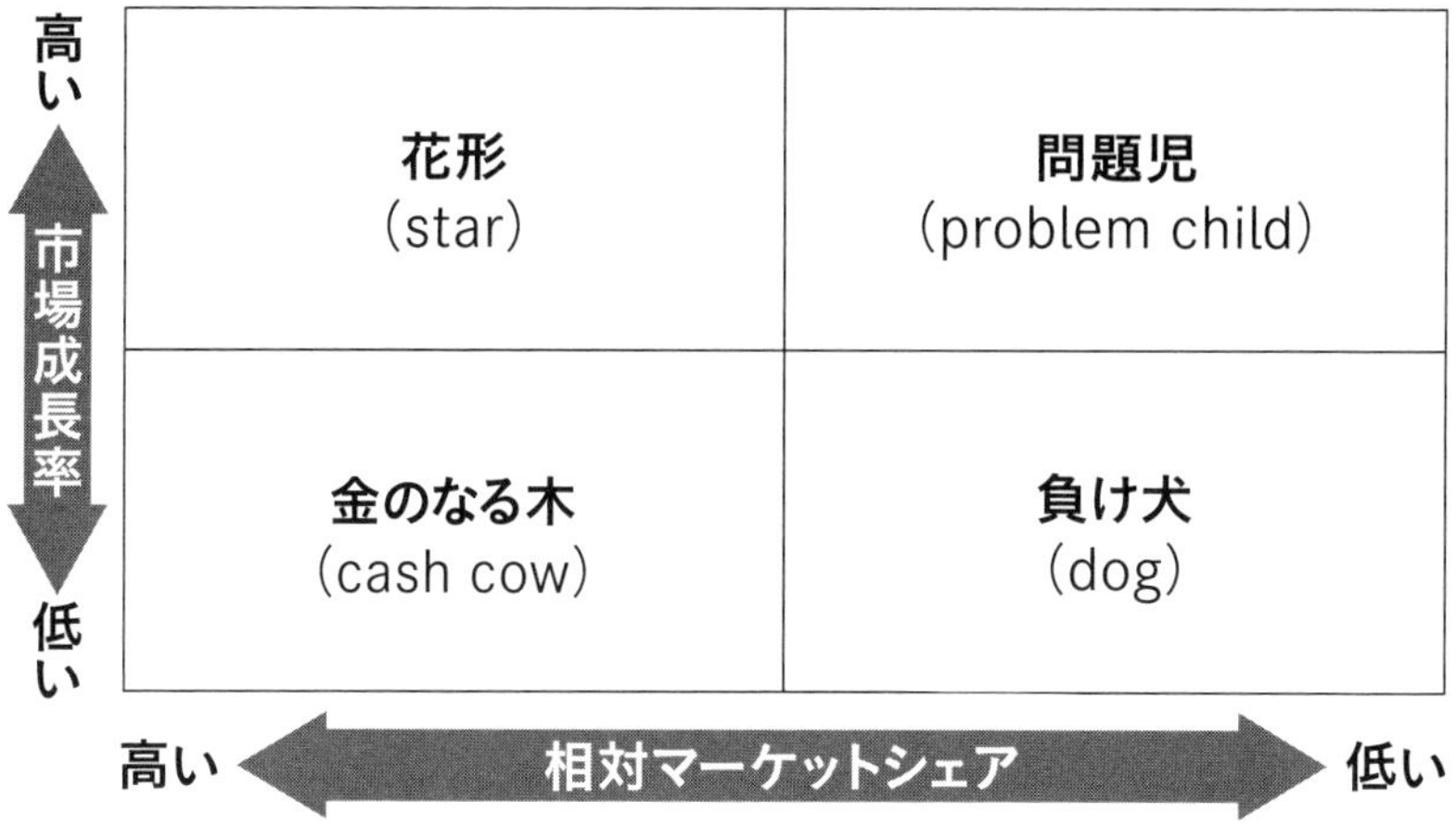

した。

ＰＰＭは一つの軸を市場の成長性、もう一つの軸を市場のシェアでつくるポートフォリオです。この「負け犬」「問題児」「花形（スター）」「金のなる木（キャッシュカウ）」という4つの象限には、それぞれ打ち手のセオリーがあります。

【負け犬】

市場の成長も止まり、その中で小さなシェアしか持っていません。この打ち手は撤退です。多くの場合は事業売却すらできません。市場の成長が止まっていますから、買収してまでシェアを伸ばそうと考える企業も少なく、またシェアが少ないため、買っても大してインパクトがないからです。事業を閉鎖し、特別損失を計上するのがセオリーです。

【問題児】

市場は成長しているがシェアが低迷しているケースです。この打ち手は「伸びるなら食わしてやれ」といわれています。成長する市場ではイノベーションも盛んですから、研究開発や設備投資にもお金がかかります。ですから、その投資を回収できるかどうかを見極め、伸びるなら食わしてやれとなるのです。伸びるというのは「スター」に成長できるかが目安になります。

【スター】

市場は成長を続け、その中で高いシェアを有しています。しかしこの象限では利益は出ません。市場が成長しているのでイノベーションが連続し、研究開発費や設備投資などの投資が先行します。さらに魅力的な市場なので新規参入も多く、常に価格競争にさらされます。しかし、「キャッシュカウ」は基本的に「スター」からしか生まれませんから、耐え忍んで「スター」を守り続けなければなりません。

【キャッシュカウ】

ここの打ち手はローコストオペレーションです。市場の成長は鈍化し、イノベーションも鈍化しますから、研究開発費や設備投資の必要はなくなります。逆に過去に投資した償却の済んだ設備を使うことで、コストに弾力性が生まれています。新規参入も止まり、シェアの低い競合が市場から退場しますから、M&Aでシェアを伸ばすチャンスも多く、利益を享受することができます。この象限が「金のなる木」と呼ばれる理由がこれなのです。

ここはマーケティングやセールスにコストをかけてはいけない象限です。競争がないのに頑張る必要はありません。ローコストオペレーションで利益を稼ぎ出し、それを「スター」を守り抜くことや、「問題児」を育てることに投資しなければならないのです。

＊　＊　＊

ある日本企業から「マーケティング予算を倍増しました」という連絡を受け、担当者に呼ばれたことがあります。「なぜマーケティング予算がこんなに増えたのですか？」と質問すると、その担当者は「売れているのです」と答えてくれました。

売れているのはけっこうなことですが、もしその事業がキャッシュカウであるならば、ローコストオペレーションが正しい打ち手です。できるだけコストをかけずに販売して、稼いだ利益をスターを守ったり、問題児を育成したりすることに回さなくてはなりません。しかし、担当者も上層部もそんなことはお構いなしに、売れているから予算を倍増するのだと喜んでいます。

キャッシュカウはスターから生まれます。市場が拡大し、その中で大きなシェアを獲得していればスターですが、そこから利益は出ません。市場が拡大している時は新規参入が多く、常にイノベーションとディスカウントの波にさらされます。対抗するには研究開発に投資し、セールスに投資し、マーケティングに投資し続けるしかない消耗戦の世界です。

しかし、やがて市場の拡大が鈍化してくるとイノベーションも鈍化します。さらに市場の成長が鈍化し、魅力が小さくなると競合は次々に撤退していき、価格競争も鎮静化します。やがて設備投資の償却が進んだラインで製造した製品が、適正価格で販売できるようになるからキャッシュカウになるのです。

そこでせっせと利益を絞り出して次のスターを守り、問題児をスターへと育てなければなりません。キャッシュカウにマーケティング予算をかけるのではなく、逆にそこから予算と人的資源を引き上げて、アウトソーシングなどのローコストオペレーションに移行するのがセオリーです。

マーケティングがないからプラットフォーム戦略に対抗できない

資本主義経済は弱肉強食の世界です。あらん限りの知力と財力を総動員して自らの存在を懸けて戦います。負ければ買収、撤退、そして倒産が待っています。その戦場を市場（マーケット）と呼びます。

日本は「ものづくり大国」と呼ばれています。多くの人が、ものづくりに関して日本はどの国にも負けないという〝神話〟をいまだに信じています。しかし、そのものづくりの情報基盤という市場においては、日本はもう完全な負け組だということはあまり知られていません。

日本には多くの自動車メーカーがあります。トヨタ、日産、ホンダ、マツダ、三菱、スズキ、スバル、ダイハツ、4輪の乗用車だけでこれほどのメーカーを持っている国は他にありません。しかし、それらのメーカーが自動車を設計するときのCAD（コンピューターによる設計）は、仏ダッソー・システムズの「CATIA（キャティア）」か、シーメンスの「NX」のどちらかが使われます。そして世界のものづくり市場はこの2社を中心にプラットフォーム戦略を推し進めています。

プラットフォームとは環境や基盤を意味します。「Google（グーグル）」は情報検索のプラットフォームです。「Facebook（フェイスブック）」は交流のプラットフォーム、「Amazon.com（アマゾン・ドット・コム）」は小売りのプラットフォームです。この例で分かるように、プラットフォームはそのポジションを獲得すると圧倒的な競合優勢性を持ちます。

今からGoogleやAmazonに対抗するのが難しいことは誰でも分かるでしょう。そしてこのことは、もしそのポジションを競合に奪われたら市場から退場しなければならないことを意味します。だからプラットフォームを巡る戦いは激しいのです。

各社が推進するプラットフォーム戦略は様々です。ダッソーはグループの中心のダッソー・システムズが「3DEXPERIENCE」というプラットフォームを、シーメンスは「MindSphere（マインドスフィア）」というプラットフォームを持っています。米国の最大手CADベンダーであるAutodesk（オートデスク）は「APS（旧 Forge）」というプラットフォームでこれに対抗し、ものづくり市場での遅れを取り戻すために、GEがシリコンバレーにGEデジタルという企業をつくって進めたプラットフォームが「Predix

(プレディクス)」です。さらにはケミカル市場の巨人である独BASFは「Verbund(フェアブント)」というプラットフォームを普及させています。

ものづくり大国である日本は、こうしたプラットフォームを巡る戦いでは蚊帳の外です。その理由は、プラットフォーム戦略は高度なマーケティング戦略の一つであり、マーケティングの基礎的なナレッジや強力なマーケティング組織がなければ、それを理解することすらできないからです。

B2Bマーケティングプロフェッサーの視点から

経営者からマーケティングの相談に乗ってほしいと会社に呼ばれると、現場のマーケティング担当者から「ちゃんとやってます」とムキになって言われることがあります。その通り一生懸命やっているのです。多くの場合は、業務に対して少な過ぎる人的リソースと予算をやりくりして本当に頑張ってます。だからよそ者に批判されたくない気持ちはよく分かります。ただ、問題はやっていないことではなく、頑張っていることが受注に結び付いていないことなのです。

第4章

STPが苦手だから売れない市場で苦戦する

The B2B Marketing

事業衰退の原因は市場にあるのではない。
原因は経営の失敗にある。
セオドア・レビット

セオドア・レビット著『T．レビット　マーケティング論』（ダイヤモンド社）

良い製品やサービスが売れているのではない

マーケティングを軽視する人が陥る間違いがあります。

「良い製品（サービス）なのに売れない」

と困っているのです。これは「良い商材なら売れるはず」「売れている製品やサービスは良いものだから」という勘違いが「良い製品なのに売れない、おかしい」という勘違いを引き起こしているのです。そんな時、私は「良くない商材って例えばどんなものがありますか？」と質問します。出てくるのは大抵外国製品の名前ばかりです。

日本のB2B企業が製造、販売する製品やサービスで粗悪なものはほとんどありません。長くその市場で商売をしようと思えば、一度失った信用を取り戻すのがどれほど大変なことか、知らない人もいないでしょう。ですから、価格に対して明らかに粗悪なものはリリースされないのです。多くの製品やサービスは良質ですが、大半は売れずに消えていきます。その理由は、

「勝てない市場に乗せられた」

からなのです。

Ｂ２Ｂの場合、製品でもサービスでも高い専門性を求められることが多く、そのために誰にとっても良い商材などは存在しません。

例えば精密なものをつくる製造業では、真空装置という真空状態をつくり出す装置が使われます。チャンバーやバルブやポンプを組み合わせた装置ですが、驚くほどの種類が存在します。それは半導体、創薬、ケミカルなどの分野で、それぞれ製造するものによって実現したい真空の状態が異なるからです。低真空、中真空、高真空、超高真空、超々高真空、極高真空などと呼ばれ、それぞれの圧力単位を数値のマイナス何乗で表現します。つくる製品で必要な真空状態が違いますから、他の装置で代替はできません。

これがＢ２Ｂの世界です。商材にフィットした市場でしか勝つことはできないのです。商材から市場を見てフィットさせるのがＰＭＦ（プロダクトマーケットフィット）であり、先に市場を定義すればＳＴＰ→マーケティングミックスとなりますが、いずれにしても勝てる市場を定義してフィットさせることが大切なのです。

売れている商材というのは「それが勝てる市場に正しく乗せてもらって、その市場に最適化されたマーケティングとセールスを実施された商材」なのです。

Ｂ２Ｂでは、どんな製品やサービスでも勝てる市場でしか勝つことはできません。

「なぜこの商材をこの市場で戦わせているのですか？　絶対勝てないジャイアントやディスカウンターがいるではないですか？」

そんな私の質問に対する答えの多くは、こういうものです。

「他にどこがあるのですか？」

正しくSTPが使えず、その商材が勝てる市場を見つけることができなければ、できることは一つだけで〝みんなが乗っている市場に乗せる〟ことしかできません。そこが自社の製品やサービスの勝てる市場であるかどうかは分からないのです。

そうやって何年も苦戦して、やがて撤退します。M&Aで手に入れた商材なら「のれん代」として、自社でつくった商材なら「研究・開発費」としてBS（貸借対照表）に資産計上されていますから、いずれ特別損失（特損）で落とされることになります。

正しい市場に乗せてあげれば売れた商材が廃番になり、社会の課題を解決できたかもしれないサービスが特損として節税対策に使われて葬られています。勝てる市場を探せないというのは誰にとっても不幸なことなのです。

STPは知っているだけでは使えない

フィリップ・コトラーの提唱した「STP」は、マーケティングを学んだ人にとっては誰でも知っている最もよく知られたモデルの一つでしょう。しかし、これほど誰でも知っていて、誰も使いこなせないモデルはないかもしれません。特に日本のエンタープライズB2B企業は「ターゲットセグメント」と呼ばれる、自社の製品やサービスが勝てる市場を探すことを苦手にしています。

なぜ日本のB2B企業はSTPが使えないのか？　理由の一つはフォーカスできないことです。そしてそれはB2Bに限ったことではないかもしれません。

アップルがiPhoneを発表して世界の話題をさらっていた頃、ある日本の大手IT企業の役員と話していて、こんな話題になりました。

「ウチとアップルは売り上げでは3兆円ちょっとでほとんど同じです。でも、株式時価総額では全く違うし、収益力も違います。庭山さん、何が理由だと思いますか？」

その会社は、長年勤務している社員ですら覚えきれないほど多品種の製品やサービスのラインアップを持っていました。しかも、それらの製品やサービスのターゲット市場は、それぞれ異なっていました。

それに対してアップルは、Macというデスクトップとノートのｐｃ、iPodという携帯音楽プレーヤー、iPadというタブレット、そしてiPhoneで3兆円を超える売り上げをつくっていました。そして肝心なことは、それらの製品のターゲットセグメントが完全一致していることです。

デスクトップのiMacを使っている人はノートPCもMacBookです。タブレットはiPadでスマートフォンはiPhoneを使います。同じターゲット市場に、互いに連携するデバイスを販売していますから、「デジタルデバイス」という領域での個人の生涯シェアはとても高いのです。これをライフタイムバリュー（LTV）＝顧客生涯価値と言います。

米ボストンのパートナーを訪問した際、ハーバード大学の近くのスターバックスでアポイントまでの間、仕事をしていた時のことです。気が付くとほぼ満席の店内でコーヒーの横に置いてあるデバイスはほとんどアップルのノートPCか、タブレットでした。もちろんほぼ全員がiPhoneを持っていました。

アップルが売り上げの割にマス広告をしない理由はLTVです。同一のターゲットに対するコミュニケーションには、マスメディアを使う必要はありません。ダイレクトでインタラクティブなメディアでマーケティングすることができるのです。

そして、2010年ごろから世界のエンタープライズB2Bマーケティングの主流になっている「ABM（アカウントベースドマーケティング）」は、このLTVをB2Bへ転用したものなのです。

コンサルタントはいかにも簡単に「顧客理解」という言葉を使います。しかし、これほどイマジネーション（想像力）と、解き明かすまでの忍耐強いコミュニケーションスキルを必要とすることはないのです。そして顧客を理解しなければ、正しいターゲットセグメントを定義しようがないのです。

勝てる土俵を探すには（フォーカスすること、捨てること）

日本企業がターゲット市場をフォーカスできないもう一つの理由は、「捨てることができない」からです。フォーカスとは捨てることなのです。

「なぜ毎年シェアを落として、競争優位性をなくしているこの製品から撤退しないのですか？」と質問すると、「これは弊社発祥の製品の一つで、いまだに思い入れのある幹部やOBが大勢いるのです」という答えが返ってきます。「今の会長がつくった事業部だから」「この工場では多くの社員が働いているから」と理由は様々ですが、こうした事業が息を吹き返した例をほとんど知りません。

価値があるうちに売却すれば売却益になりますが、決断が遅れれば価値は急速に低下し、買い手がいない状況に追い込まれます。そして捨てる決断はトップマネジメントにしかできません。新規事業を始めるのは誰でもできます。将来有望な若手に任せることもできるでしょう。しかし過去に多くの投資を行い、多くの人が関わり、稼いでいた事業や製品からの撤退は、トップにしかできないつらい決断です。

欧米の企業経営者がそれをできる理由は、彼らが利益至上主義のドライな人たちだからではありません。

彼らが製品やサービスを見るとき、その歴史や自社の設備やサプライチェーンではなく、市場（マーケット）を見るからです。

インテルがメモリー市場から撤退する時、彼らは数年間、ありとあらゆる努力を行いました。しかし、それでも日本メーカーに勝てませんでした。最後に彼らは市場の声に耳を傾けました。その答えは「市場は高品質で安価で安定供給できるメモリーを求めているがインテルは求めていない」ということでした。その時の経営幹部の一人だったアンドリュー・グローブが、当時のCEOでムーアの法則の提唱者として知られるゴードン・ムーアとの会話を著書『Only the Paranoid Survive』に書き残しています。

「もし我々が解雇され、取締役会が新しいCEOと経営チームを任命したら、その経営チームはまず何をするだろう？」
「決まってるさ、メモリー事業からの撤退だよ……」
「ならば気持ちを切り替えて、それを我々がやろうじゃないか」

こうしてインテルは市場の声に従ってメモリー事業から撤退し、開発途中だったマイクロプロセッサーにすべての経営資源をフォーカスして半導体産業の王者になりました。

フォーカスとは捨てることなのです。

価値を俯瞰で眺める

2006年に81歳で亡くなったセオドア・レビットというマーケティング学者がいます。若くしてマーケティング学会で成功を収め、世界中の学者や経営者に大きな影響を与えた人ですが、レビットを一躍スーパースターに押し上げたのは「マーケティング近視眼（Marketing Myopia）」という論文でした。

実はこの論文は私の人生を変えた論文でもあります。大学1年の秋に大学の図書館で偶然手に取った本に収録されていたこの論文を読んで、まるでハンマーで殴られたような衝撃を受けて、私はその瞬間、マーケティングをなりわいにしようと決めた気がします。それまで何となく疑問に感じていた、自分にまとわりついていた霧が一気に晴れて、見えなかったものがクリアに見えた感じがしたのです。

レビットはこの論文の中で、自分たちの事業を近視眼的に定義することがいかにビジネスチャンスを逃し、自らを衰退へと導いてしまうか例を挙げて書いています。栄華を誇った米国の鉄道会社は、自分たちの事業を「鉄道屋」と定義し、高速道路網が整備され、貨物トラックやバスに顧客を奪われ始めたときに、彼らを敵として認識しました。

その当時、旅行者や貨物の荷主という顧客基盤を持っていたのは鉄道会社でした。人や貨物の輸送や荷さばきのノウハウも、桁外れの財力も持っていました。もし彼らが自らを鉄道屋ではなく、「人や荷物を運ぶ事業」と定義していたなら、彼らがトラック業界やバス業界の王者になれたかもしれません。さらに航空機の時代になれば、彼らが大手航空界会社に進化していても何の不思議もありませんでした。

そうならなかったただ一つの理由は、自らを近視眼的に定義したことだとレビットは指摘しているのです。

顧客は鉄道に乗りたいのではありません。目的地まで快適に旅行したいのです。公共の道路を使うバスはターミナルを数多くつくることができたので、旅行客は目的地のより近くまでバスで移動することができました。

荷物を送ることが目的の人にとって、鉄道で運ぶかトラックで運ぶかは重要ではありません。ただし、鉄道を使うなら駅まで届ける手間と、駅に受け取りに行く手間が発生します。トラックなら引き取りに来て、相手のビルまで届けてくれます。

鉄道会社はこれらに負けたのですが、トラックやバス会社を持って複合的な輸送を実現すればよかったのです。

こうした現象は、現代でも数多く目にします。当事者意識の強い人ほど、近視眼的に自らを定義してしまうものなのです。これを私は「アリの目」と呼びます。自らを俯瞰的に見るにはアリではなく「鳥の目」が必要です。これはトレーニングで手に入れることもできますし、第三者を会議やプロジェクトに入れることで解決することもできます。

ある米国の大手半導体企業は日本国内に2カ所のラボを持っていました。顧客は製品に不具合があるとそのラボにバイク便で製品を送り、受け取ったラボは製品を解析しながら顧客のエンジニアと電話で話すことで問題を解決していました。

しかし、景気が後退すると、この会社はラボを閉じることに決めました。自社が提供している価値は半導体製品のスペックであり生産能力だと近視眼的に定義し、顧客に提供している価値の重要な部分に〝バイク便で1時間の距離にあるラボ〟というのは入っていませんでした。

さらにその企業はアジア地域でラボの集約を行い、日本国内のラボはなくなりました。〝バイク便で1時間＋日本人技術者と電話で日本語で話せる価値〟と、〝FedEx（フェデックス）で1日＋英語で話さなければならない価値〟の差が分からなかったのです。この会社は、日本国内でのシェアを大きく落としてしまいました。

米国のデルはB2Bにフォーカスし、店頭ではなくオンラインでPCを販売するビジネスモデルで大成功し、日本でも圧倒的なシェアを握っていました。全盛期にはどの企業の倉庫にも、デルの段ボール箱が積まれていました。

CRMの活用やパイプラインを見ながら、精緻な予測に基づいたデバイスの仕入れなどで収益性を確保し、川崎市にある日本法人のオフィスはいつも活気にあふれていました。サポートサービスも九州のコールセンターの品質がとても高く、サポート満足度調査では10年近くナンバー1を維持していました。

ある日、デルのマーケティング担当者から電話がかかってきました。九州のサポートセンターを中国に移すことが本社で決まって不安だ、ということでした。私は全力で反対するようにアドバイスしましたが、本社は聞き入れませんでした。本社からは、中国で天才的に日本語のうまいオペレーターチームを採用できるめどが立ったと返事が来たそうです。

米国人が中国人の日本語を評価できるはずがありません。日本人は最初の「もしもし」で相手が日本人ではないことを見抜き、静かに電話を置きます。クレームにはなりませんが、サポート満足度は急降下するでしょう。

結果的にサポート満足度は予想以上に下落し、それにつれて日本国内の販売シェアも落としていきました。デルの本社から見れば、日本で顧客に提供する価値の定義に「日本人によるサポート」が入っていなかったのです。

私がDoV（Definition of Value＝価値の定義）を重視するのはそういう理由なのです。

基準を定義すれば全体最適になる

日本企業の欠点は「部分最適」だと指摘しました。それぞれが自分の持ち場で一生懸命頑張っているものの、全体最適になれない、ハーモニーを奏でることができていない、と書きました。それは基準が明確でないからです。基準は市場です。どんな業種のどんな規模の、どんな事業所のどんな部門で働く、今何を担当している人が自社のターゲットだ、というペルソナ（基準）が明文化されていれば、全体最適になることができます。

出展する展示会の選定も、ターゲットペルソナが多く来場する展示会なら出展する、しないなら出さない。これまで毎年出展していようが、主催団体と懇意にしていようが断固出展しない。Webのルック&フィールといわれる色使い、フォント、言葉遣い、イメージなども、社内の声の大きい人に合わせるなど愚の骨頂です。

最適化すべきは、社内の人間でもグーグルのサーチエンジンでもなく、自社のターゲットペルソナです。メルマガの記事も、製品パンフレットの表現も、販売代理店の選定も、そのセールスパーソンへの研修内容も、すべてターゲット市場やペルソナに最適化すべきなのです。それだけで、日本のB2Bのマーケティング&セールスは劇的に進化します。

B2Bマーケティングプロフェッサーの視点から

ターゲット市場（セグメント）を正しく定義することは最も重要で、間違えると取り返しのつかないことになります。それがマーケティング活動すべての基準になるからです。間違ってターゲティングした市場にいくらキャンペーンを展開しても、疲弊するばかりで成果は出ません。そうした勝てない市場に対して不毛なマーケティングを展開しているケースが後を絶たないのです。

The B2B Marketing

第2部

3つの革命に乗り遅れた日本企業のフロントライン

第5章

歴史、そして乗り遅れた2つの革命とＡＩの衝撃

企業には基本的な機能がふたつある。
それはマーケティングとイノベーションである。
成果を生むのはマーケティングとイノベーションだけである。

ピーター・ドラッカー

ピーター・ドラッカー著『マネジメント』(ダイヤモンド社)

B2Bマーケティングの歴史をひもとけば

B2Bマーケティングは、ダイレクトマーケティングの系譜を引いているといわれます。マーケティングの分類は数多くありますが、代表的なものに使うチャネルでの分類があります。1900年代半ばから、「新聞」「雑誌」「テレビ」「ラジオ」などのマスメディアを活用するマスマーケティングと、「ダイレクトメール」「通販カタログ」「電話」などのダイレクトメディアを活用するダイレクトマーケティングという分類がありました。私が所属していた米国ダイレクトマーケティング協会（DMA）は、1917年に「ダイレクトメール協会（The Direct Mail Marketing Association）」として設立されて以来、100年を超える歴史があります。

ダイレクトマーケティングは郵便のDM（ダイレクトメール）やカタログ送付が主なチャネルでした。このカテゴリーには早くから訪問販売で大成功した英国資本のエイボン・プロダクツ（AVON）や、カタログ通販で巨大企業に成長した米シカゴに本拠を構えるシアーズ・ローバック、米ニューヨークに本拠を置いた定期購読雑誌リーダーズ・ダイジェスト、日本の教育産業で大成功したベネッセコーポレーション（旧・福武書店）などがありました。

しかし、まだマーケティングの本流のチャネルはマスメディアで、ダイレクトマーケティングはマスメディアでは扱ってもらえない商材のマーケティングという位置付けでした。アダルトグッズやいかがわしい金融商品などのマーケティングを担当するのがダイレクトメディアという時代が、1980年代まで続きました。

その地位を向上させたのが、ダイレクトマーケティング専門のエージェンシーとして成功したワンダーマン・ケイト・ジョンソンのCEOで『Being Direct』（邦題『売る広告への挑戦』／電通）の著者でもあるレスター・ワンダーマンや、『Maxi-Marketing』（邦題『マキシマーケティングの革新』／ダイヤモンド社）を著したラップ&コリンズのスタン・ラップやトーマス・コリンズでした。

彼らは大手金融機関やニューヨークの五番街に並ぶ一流百貨店にダイレクトマーケティングを採用させることで、大手企業も採用する正統なマーケティングであることを証明しました。レスター・ワンダーマンが「ダイレクトマーケティングの父」と呼ばれるのは彼が始めたからではなく、その地位を向上させたからです。

1980年代に入ると、DMやカタログを主なチャネルとするダイレクトマーケティングの中から、当時最新のテクノロジーだったデータベースを活用し、顧客データを管理する人たちが登場して大成功しました。彼らは自分たちの手法を「データベースマーケティング」と呼び、この中からドン・ペパーズとマーサ・ロジャーズの「One to One」や、ドン・シュルツの「IMC（統合マーケティングコミュニケーション）」などの派生形が数多く生まれました。

この頃、日本ではダイレクトマーケティングやデータベースマーケティングに関する情報はとても少なく、マーケティング・サイエンス研究所の江尻弘氏と多田正行氏、POS（販売時点情報管理）のコンサルタントからデータベースマーケティングを研究していたジェリコ・コンサルティングの荒川圭基氏、テレマーケティングジャパン（現・TMJ）の中澤功氏、米国のマーケティング事情をリポートしてくれていたウィトン・アクトンのルディー・和子氏、月刊「アイ・エム・プレス」を刊行していた西村道子氏、そしてワンダーマン・ケイト・ジョンソンと電通との合弁会社電通ワンダーマン（現・電通ダイレクト）をつくった藤田浩二氏などが情報を発信してくれていました。

マーケティング・サイエンス研究所の多田氏は、後にリクルートの社内研究プロジェクトチームで座長を務め、そのプロジェクトの研究成果をまとめて『売れるしくみづくり』（ダイヤモンド社）という本を出版しました。私の知る限り、これはB2Bマーケティングに関する日本で最初の本です。またカンノ・カンパニーの菅野和彦氏は『マックによるデータベースマーケティング』（コーエーテクモゲームス）という本を出版し、MacOSで稼働するフランスのリレーショナルデータベースを使ったデータベースマーケティングを提唱しました。

我々は今、こうした先駆者が切り開いてくれた道を歩いているのです。

そして1980年代の後半に至り、米国ではダイレクトマーケティングからデータベースマーケティングへと進化した手法を個人（toC）ではなく、法人向け（toB）に使う人たちが出てきて、B2Bマーケティングというカテゴリーが誕生しました。

このB2Bマーケティングをリードしていたのは、米国のシリコンバレーを拠点にインテルやHPなどを顧客に持つ、コンサルティングファームのマッケンナ・グループのCEOレジス・マッケンナでした。マッケンナが1991年に出版した『RELATIONSHIP MARKETING』（邦題『ザ・マーケティング―「顧客の時代」の成功戦略』／ダイヤモンド社）は世界中の多くのマーケターにとってバイブルになりました。またハイテクマーケティングのバイブルといわれる『Crossing the Chasm』（邦題『キャズム』／翔泳社）の著者ジェフリー・ムーアはこのマッケンナ・グループの出身で、彼の初期の著書に出てくるケースのほとんどは、マッケンナ・グループ時代のものといわれています。

法人とは法律によって限定された人格権を付与された組織であり、株式会社や医療法人もこれに含まれます。法人であっても意思決定するのは人間ですから、B2Bとはいっても「B2Cと同じマーケティングでいけるはずだ」という議論はその頃からありました。しかし、実際に始めてみるとデータマネジメント、コンテンツマネジメント、意思決定プロセス、関連法規など違うことがあまりにも多いことが分かり、別カテゴリーになっていったのです。

米国ダイレクトマーケティング協会内にB2B委員会ができたのもこの頃です。私の古い友人で、今は私の会社のアドバイザーにもなってもらっているルス・スティーブンスは、当時ニューヨークの名門大学コロンビア大学の大学院で教授としてマーケティングを教えながら、DMAのB2B委員会の委員長を務めていました。

私は1990年に日本でシンフォニーマーケティングを設立し、1993年に米国の友人の推薦でDMAの会員になりました。当時のDMAの本部はニューヨークの6thアベニューと呼ばれるAvenue of the Americasに面したビルにあり、そこには多くのアナリストや会員サポート担当者のオフィスとセミナールームがありました。

そして、その中にケーススタディーのライブラリーがあったのです。壁面がすべて天井まで届く書棚になっており、そこにダイレクトマーケティングキャンペーンのケースがぎっしりと並んでおり、業種別、年代別、チャネル別などで整理されていました。

それぞれのケースのファイルを開くと、そのキャンペーンを設計したCMO、担当したマーケティングエージェンシー、担当ディレクター、コピーを担当したコピーライター、クリエイティブデザイナーなどの名前が記されていました。それだけではありません、出したDMの数、そのセグメント、そしてレスポンスの数と率、さらにそこからの商談数や最終的な受注とキャンペーンのROIまでが記載され、送ったDMの現物までファイルされていたのです。

もちろん、B2Bのケースも豊富に格納されていました。中でも「IBM PC Direct」というキャンペーンはとても秀逸なケースでした。これらは、当時DMAが毎年開催していた「DMA ECHO」と呼ばれる大きなカンファレンスのアワードにエントリーしたキャンペーンのデータでした。

私は米国出張の際には2～3日ほど時間をつくってニューヨークを訪れ、このDMAのライブラリーにこもって夢中でケースを読み漁りました。30年たった今でも、この時の学びがどれくらい自分の血肉になったか分からないほどです。残念なことにＤＭＡのライブラリーは徐々にデジタルライブラリーへと移行しましたが、その移行プロジェクトがうまくいかず、さらにＤＭＡ自体も時代の役割を終えて、他のマーケティング協会に吸収されてしまい、恐らくもう簡単に見ることはできないでしょう。

実は、米国でデータベースマーケティングから法人向けのマーケティングが派生した時点では、日本は海外に大きく遅れていたわけではありません。その後、米国を中心に起きた〝3つの革命〟に乗り遅れてしまったのです。それは１９９０年代に起きた「デマンド革命」、２０００年代に起きたＭＡをはじめとする「マーケティングテクノロジー革命」、そして２０２０年になって起きた「ジェネレーティブＡＩ革命」です。

デマンド革命

１９９０年代の米国で、営業案件をパイプラインでマネジメントすることによって売り上げを向上させる企業の数がようやく増えてきました。

「ようやく」と述べた意味を説明しましょう。受注に至る営業案件を可視化して早めに手を打ちたいという願望は、すべての営業本部長や経営者が持っています。来月の受注、次の四半期の受注が読めれば、今期の着地も予測でき、来季の見通しも立てられるからです。その課題を解決してくれる営業案件を管理するツールとして「ＳＦＡ（セールスフォースオートメーション）」が登場したのは１９８０年代のことでした。

現在、我々が目にする米セールスフォースの「Salesforce」や米マイクロソフトの「Microsoft Dynamics 365」、米オラクルの「Oracle Sales Cloud」といったＳＦＡは第3世代に当たります。１９８０年代に登場した第1世代の「ONYX（オニキス）」や「Clarify（クラリファイ）」はそれほど普及もしませんでしたし、導入企業の課題解決にもつながりませんでした。

そもそも米国の営業といえども、パイプラインマネジメントには全くなじんでいなかったのです。その後登場した第2世代の「Siebel（シーベル）」や「Vantive（ヴァンティブ）」などが大きな成功を収めて、法人企業の営業部門が活用する業務アプリケーションとしての地位を確立しました。

実はその背景には米証券取引委員会（ＳＥＣ）の締め付けがありました。ＳＥＣは株主利益を最優先します。米国の上場企業が四半期ごとに発表する売り上げや利益の予想の上限、下限の幅を狭くし、その範囲を超える場合の上方修正や下方修正の報告義務を課したのです。

グローバルに展開している売上高が数千億円、数兆円にもなる企業が、四半期ごとに売り上げの予測をぶれなく発表しようと思えば、営業パイプラインを精緻に管理するしか方法はありません。そこでＳＦＡを導入し、パイプラインのプロセス定義をそろえ、ルールを厳格にして営業パイプラインを管理するようにしました。SECの規制は上場企業にとっては天の声です。経営陣が先頭に立ってパイプラインに取り組み、四半期ごとの業績予測の精度が一気に向上しました。
実は、その業績予測向上の副産物として売り上げが上昇したのです。

「可視化できれば手が打てる」

という10年越しの期待にSFAが応えた現象でした。
これでSFAの普及に火が付きました。この第2世代の代表的な製品が、オラクルのトップセールスだったトーマス・シーベルが設立したシーベル・システムズの製品、Siebelでした。そしてこのSiebelを活用してパイプラインマネジメントを進化させて最も成果を上げた企業がIBMだったのです。
私はSFAの利用法を学ぶため、米国のIBMを訪問したことがあります。IBMは規律の会社ですから、Siebelに登録していない案件については会議室の予約すらできず、エンジニアの同行も許されず、さらに受注のインセンティブにも大きなペナルティーを設けるなどの徹底した使い方をしていました。今日最大のシェアを誇るセールスフォースの創業者マーク・ベニオフも、このシーベル・システムズの創業メンバーの一人なのです。

1990年代の中ごろになって、SFAが第2世代へ移行し、機能も使い方も飛躍的に向上したタイミングで、米国の先進的な企業の中から、マーケティングの重要性に気が付く企業が出てきました。パイプラインの中にある案件の減衰率を改善するより、パイプラインの案件数を増やすほうがずっと簡単なことに気が付いたのです。

パイプラインマネジメントのケースで説明しましょう。以下のように案件化（S－4：SAL＝セールスアクセプテッドリード：マーケティング部門から営業に引き継がれた見込み客）から受注（S－0）を次の5段階のプロセスで管理したとします。

・案件化　　　：S－4（Sはセールスプロセスの略）
・概算見積もり：S－3
・商談　　　　：S－2
・最終見積もり：S－1
・受注　　　　：S－0

案件単価が1000万円の商材で、パイプラインの概算見積もり（S－3）からの受注決定（S－0）の率が10％だったとします。今はS－3が1000件で、そこからの受注が100件ですから年間の受注は10億円になります。

この10億円の受注を、来期は20億円にするように経営層から指示が出たとします。今でも精いっぱい頑張って、やっと10％をクロージングしている営業チームに、その2倍の決定率を要求するのはとても無理な話です。

しかし、パイプラインの上流にあるS－3を2倍の2000件にすることは不可能ではありません。これなら決定率は10％のままですから、実現不可能な数値目標ではないでしょう。

では、分母であるS－3を1000件から2000件に増やすにはどうしたらよいでしょうか？　その答えが「デマンドジェネレーション」と呼ばれるB2B企業のマーケティングだったのです。

米国でもトレードショーは数多く開催されていました。そこに出展すれば多くのリード（見込み客）データを収集することができます。また、当時はまだ世界のどの国でも個人情報を購入することが可能でした。社内のCRMやSFAに存在する顧客情報と、これらの見込み客情報を「リード」として管理し、そこからナーチャリングや絞り込み（クオリフィケーション）というプロセスを経て、「価格表か概算見積もりが欲しい」というS－3と同格の案件を月に80件営業部門に供給できれば、S－3を年間で1000件以上増やすことは可能です。

その時代のメールはプレーンテキストフォーマットでしたが、絞り込む仕組みとして、配信するメールにIDの入ったリンクを付けて送付し、そのクリックをWebページに埋め込んだタグで拾ってデータベースに照会してクリックした個人を特定する「Webビーコン」という技術も開発されました。メール配信、

Webページへのランディング、ホワイトペーパーのダウンロード、インサイドセールスによる訪問承諾、という今のデマンドジェネレーションの原型が誕生しました。

これは営業パーソンの数を増やさなくても受注を拡大できるという意味で、利益に対するインパクトがとても大きなものでした。米国でも、経営者は営業部門の人数を増やすことなく受注を拡大することが、収益向上の近道だということは分かっていたのです。その方法が見つかったことで、多くの企業が取り組みを始めました。

こうして営業案件を増やすことを目的にしたマーケティングを「デマンドジェネレーション」と呼び、それを担当する組織「デマンドセンター」を編成する企業が増えてきたのです。

私は１９９０年代後半に米国で起きたこの革命的な出来事を「デマンド革命（レボリューション）」と呼んでいます。

マーケティングテクノロジー革命

このデマンド革命は米国と欧州の広範囲に影響を及ぼしました。

コンサルティングファームと近い存在に、アナリスト&アドバイザリーファームというのがあります。コンサルティングというプロジェクト単位で課題解決を提供するのではなく、各分野に専門アナリストを抱え、その研究の成果をリポートやセミナー、ラウンドテーブルディスカッション、アドバイザリーなどで情報提供する業態で、ガートナーやフォレスター・リサーチ（以下、フォレスター）が最大手として有名です。

２００１年に最大のアドバイザリーファームであったガートナーで、セールスのトップだったリッチ・エルドとマーケティングのトップだったジョン・ネーサンが独立して、B2Bのマーケティングとセールスにフォーカスした新しいアナリストファームを起業しました。これが２０２０年にフォレスターに買収されるまでの約20年間、世界のB2Bマーケティング&セールスを理論的にけん引したシリウスディシジョンズ（SiriusDecisions）です。

彼らが２００７年に発表した「デマンドウォーターフォール（Demand Waterfall）」は、世界のB2Bマーケティングのスタンダードモデルとなりました。２０１２年、２０１７年とバージョンアップを行い、現在はシリウスディシジョンズがフォレスターに買収されたため「レベニューウォーターフォール」として２０１９年、２０２３年とバージョンを重ねています。世界中のB2Bマーケターが日ごろ使っているMQL（マーケティングクオリファイドリード：マーケティング由来の案件）、SAL、SGL（セールスジェネレーテッドリード：営業由来の案件）などはこのモデルの中で定義された言葉です。

シリウスディシジョンズはアナリストファームとして大成功を収め、米国で開催される「サミット（Sirius Decisions Summit）」というカンファレンスには、日本円で30万円近い参加費と飛行機代、ホテル代などで合計70万円から100万円を払って世界中から3000人の参加者が集まります。その参加者とのリレーションを求めて、多くのマーケティングテクノロジー企業がスポンサードしました。

私も2013年から毎年参加していますが、4日間の開催期間中は、文字通り朝から晩まで学びとネットワーキングが行われます。特に夕方から夜中までスポンサー企業がホテルや近くのレストランやバーを借り切ってネットワーキングパーティーを開いており、C-VENTというイベント管理ソリューションで「ここはまだ席が空いてるよ」「こっちは今こんな感じで盛り上がってるよ」というメッセージが飛び交っています。そうやって夜中までネットワーキングした翌朝の7時にはネットワーキングブレックファーストがあり、そこでも活発なネットワーキングや学びの意見交換が行われます。

シリウスディシジョンズにはデマンドウォーターフォール以外にも、販売代理店活用のPRM（パートナーリレーションシップマネジメント）、人材育成のHR（ヒューマンリソース）、セールス強化、研究開発や設計などプロダクト部門への支援や、そのプロダクト部門と、マーケティング部門やセールス部門との連携をテーマにしたアラインメントなどの専門アナリストチームが存在し、そこがマーケティングやセールステクノロジーのインキュベーション（ふ化器）の役割も果たしていました。

そうした中の一つがMAでした。

1990年代の終わりごろに米国で起きたデマンド革命を、五大湖の反対側にあるカナダのトロントから眺めていた2人の若者がいました。マーク・オーガンとスティーブン・ウッズです。彼らは当時チャットシステムをつくって米国市場向けに販売することを考えていました。その市場調査の過程で、彼らの目に米国のダイナミックなデマンド革命が飛び込んできたのです。彼らはそのデマンドジェネレーションのプラットフォームに、自分たちのビジネスチャンスを見いだしました。

当時、デマンドジェネレーションは驚くような成果を上げ、多くの企業がデマンドセンターと呼ばれる組織をつくり、パイプラインの中の案件を増やすミッションを与えていました。しかし、それに適したプラットフォームとなるシステムはまだ存在しなかったのです。

そのため当時の米国のマーケターたちは、データの整理や加工はエクセルで、メール配信はメール配信ツールで、フォームはCGIをプログラミングし、分析はBI（ビジネスインテリジェンス）ツールで、ランディングページはCMS（コンテンツ管理システム）で、と多くのツールを組み合わせて使わなければならず、CSV形式で個人データを移動するのも、とても面倒で危険な作業でした。

マーク・オーガンとスティーブン・ウッズは、マーケティングに従事する人々を、この煩雑でリスクの高い作業から解放するデマンドジェネレーションのプラットフォームをつくり、米国で2000年にリリースしました。これが世界最初のMAである「Eloqua（エロクア）」です。膨大な作業にうんざりしていた米国のB2B企業のマーケターは、このプラットフォームに飛びつきました。そしてこの新しいカテゴリーの存在意義を認めた米国の大手ベンチャーキャピタルも、次々にEloquaに出資したのです。

資金を得た彼らはこの業務アプリケーションをさらに強化し、より大規模なグローバルエンタープライズ向けに進化させていきました。

Eloquaの成功を、CRMソリューションの一つであったイーピファニーの幹部が興味深く見ていました。フィル・フェルナンデスとジョン・ミラーです。Eloquaがより大規模企業向けに進化していったことで、中堅・中小企業のMA市場が空白になりました。彼らはそこに製品を投入することに決めて会社を創業しました。これが現在はアドビの製品になっている「Marketo（マルケト）」です。2007年に製品をリリースしたフィルとジョンは「安くて操作が簡単なEloquaです」と言ってMarketoをリリースし、狙い通り中堅市場でシェアを拡大していきました。

同じ頃、米アトランタを拠点にしてメールマーケティングソリューションを開発していたビル・ナッシーもMAに注目していました。学生時代にメール配信システムをリリースし、その企業を売却することで資金を持っていたビルは、当時開発していたメールマーケティングシステムにいくつかのモジュールを買収してアドオンし、MAに進化させてリリースしました。これが後にIBMに買収される「Silverpop（シルバーポップ）」で、米国では中堅企業向け市場でMarketoの最大のライバルとなりました。

こうしてグローバルエンタープライズのチャンピオンEloquaと、中堅企業の市場を分け合うMarketoとSilverpopという製品が並び、唯一のホワイトスペースはスタートアップ&SOHO（Small Office Home Office）と呼ばれる小規模企業向けの市場でした。

ここに狙いを定めて製品をリリースしたのが、ブライアン・ハリガンとダーメッシュ・シャーのコンビでした。2007年にリリースされた「HubSpot（ハブスポット）」という製品は、ターゲットを明確に絞ったことで小規模企業にとって理想的なマーケティングツールとなり、瞬く間にこの市場のチャンピオンとなりました。

HubSpotはそのターゲット市場の特性から低価格帯の値付けをしたため、高価格帯の製品と同じレベルの営業サービスや販売代理店のサポートは望めませんでした。そこでユーザーが自分で学べるようにHubSpotの機能や操作だけでなく、マーケティング理論やコンテンツづくり、SEO（検索エンジン最適化）などの学習コンテンツを豊富に用意しました。これがHubSpotブランドのファンづくりやユーザーコミュニティー形成にも大きく貢献しました。

現在、HubSpotは独立を守りながら創業者が経営陣に残っている唯一のMAブランドとなりました。また、自社の成長に伴ってターゲット市場を中堅からエンタープライズまで拡大しました。

このようなEloqua、Marketo、Silverpop、HubSpotの成功を見た人たちが、次々とMA市場で製品をリリースしました。「Act-On（アクトオン）」「Marketing Pilot（マーケティングパイロット）」「Neolane（ネオレーン）」「Aprimo（アプリモ）」などです。こうしてMAというカテゴリーが成立し、米サンフランシスコで開催されていたセールスフォースの「Dreamforce（ドリームフォース）」というイベントでは、SFAのパートナーソリューションとしてこれらのMAがずらりと並びました。中でもセールスフォース自身がユーザーとして使っていたEloquaは、一番良い場所にブースを展開していました。

SilverpopがMAに進化したことで、メール配信システムとして米国市場で競っていたResponsysや

Aprimoなども、モジュールや機能を追加してMA市場に参入し、「メールシステムにルーツを持つMA」というサブカテゴリーが生まれました。

その時、米国で最も多くのユーザー企業を持っていたエグザクトターゲット（ExactTarget）というメール配信システム企業は、自分たちだけがMA化に乗り遅れたことにぼうぜんとしていました。彼らはMA化しなくてもメール配信だけで安泰だと考えていましたが、顧客が次々MAに乗り換えたことに慌て始めました。

今からモジュールを開発しても遅いと判断したエグザクトターゲットの経営陣は、手ごろなMAを買収してそのモジュールを組み込むことで遅れを取り返そうとしました。それがPardotでした。買収されたPardotは予定通り同社のデジタルマーケティングプラットフォーム「ExactTarget」に組み込まれるはずでしたが、意外な展開が起こります。そのエグザクトターゲットがセールスフォースに買収されてしまったのです。

当時セールスフォースは、MAとは連携パートナーとして等距離の付き合いをしていました。自分たちはEloquaのユーザーでしたが、Marketoとも Silverpopとも仲良く付き合い、Dreamforceでは各MAベンダーが軒を並べて出展していました。それがEloquaが最大の競合であるオラクルに買収されたことでバランスが崩れたのです。

そもそも自分たちがいつまでもEloquaを使うことはできません。彼らはExactTargetを買収し、Pardotとの統合プロジェクトを中止して、それぞれを自社サービスに組み込むことにしたのです。

さらにマーケティングテクノロジーのけん引者たちは、システムをつくって販売するだけでなく、理論的にも新しいマーケティングの確立に貢献しました。

Eloquaの創業者でCTOを務めたスティーブン・ウッズは『Digital Body Language』を、Marketoの創業者のフィル・フェルナンデスは『Revenue Disruption』を、Silverpopの創業者ビル・ナッシーは『The Quiet Revolution in Email Marketing』を、そしてHubSpotの創業者のブライアン・ハリガンとダーメッシュ・シャアは『Inbound Marketing』(邦題『インバウンドマーケティング』/すばる舎)をそれぞれ書いて出版したのです。

残念ながらこれらの書籍の中で日本語訳が発売されたのは『インバウンドマーケティング』だけですが、スティーブン・ウッズの『Digital Body Language』などはベストセラーになったばかりか流行語にもなって、今でも英語圏のB2Bマーケティングのカンファレンスでは、「この事例こそ〝デジタルボディーランゲージ〟だよね」などと引き合いに出されます。

こうしてB2Bマーケティング向けのソリューションとしてMAというカテゴリーと、その連携ソリューションが次々にリリースされると、導入コンサルテーション、インプリメンテーション(実装)、さらに運用支援などを担当するサービスベンダーが相次いで登場します。

ニューヨークのマンハッタンを拠点にするスタイン&イアス(Stein IAS)、米アトランタのペドウィッツグループ(The Pedowitz Group)、同じアトランタを拠点とするアニュイタス(Annuitas)、米テキサス州オースティンに拠点を持つブルドッグソリューションズ（Bulldog Solutions）、サンフランシスコのスピアーマーケティンググループ（Spear Marketing Group）、サン・ラモンのデマンドジェン（DemandGen）、エメリービルのジャストグローバル（Just Global）、米ワシントン州レドモンドのハインズマーケティング（Heinz Marketing）、そしてポートランドのバブコック&ジェンキンズ（Babcock & Jenkins）などです。

さらにカナダのトロントのコーチアソシエーツ（Couch & Associates）、ロンドンのバナー（BANNER）、シンガポールのヴァーティカル（Verticurl）やカタリストエム（KatalystM）など、世界中にB2Bマーケティングエージェンシーというカテゴリーの企業が誕生し、MAなどのマーケティングテクノロジーの普及と利用を推進しました。

これらの企業は、過去15年の間に私が一つ一つ調べて訪問し、情報交換やディスカッションを重ねた実績のあるサービス会社ですが、2020年以降の新型コロナウイルス禍や米国発のIT産業のリセッションの波を受け、半分以上が売却や業務終了になってしまいました。しかし、ありがたいことに創業者や中心メンバーとの交流は今でも続いています。

こうして、2000年から2010年の間に、B2B企業向けのマーケティングテクノロジー群が爛漫《らんまん》と咲き誇る時代に突入しました。これがマーケティングテクノロジー革命です。

ジェネレーティブAI革命

AIは人工知能の英語表記「Artificial Intelligence」の略です。技術的にも思想的にも新しいものではなく、昔からSFの世界では人と話すコンピューターや、人に命令し、時には人と争うストーリーは数知れません。米国映画ではアーノルド・シュワルツェネッガー主演の『ターミネーター』シリーズや、キアヌ・リーブス主演の『マトリックス』シリーズが記憶に新しいでしょう。日本ではアニメーションの『バビル2世』や『宇宙海賊キャプテンハーロック』で人工知能が重要なキャラクターとして登場しました。

こうしたAIが我々の身近にやってきたのは、恐らくアップルの「Siri(シリ)」や米アマゾン・ドット・コム（Amazon.com）の「Alexa（アレクサ）」、グーグルの「Google アシスタント」からでしょう。人の言葉を理解し、依頼を実行してくれる機能は画期的でした。

アップルのスティーブ・ジョブズがSiriのベースとなる技術を持つ企業を買収した際、ちょうどグーグルがスマートフォンのOSでアップルのiOSの競合となる「Android(アンドロイド)」をリリースした直後ということもあって、いよいよアップルがグーグルの牙城である検索ビジネスに乗り出すのでは、と騒がれました。しかし、スティーブはその質問に「検索なんて興味ないよ、グーグルが頑張ればいいさ」と冷たく答えました。世の中がAIを実装したサービスをイメージできなかったのかもしれません。

その後、ビジネスの世界でもIBMの「Watson（ワトソン）」や、セールスフォースの「Einstein（アインシュタイン)」が登場し、未来を予見させるプロモーションを展開しましたが、多くの人にとってはAIと自分の業務の関係にピンとこないものを感じていたはずです。

それがガラッと変わったのは、2022年11月に非営利法人の米OpenAI(オープンAI)がChatGPTを公開した瞬間でした。「ジェネレーティブ(生成)AI」と呼ばれるクリエイティブに強いAIはビジネスの領域に恐ろしい勢いで浸透しています。

2023年の2月、米アリゾナ州スコッツディールで開催されたB2Bマーケティングのカンファレンスに、当社の丸山直子副社長が参加しました。現地からの彼女の第一報は、

「AI祭りです!」

というものでした。

2023年6月にテキサス州のオースティンで開催されたフォレスターのB2Bサミットには私が参加しました。その初日のキーノートに、フォレスターのCEOであるジョージ・コロニーが登壇し、オースティン行きの飛行機がタイヤのトラブルで滑走路に出てから飛べなくなったエピソードを話してくれました。コロニーはタイヤのトラブルというアナウンスを聞いて、ChatGPTに乗っている飛行機の機種を伝えた上で、タイヤ交換に要する時間を聞きました。ChatGPTの回答は「2時間」ということでしたが、実際に飛行機は2時間後に離陸したそうです。コロニーはこう続けました。

「実はこの1カ月ほど、グーグルの検索をほとんど使っていないことに気が付いたんだ」

さらにこう述べたのです。

「私が検索に戻るかどうかは分からないけど、今は戻る気がしない。もし多くの人がもう検索をしなくなるとしたら、Webサイトの役割やつくり方などが根底から変わるかもしれないね」

コロニーの言葉は、ジェネレーティブAIの破壊力のすごさを物語っていると言えるでしょう。

このAI革命に拍車を掛けたのは2022年の秋から、米国のハイテク企業を襲った景気後退の波でした。シリコンバレーのIT大手を中心に各企業の業績悪化が顕著になりました。それまでの好景気を受けて採用合戦を繰り広げて拡大してきたテックジャイアントが、「調整」という名のリストラを開始し、その後10カ月の間に、ハイテク系のマーケティング担当者だけで10万人が職を失ったといわれています。私のLinkedIn（リンクトイン）も、連日「退職しました」「辞めることになりました」というメッセージで埋め尽くされました。

実はマーケティングテクノロジーは、主戦場である米国の景気後退によって進化を遂げました。2000年のITバブルの崩壊、2008年のリーマン・ショックなどです。理由はマーケティング部門の人数を大幅に減らした後、その穴埋めをテクノロジーに期待するからです。

人が減っても、マーケティングの仕事が少なくなるわけではありません。むしろ景気後退の中で売り上げを守るため、残ったマーケティングスタッフにはいつも以上の仕事量が発生します。それを回すためにテクノロジーを最大限活用するのです。

今回は景気後退によるリストラとジェネレーティブＡＩのトレンドが、重なってやって来ました。人間の仕事をクリエイティブが得意なジェネレーティブＡＩに肩代わりさせるには、これ以上ない環境だったわけです。


今、米国や欧州で開発・提供されている1万種類を超えるマーケティングテクノロジーの中で、ＡＩを実装していないものを探すほうが大変です。では、その中でどこが勝つのでしょうか？　私はエンジニアではないので、各社の詳細な技術的優位は分かりません。しかし、歴史が一つの方向を指し示しているような気がします。


1993年、マーク・アンドリーセンという若いエンジニアが米イリノイ大学の研究室でインターネット閲覧ソフトである「ブラウザー」を開発していました。「モザイク」と名付けられた、その世界初のマルチメディア型ブラウザーは大きな注目を集めました。

アンドリーセンはシリコンバレーの投資家ジム・クラークの協力を得て資金を調達し、1994年にネットスケープコミュニケーションズ（Netscape Communications）を起業しました。同年には高機能ブラウザー「Netscape Navigator（ネットスケープ ナビゲーター）」をリリースし、これが爆発的に普及したことで当時最速で米国の証券市場に上場を果たしました。

その時、マイクロソフトはインターネットの重要性と自社が乗り遅れつつあることに気が付きました。そこでマイクロソフトは圧倒的なシェアを持っていた自社のOSであるWindowsにブラウザー「Internet Explorer（インターネット エクスプローラー、IE）」を実装し、実質無料で提供するという荒技を仕掛けました。特にJavaをサポートした「Windows 98」になると、IEは機能的にもNetscape Navigatorと遜色がなくなりました。その結果、アンドリーセンは巨大インフラ企業が提供する無償ソフトと有償で対抗するという状況に追い込まれ、あっという間に市場から退場していきました。

ChatGPTを提供するオープンAIの最大株主はそのマイクロソフトです。世界中の人に楽しく使わせることで、圧倒的な機械学習を続けているChatGPTの技術を、最も優位に取り込めるのです。そして相変わらずPCのOSでは圧倒的シェアを誇っており、しかもオフィス製品がビジネスのスタンダードになっています。Excel、Word、PowerPoint、Teamsといったビジネスアプリケーションに「Copilot（コパイロット）」というジェネレーティブAIのアイコンを付けるだけで、ユーザーをAIの世界に引き込むことが可能です。

マイクロソフトはダイナミックシリーズというマーケティング&セールスのアプリを持っており、さらにLinkedInという世界最大のビジネスSNSも保有しています。AIがあれば、これらのデータを統合する必要すらなくなります。AIにプロンプトという「お願いコメント」を書き込むだけで、あらゆる場所にあるデータを収集し、あっという間にリポートでもプレゼン資料でもメールでもランディングページでもつくってくれます。

2023年12月に、マイクロソフトのカンファレンスでCopilotのデモを見る機会がありました。日本マイクロソフトのエバンジェリスト・西脇資哲氏の神業のように巧みなデモの力を差し引いても、声を失うレベルの利便性を既に実装しています。恐らく実務分野において、今後数年のAIテクノロジーの戦いは、マイクロソフトを中心に推移していくでしょう。

そのAIの影響から逃げる自由は、ビジネスパーソンにはないと考えたほうがよいでしょう。しかし、私はAIに自分の仕事を奪われることを気にしている人にいつも言っていることがあります。

「AIは人の仕事を奪いません。AIを使いこなす人がAIを使えない人の仕事を奪うのです」

この「デマンド革命」「マーケティングテクノロジー革命」「ジェネレーティブAI革命」が連続して起こったことで、世界のB2Bマーケティングは圧倒的な進化を遂げ、この間「引き合い依存」でマーケティングを必要としなかった日本企業は鎖国状態に陥り、完全に取り残されてしまったのです。

アンゾフが描き出したいびつな世界

日本のB2B企業のマーケティングが先進国から大きく遅れた理由は明確です。「必要なかった」のです。なぜ経済大国の日本で、法人営業（B2B）に限ってマーケティングが必要なかったのかをひもといてみましょう。その理由はイゴール・アンゾフ博士のアンゾフマトリクスで見るととてもよく分かります。

左のページの図は、ロシア生まれの米国の経済学者イゴール・アンゾフが、その論文の中で紹介した「アンゾフマトリクス」です。経営者がよく口にする「多角化」がいかに難しい戦略かを説明するため、アンゾフが黒板に書いたものが最初といわれています。縦軸が「市場・企業」軸で上が「既存」で下が「新規」、つまり上がお得意さまになります。一方の横軸は「製品・サービス」軸で左が「既存」で右が「新規」です。これに企業の売り上げを当てはめてみると、日本企業の特徴がよく見えてきます。

まず縦軸で見ると、日本のB2B企業には「弊社は多くの顧客を持っています、口座を開いている顧客だけで3000社もあります」と説明してくれる企業もあります。しかし、売り上げを並べて見ると、上位20％の顧客で売り上げの80％を稼いでいるという企業が多いのです。製造業になるとさらに極端で、上位5社で売り上げの90％を稼いでいます、という企業も珍しくありません。

横軸も同じです。多くの日本企業は、社歴の長い従業員も把握できないほど多くの製品やサービスライン

アンゾフマトリクス

		製品・サービス	
		既存	新規
市場・企業	既存	市場浸透戦略	新製品開発戦略
	新規	新市場開拓戦略	多角化戦略

アップを持っています。しかし、売り上げで並べてみれば、上位20%の製品やサービスで売り上げの80%を稼いでいる企業が大半なのです。つまり「パレートの法則」が当てはまるということです。

縦軸、横軸を合わせて見てみると、日本企業の売り上げの大きな部分は、左上の象限「既存顧客からの既存製品・サービスのリピート受注」からもたらされていると言えます。既存顧客からの引き合いで発生する案件が大半ということですから、多くの日本企業の売り上げは「引き合い依存」と言えるでしょう。もちろんこれは悪いことではなく、日本経済の縮図であり特徴なのですが、一つだけ問題がありました。それはこの左上の象限では、マーケティングはほとんど必要ないのです。

お得意さまが、いつも購入している製品やサービスのリピートオーダーをかけてくるこの象限では、少なくとも知ってもらうための「マーケティング」は必要ありません。それどころかB2Bにおいては製品やサービスを販売している側より、それを使って生産している、業務を行っている顧客側のほうが、製品やサービスの知識が上というのが普通です。販売している企業の営業より詳しいユーザーが、リピートオーダーをかけてくるのです。

この象限を守るために何より重要なことは「納品」でした。納期を守り、スペックを守り、品質を担保し、不良品を出さず、欠品を起こさない。これが何より大切で、そこをしっかり守っていれば、顧客から十分なリピート発注がもらえました。

担当の営業は先輩から引き継いだ顧客を守ることを何より優先しますから、顧客との人間関係の構築にこだわったのです。もちろん既存顧客からは、もっと安く、小さく、薄く、軽く、バッテリー寿命を長く、という改良・改善の要望が日々来ます。コストダウンの努力をしなければ利益を確保できません。

そこで日本企業は、マーケティングではなくイノベーションやオペレーションの強化に惜しみなく投資しました。ですから、日本企業はいまだにイノベーションやオペレーションでは世界の最先端を走っています。しかし、マーケティングは必要なかったので何の投資もしてこなかったのです。

もちろんこれは戦後の復興を指導した経済産業省（旧通産省）主導の〝護送船団方式〟であり、保護貿易のおかげでもあり、ひたむきに働いた先人の並外れた努力の結晶でもあります。ですが、ともかく日本のB2B企業はマーケティング抜きで復興を成し遂げ、売上高数千億円、数兆円の企業が、マーケティング部門もCMOも持たないまま成立するという、世界でも珍しい状況を実現してしまいました。

経営者の神様といわれるピーター・ドラッカーは「企業には2つの基本的な機能がある。それはイノベーションとマーケティングである」と言っています。日本企業はイノベーションは磨きに磨きましたが、マーケティングは全く置き去りにしてしまったのです。

マトリクスの左上にある「既存×既存」の象限は、戦後50年の間成長を続けました。ですから、日本企業はこの中のシェアさえ維持していれば、この象限が12％成長すれば自社の売り上げも12％伸ばすことができたのです。

しかし、日本ではリーマン・ショックでこの象限の成長が止まりました。この時、多くの製造業は顧客の購買担当者に呼ばれて、こう言い渡されました。

「これからはウチだけを頼らずに、自分の餌は自分で探してください。もう競合に営業してもかまいませんから」

その瞬間、左上の「既存×既存」から抜け出さなくてはいけなくなったのです。

残念ながら他の3つの象限は、どれもマーケティングがなければどうにもならない市場なのです。そこにマーケティングなしで戦いを挑み、苦戦しているというのが今の日本の産業の俯瞰図であり、アンゾフが描き出したいびつな姿なのです。

B2Bマーケティングプロフェッサーの視点から

日本企業の多くは「既存×既存」の象限で顧客を大切にして繁栄してきたので、新しい顧客の開拓や、顧客からの売り上げを最大化するためのマーケティング機能を持ちませんでした。その結果、欧米で起きた3つの革命に気付くこともなく、大きく後れを取ってしまったのです。それはあたかも江戸幕府が鎖国政策をとっていた270年の間に、すっかり世界から取り残されてしまったのと似ています。

しかし、あの時代はアヘン戦争の結果などを見た日本の下級武士が明治維新という革命を決行し、近代国家へと短期間で生まれ変わり、その結果、日本はアジアでは例外的に欧米諸国の植民地にも属国にもならずに済みました。

これくらいの危機感と熱意があれば、追いつくことは難しくはないでしょう。しかし、問題はそのエネルギーが残っているかどうかです。

第6章

営業利益を15%伸ばした営業に寄り添うアラインメント

The B2B Marketing

創造とは結び付けること。

スティーブ・ジョブズ

WIRED Magazine「Creativity is just connecting things.」より（筆者訳）

日本企業が連携できない理由

「ものづくり」とは製造業における研究開発や設計、生産技術などだけを指す言葉ではありません。金融業は常に魅力的な金融商品を研究・開発しています。人材ビジネス産業が過去30年につくり出した「アウトプレースメント」「テンプトゥパーム」「タイムシェアリング型派遣」などの新しいサービスは、まさに「ものづくり」と言うべきでしょう。競合と同じものを販売している流通や卸売業でも、デリバリー方法や発注単位、支払い条件などで差別化を図り、付加価値を付けようとするならば、それは「ものづくり」と呼ぶべきなのです。

そして、世界の先進国ではこの「ものづくり」と「セールス」と「マーケティング」が高度に連携（アラインメント）しています。それはお互いを尊敬するからできることです。マーケティングが営業をリスペクトしなければ連携などできるはずはありません。お互いをリスペクトした専門集団が、同じ情報をリアルタイムにシェアしながらハーモニーを生み出し、それによって新たな市場を獲得し、既存の市場の守りを固めているのです。

それは、まるでいくつものパートから成るオーケストラが、指揮者のタクトに合わせて荘厳な交響曲を奏でているように見えます。

では日本企業はどうでしょうか？

製造業を例に考えてみましょう。多くの製造業はつくっている製品ごとに事業所（工場）を持っています。その敷地の中には研究開発部門があって、その製品に関する基礎研究を行います。他にも製品設計や品質検査の部門もあります。パーツや原材料を評価する部門があり、そして組み立てたり、反応させたりする量産ラインがあります。さらにその製品を販売する営業部隊がいて、その製品の販売代理店がいます。日本企業のこうした縦の連係は「垂直統合型」といわれる見事なものです。しかし、実は隣の事業所のことは競合企業のことよりも分かっていません。事業部長同士が本社で顔を合わせるくらいで、それも多くの場合はライバル関係なので親しく、言葉を交わすこともないのです。

景気が悪くなると経費を削減する目的でパーツや工程の共通化が行われますが、景気が良くなると「やっぱり別にしたほうが効率が良い」といって解消してしまいます。材料やパーツですらそうですから、顧客基盤を共通化するなど思いもよらないことです。

かくして顧客企業の駐車場に、同じ会社のロゴが入った異なる事業部の営業車が並ぶことになります。お互いは面識もないし、訪問する部署も違います。しかし、これを見た顧客はため息をつきながらこんなふうに話しています。

「同じ会社なんだから情報共有して、シナジーのある提案とかしてくれないのかな？」

日本のエンタープライズ企業で顧客基盤をシェアしているケースは非常にまれです。多くは全く共有していません。同じデータベースに入れても、わざわざパーティションで仕切って他の事業部から見られないようにするとか、オーナーである事業部の許可なく触ることができないなど、いびつな形が目につきます。

営業基盤も、販売代理店網も海外ネットワークですら調和した活用は行われていません。日本企業が導入しているSFA/CRMと呼ばれる営業案件や顧客情報を格納する業務システムをのぞくと、まるでテンポもキーも合っていないオーケストラのひどい演奏を聴いているような錯覚に陥ります。

そこにハーモニーはなく「ノイズ」しかありません。

さらに各部門や事業部がそれぞれの予算で導入した、マーケティングやセールスのシステムはつながってさえいません。API(アプリケーション・プログラミング・インターフェース)と呼ぶ、システム同士をつなげるための機能は持っていますが、故意につながないのです。つなげば他の部門に顧客情報や案件情報を見られてしまうからです。

法務は営業を信用しておらず、広報はマーケティングを危なっかしい存在だと思っています。そして営業にとって、新設のマーケティング部門は仕事を増やすうさんくさい存在でしかありません。これでは「ものづくり部門」と「マーケティング部門」と「営業部門」がデータをリアルタイムにシェアして、見事なオーケストラとしてハーモニーを奏でている先進国の企業と戦えるわけがないのです。なぜ連携できないのでしょうか?

その答えは「指揮者＝ＣＭＯ」がいないからです。

クラシック音楽が好きな人なら知っていることですが、同じオーケストラが同じ曲を演奏しても、指揮者が違うと全く違った演奏になります。テンポや各パートの強弱を決めるのは指揮者なのです。ですから練習ではパートごとに集まって譜面を追いますが、全体で行うリハーサルでは指揮者が入って曲のテンポを決め、間を決め、強弱を決め、場合によってはバイオリンの弓の上下の動きをそろえるボウイング(Bowing)まで決めて、オーケストラを全体調和させます。マーケティングにおいて、この指揮者の役割はＣＭＯしか務めることができません。

日本企業の最大の弱点がここであり、今、最も必要なのは「マーケティング・オーケストレーション」だという理由がこれなのです。これ以外に調和、つまりハーモニーを奏でる道はありません。

「ミスターB2Bマーケティング」が語ったアラインメントの衝撃

２００１年からの約20年間、世界のＢ２Ｂマーケティングを理論的にけん引してきたアナリストファーム、シリウスディシジョンズ（２０１９年にフォレスターが買収）の創業者であるジョン・ネーサンが、２０１５年に米ナッシュビルのコンベンションセンターで開催された同社最大のカンファレンスであるサ

シリウスディシジョンズ創業者のジョン・ネーサン氏（写真左）

ミットのステージで、アラインメントについて語り始めました。

「顧客が今、何に関心があり、何にはあまり興味がないか」

「こういうケーススタディーはあまり読まれずに、こういうケースはよく読まれ、社内でもシェアされている」

「この動画はある企業グループ内で閲覧回数が多く、それもある特定の事業所でよく見られている」

「MA内にいる顧客企業のある事業所に所属する研究開発センターの部長が、この資料を閲覧し、関連動画も見て、それを社内にシェアして、同じ企業から10人以上が動画を閲覧した」――。

こうしたマーケティングデータの分析結果を、ものづくり部門（研究開発や設計）とマーケティング部門とセールス部門が共有し、製品開発や、マーケティングキャンペーンや、セールス方針を決めたとしたら、何が起こるでしょうか？

それを調査したデータを、サミットでネーサンが発表しました。

「ものづくりとマーケティングとセールスが高度に連携した場合、売り上げの成長は19％早くなり、利益は15％も増加する」

この発表を聴いていた３０００人のマーケターのどよめきを、今でも鮮明に覚えています。私もこの数字に息をのんだ一人でした。15％という利益増加が信じられなかったからです。

私はこの講演の後、仲の良いシリウスのアナリストに「あの調査はどんな規模の企業を対象にしたの？」と質問をしました。すると彼は「売り上げ１０００億円未満の企業は対象にしていなかったはずだよ」と教えてくれました。その規模の企業ですら利益が15％も増加する、すごいことだと思いました。

マーケティングとセールスのアラインメントはもはや常識

残念ながら現在の日本では、マーケティング部門と営業部門の連携はまだまだです。ＭＡとＳＦＡの連携も十分とは言えず、パイプラインマネジメントもプロセスの定義や運用ルールを見れば、よちよち歩きの幼児を見ているようです。

日本企業の導入しているMAは、もちろんSFAとのAPI連携が可能です。連携の設定もさほど難しくはありません。でもつながっていません。その理由は、中のデータの管理ポリシーやルールが異なるからです。データマネジメントはルールの世界です。異なるルールのデータを連結すれば、どちらかに上書きされてしまいます。

ちなみにB2Bのデータで最も正確ではないデータは〝疲れた営業が入力したデータ〟です。この世に「NEC」という企業はありません。正式社名は「日本電気株式会社」であって、略称や一般表記としてNECが使われているだけです。もちろんMAのデータは外部の企業情報システムと連携しているので正式社名になっています。しかし、疲れて早く帰りたい営業はつい「NEC」と入力します。NTT東日本も同様に、正式社名は「東日本電信電話株式会社」です。それを営業に求めるのは、なかなか難しいのです。

また、営業部門とマーケティング部門の仲が悪ければ、それを理由に連携しないという判断になります。つなげば〝粗〟が見えてしまうからです。

アラインメントの第一歩は、同じ言葉を使うことです。プロセスの定義などをそろえないと混乱するばかりです。言葉の定義がそろったマーケティングと営業が同じデータを見るからアラインメントになります。その第一歩が日本企業はできていないのです。

私はマーケティングと営業は同格で、前工程と後工程の関係だと説明しています。製造業を見れば分かりますが、前工程の評価者は後工程です。それと同じようにマーケティングの評価者は営業なのです。それが営業に寄り添うという言葉の意味です。

「営業とうまくやれません」という相談を多くのマーケティング部門の方からいただきます。しかし、話してみると営業へのリスペクトが感じられないことが多いのです。見下せば見下されます。攻撃すればされるのです。私は自社の営業部門をリスペクトできないマーケティングは成功できないと考えています。

欧米でも、マーケティングを管掌しているCMOに対して、パイプラインの案件の進捗にも責任を持たせようという動きが高まっています。それは第5部で解説するCMOからCRO（チーフレベニューオフィサー）へというムーブメントに結び付いています。もうMQL（マーケティング由来の案件）だけを供給していればよかったという時代は終わったのです。

ものづくりまで含むアラインメント

マーケティングの先進国といわれる米国や英国でも、10年前まではアラインメントと言えばマーケティング部門とセールス部門の連携を指しました。そこにものづくりが加わった理由は、競争の激化です。特にABMのような特定の大口顧客を奪い合う場合には、製品やサービス開発まで巻き込んで連携しなければば、勝ち残ることはできないのです。

また製品やサービスの欠点を、セールスやサポートがカバーするのにも限界があります。できれば最初から顧客の課題を、よりよく解決できるものとして市場に出したほうがいいのです。そのためには、ものづくり部門とマーケティング部門とセールス部門が同じデータを見る必要があります。それも属性だけでなく、行動も見なければなりません。

どんな業種の、どんな企業の、どんな部門の、どんな役職の、今何を担当している人が、どのコンテンツにどう反応し、行動したかを3部門でシェアするのです。それによって、開発部門がこだわったスペックが顧客にとっては重要ではなかったり、セールスがアプローチしていない部門が製品の意外な機能に反応して、その情報を深掘りしていることが可視化できます。同じデータを見ることで視点をそろえることが可能になり、顧客にとってより良いハーモニーを奏でることができるのです。

１９９０年代後半に、ＧＥがＣＴスキャンの開発で自社の工場内に病院をつくり、本物の医師と看護師と患者を入れて、検査や治療の行動データを取りました。そのデータを営業とマーケティングとものづくりがシェアしたことで、画期的な遠隔モニタリングサービスを組み込んだ製品開発に成功し、世界シェアを日本の競合から奪ったのは、この3者アラインメントの初期の成功事例と言えます。

それまでのテーマであったマーケティング部門とセールス部門とのアラインメントに加え、研究開発、設計、生産技術といったものづくり部門が参加することで、受注に対してより強いインパクトが生まれたわけです。それがジョン・ネーサンが発表して会場を驚かせた〝15％利益向上〟という驚くべき数字につながったのです。

本社と海外支社のアラインメント

グローバルでビジネスを展開している企業にとっては、本社のマーケティング部門と各リージョン（地域）、各国のマーケティングチームとの連携も重要なテーマでした。グローバル企業が多い米国でも、10年前までは新しいマーケティング戦略はまず本国の米国で実施され、次いで英国を中心とした欧州に展開されます。ＡＰＡＣ（アジア・パシフィック）に対しては、英語を母国語とするシンガポールやオーストラリアが先行し、英語が苦手な日本や韓国、中国などの東アジアは後回しというのが一般的でした。

その時差を短縮するために、アラインメントという言葉が多く使われるようになりました。しかし日本のグローバル企業は、ここでも周回遅れです。中には「マーケティングは米国のほうが進んでいるので、グローバルマーケティングは米国主導でやっています」という企業もあるほどです。

これはガバナンス的にとてもまずいやり方です。それは米国を中心にすると欧州が反発するからです。彼らからすれば、我々の本社は日本なのに、何で米国が主導権を持つのだ、何で米国流を押しつけるのか、となります。

私は日本に本社を置く企業であれば、あくまで日本の本社主導でマーケティング戦略を組み立てるべきだと思います。そうでなければ、その企業の特性を生かしたオーケストレーションを発揮できず、結局は競合優位性を失うことになるからです。

メーカーと販売代理店のアラインメント

メーカーと販売代理店の関係は多種多様です。一次代理店の下に二次店、三次店が存在するケースもあれば、販売代理店と特約店を明確に区分するケースもあり、メーカー自身が営業部門を持たない代理店依存型もあれば、メーカーと代理店が競いながらすみ分ける併用型もあります。メーカーとの関係も、資本関係を持ち、人事交流も行っている濃い関係もあれば、資本関係のない専業代理店、そして他のメーカー品も扱うマルチ代理店と様々です。

しかし、いずれにせよ大切なことは代理店の営業のモチベーションを維持し、販売してもらうことです。そのノウハウをPRM（パートナーリレーションシップマネジメント）と言います。残念ながらこのナレッジは、日本にはほとんど入ってきていません。ですからメーカーと代理店の関係は、欧米企業と日本企業とでは全く違うものになっていて、多くの場合、日本企業が負ける構図が出来上がっています。

日本企業は相変わらず年に一度、代理店を集めて販売額の多い代理店やセールスパーソンを表彰し、ゴルフで接待し、記念品を渡して、それで関係を構築したと考えています。当たり前ですが、販売量は代理店の規模に比例しますから、表彰される代理店は毎年同じような顔ぶれで、記念の盾をもらっても置く場所がありません。セールスパーソンに渡す感謝状は、会場のゴミ箱に捨てられることさえあります。

もうこのやり方は限界なのです。PRMは第14章で詳しく説明しますが、B2B製品やサービスの70%以上は代理店によって販売されていることを考えれば、この代理店との連携はさらに力を入れて考えるべきでしょう。

儲からなければマーケティングじゃない

多くの人、特に営業分野の人にとって「マーケティング」とは、ややうさんくさい響きを持っているようです。やたら横文字の略語を使い、訳の分からないフレームや人名を持ち出し、お金ばかりを使い、売り上げには何の役にも立たない人たち……そんなイメージを持っている人も多いはずです。

戦後から2010年までの約60年間、日本のB2B企業の多くにとって、マーケティングは必要な要素ではありませんでした。敗戦による社会インフラの破壊とその後の急速な経済復興の中で、日本は資本主義と社会主義のハイブリッドとも言える〝特殊な環境〟をつくり上げ、政府主導の護送船団で経済成長を成し遂げました。そうした特殊な環境では、売り上げを維持・拡大するためにマーケティングは必要なく、宣伝広告やPRを含めたマーケティング関連の部門は、もっぱらブランディングで人材採用や株価などに貢献してきました。

売り上げは優れた製品と強い営業部隊でつくるものであり、多くの日本企業は既に強力な研究開発、設計、生産技術などのものづくり部門と、ベテランセールスで構成される強い営業部門を持っていました。そうした実際に売り上げをつくっている人たちから見れば、マーケティングはうさんくさい以外の何物でもなかったのです。


しかし、本来のB2B企業のマーケティングとは営業の最良のパートナーであり、売り上げをつくるためになくてはならない存在です。それは既存顧客との関係をより強くするときも、新しい市場を開拓するときも同じです。

そしてマーケティング活動の評価者は後工程の営業です。これは営業に「マーケティングなど必要ない」と言える権限を与えるという意味ではありません。逆に〝営業もマーケティングの基礎を学び、理解した上でその仕事ぶりを評価しなければならない〟ということです。企業活動にマーケティングが必要なのは、もはや大前提なのです。

現代の経営は売り上げよりも利益です。1000億円の売り上げをつくる100人の営業パーソンがいたとします。この営業パーソンの数を100人のまま売り上げを1300億円にできれば、経費を増やすことなく売り上げを伸ばしたことになりますから、「儲け」に対するインパクトは大きいと言えるでしょう。

マーケティングは営業の生産性を引き上げ、儲けを生み出す秘密兵器です。活用しなければ、いずれマーケティングを強化した競合に顧客を奪われるのは間違いありません。

でも、弱いのはマーケティングだけ

私はこの30年間、多くの日本企業が海外の競合に顧客や市場を奪われ、光り輝く舞台から退場する姿を見てきました。それは当事者にとってはことさらに深刻な問題であり、もう自信を喪失している企業もあります。

しかし、私は断言します。日本企業の弱点は「マーケティング」だけなのです。マーケティングだけが突出して弱いのです。それを例えて言うならば、大学受験で多くの科目で70近い偏差値なのに、英語だけ偏差値が40という受験生のようなものです。

この場合、明らかに英語が足を引っ張っていますが、文系にせよ、理工系にせよ、試験科目に英語がない学科は少ないので、希望する大学に合格したければ英語の学力を上げるしかありません。もちろん苦手な科目が一気に得意にはなりませんが、せめて大きく足を引っ張らないレベルまで学力を高める努力として、塾や家庭教師を考えるはずです。日本企業にとってはそれがマーケティングなのです。

私は１９９３年に米国のダイレクトマーケティング協会（ＤＭＡ）の会員になって以来、数え切れないほど欧米のマーケティングカンファレンスに参加し、マーケティングサービス会社と交流し、提携し、外資系企業の日本市場でのマーケティングを支援し、日本企業の海外でのマーケティングを支援してきました。

その経験から言えば、日本のエンタープライズB2B企業のマーケティングは欧米から15年は遅れています。頑張ればすぐに世界のトップに追いつける、追い抜くことができるなどと無責任なことは言えません。しかし、世界の先進国の平均点までなら、数年で上げられることも経験から知っています。

そのマーケティングとは、単にキャンペーンやネーミングやセールスプロモーションを指しているのではなく、いわば戦略的思想としてのマーケティングです。市場や顧客を創造する、競合と比較して相対的に優位性を確保できるポジションを探す、などのマーケティング的発想が、多くの日本企業には欠けているのです。セールスや製品開発に関わる多くのビジネスパーソンも、マーケティングの基本的な知識やマーケティングをとことん考えた経験も持っていません。ここを強化しなければ日本企業に未来はないのです。

実は日本企業の多くの経営者は、それに気が付いています。その証拠に、企業が発表する中期経営計画には「マーケティングの強化」や「DX（デジタルトランスフォーメーション）」といった言葉が並んでいます。

その問題意識はいいのですが、欧米先進国の同業種、同規模の企業から自社のマーケティングが定量的にどれほど遅れているのか、そして追いつくためには具体的にどう取り組み、どんな規模のどういう組織をどこに配置し、どう連携させ、どういう質と量の人材と、どれくらいの予算を割り当てるべきかが理解できていません。それは音楽で言えば「編曲」でありオーケストレーションなのですが、それを書くべきCMOを日本企業は持っていないのです。

企業を人体に例えるならば、圧倒的多くの日本のB2B企業は自覚症状があるかどうかは別にして、かなり深刻な病状を抱えていると言えます。

必要なのは医師であり病院

マーケティングのプロフェッショナルは、例えるなら医師のようなものです。マーケティングという視座から見れば、今、多くの日本企業は不健康な状態です。企業を維持、成長させるために必須の「マーケティング」という要素があまりにも貧弱だからです。

その原因によって、様々な症状で苦しんでいる企業が多いのですが、発症してそれを自覚しているケースもあれば、数値は悪化していてもまだ発病してないケースもあります。中には既に進行し過ぎていて外科手術が必要なケースもありますし、明らかに重篤なのに本人の自覚がなくて、検査や治療を拒んでいるケースも少なくありません。

診断して、怪しい箇所を見つけたら精密検査を実施し、病巣を見極め、治療方針を決めて患者に説明します。患者によってはセカンドオピニオンを求め、その中から信頼する病院を選定します。患者が治療方針に納得したら治療の開始です。大規模な外科手術、つまり組織再編やツール群の刷新などを伴うこともあれば、投薬治療で何とかなるケースや、長いリハビリが必要な場合もあります。その過程での営業部門とマーケティング部門のけんかの仲裁も日常茶飯事です。ただ、それらに要する診療報酬つまりコンサルティング費用は、その企業が毎年使っている広告費と比較すればほんの微々たるものです。

ならば、なぜ私は30年以上も夢中でコンサルティングを続けているのでしょうか？　その理由も医療従事者ととても似ています。患者が元気になる姿が素晴らしいのです。

マーケティングの要素などほぼなかった企業が、市場の声を聞き、市場に合わせて自らを進化させる「マーケティングという思想」が社内に芽吹き、やがて製品開発も生産技術も法務も営業も当たり前のようにマーケティングの言葉を使い、未来を語り始める。正しい市場を選定し、センサーを配備し、その動向に向き合うことで製品やサービスが良くなり、営業生産性が飛躍的に向上し、サポートの評価が上がり、ＬＴＶが向上してきます。それが目の前で起こるのです。

それはあたかも救急搬送され、死線をさまよっていた患者が、息を吹き返し、少しずつ回復し、食事ができるようになり、歩けるようになり、笑顔になり、やがて元気に退院していくようなものです。

だから私はこの仕事を30年以上飽きずに続けているのかもしれません。

B2Bマーケティングプロフェッサーの視点から

「戦術を持たない戦略は絵に描いた餅だ」とは古来いわれてきたことですが、その逆に「戦略のない戦術は単なる動きで、リソースを使い果たし、現場は疲弊しても決して成果を上げることができない」という言葉ほど、今の日本企業に当てはまるものはないでしょう。

マーケティング戦略を持たない経営戦略は決して達成されることはありません。今こそマーケティング戦略をしっかり構築し、バラバラで成果の出せないマーケティング活動を連携して、売り上げに貢献できるように組み立て直すときです。

第7章

導入したMAがメール配信にしか使われない理由

The B2B Marketing

未来を語る前に、今の現実を知らなければならない。
現実からしかスタートできないからである。

ピーター・ドラッカー

ピーター・ドラッカー著『産業人の未来』(ダイヤモンド社)

日本のMAは能力の5%しか使われていない

米国におけるMAの普及は、2000年にカナダで生まれたEloquaの発売が端緒になりました。それに対して日本での普及は、2014年から始まりました。この年にオラクルが買収したEloqua、現在はアドビの製品になっているMarketo、そしてIBMが買収したSilverpopが日本での販売を開始しました。私の会社も、この3社の日本における正規代理店となり、記者会見やローンチのセミナーに登壇したのを覚えています。

その後、HubSpot、Pardot（パードット、現Marketing Cloud Account Engagement）なども日本市場でリリースされ、それに刺激されて国産のMAも数多く登場したことで普及に拍車が掛かりました。各MAベンダーの販売数をすべて足すと、累計で2万社を超える企業が一度はMAを導入したことになります（2023年時点）。日本の上場企業は約4000社ですから、この数字だけ見ると日本のB2Bマーケティングも大きく進化したように見えます。

しかし、その中身を見てみると、そうは思えなくなります。MA導入企業の95%以上はメール配信までしか使っていないからです。MAはメール配信ツールではありません。メール配信はMAが持つ数多い機能の一つであり、メール配信機能しか使わないのであれば、MAではなくメール配信専用のツールを使えば済みます。そのほうが使いやすく、安価です。そもそもMAを導入する際の稟議《りんぎ》書には「マーケティングを強化する」とその目的が書かれていたはずです。

第5章で解説したように、MAは1990年代に米国で起きたデマンド革命を受けて、そのプラットフォームとして生まれたツールです。ですから導入成功と言うには、せめて案件を営業部門や販売代理店に安定供給していることが最低条件です。そして目指すべき姿は、「昨年この事業部の売り上げは1300億円でしたが、その中の127億円はマーケティング由来でした」と実数で成果を説明できることです。ただ、この条件をMA成功の定義としてしまえば、導入成功率はさらに下がるでしょう。

1995年にマイクロソフトがWindows95をリリースするまで、日本ではワードプロセッサー（ワープロ）と呼ばれる文章作成に特化したハードウエアが存在していました。東芝の「ルポシリーズ」、シャープの「書院シリーズ」、NECの「文豪シリーズ」などが爆発的に普及して、企業でも役所でも学校でも使われていました。

このワープロはどこからどう見てもノートPCなのですが、ワープロソフトしか動かないように制御され、さらに本体の中にプリンターを組み込んでいたので、文章作成に加えてプリントアウトもできる特殊なものでした。後年には表計算ソフトなども動くようになりましたが、汎用性の高いPCが普及してくれば、一つのアプリケーションしか使えないハードウエアが生き残れるはずもなく、あっさり消えてしまいました。

MAに関してはこの逆の現象が起きているのです。多くの機能を搭載し、API連携も可能なのに、ひたすらメール配信に使われています。ではなぜメール配信にしか使っていないのでしょうか？

その理由はスキルにあります。

MAの操作ができることは、マーケティングを実施できることではない

Windowsを搭載したPCを使っている人、つまり大半のビジネスパーソンなら、使っているPCに「Word（ワード）」というワープロソフトが入っているはずです。ほぼ毎日使っているという人も少なくないでしょう。当然、Wordが操作できることと、それを使って人を感動させる文章が書けることは、全く別のスキルであることも理解しているはずです。ですから「君のPCにはWordが入っているのだから、素晴らしい文章が書けて当たり前ではないか」「Wordを使ってこの技術に関する論文を書いてください」などという、理不尽な指示を受けている人はいないはずです。

しかし、MAにおいてはこの違いが理解されていません。営業部門も、経営層も、時にはマーケティング部門の人でさえも、MAの操作ができることと、それを活用して売り上げに貢献するマーケティングを実施することが、全く別のスキルであるということが分かっていないのです。

マーケティングのスキルが低く、MAの操作スキルだけを持っている人ができるのは、せっせとメールを配信することです。MAの操作スキルがさらに高くなるとキャンペーン系の機能を使えるようになりますが、これは多くの場合スパムメールの量産という結果を招き、売り上げに貢献するどころか、顧客から

嫌われ、営業からクレームを受けるという最悪の結末を迎えることになります。

MAは〝マーケティングツール〟です。マーケティングのナレッジをしっかり持っていなければ、その機能を使ってマーケティングを実施することはできないのです。

3Sを理解する前のMA導入は必ず失敗する

日本企業の2万社が一度はMAの導入にチャレンジし、その多くがメール配信機能しか使っていないと書きました。実は今、その多くの企業がMAのリプレースを考えています。その理由は「あまり使っていない」「使いにくい」「機能が足りない」「サポートが悪い」などです。その選定段階でアドバイスを求めて呼ばれることも多いのですが、私はいったん選定作業をとめるように提案します。その理由は、今のままでは同じことを繰り返すことになるからです。

前述のようにMAはツールです。何に使うのか、誰が使うのかを明確にしないと、正しい選定はできません。それを「3S」と言い、第5章の「アンゾフマトリクス」でも登場したイゴール・アンゾフ博士が提唱しました。

イゴール・アンゾフ博士は、1918年に極東ロシアのウラジオストクで生まれました。後に米国へ移住してブラウン大学で応用数学の博士号を取得し、米国を代表するシンクタンク、ランド研究所で研究者として実績を重ねました。その後、米ロッキード・エアクラフトに入社し、ロッキード・エレクトロニクスの副社長になるなどビジネスパーソンとしても成功し、米カーネギーメロン大学で再びアカデミックの世界に戻り、以後は世界の経営戦略論をリードする多くの論文や著作を発表しました。マーケティングの世界で今でも使われる、前述のアンゾフマトリクスなどを残した人でもあります。

そのアンゾフ博士が「3S」を提唱しています。これは「戦略：Strategy」「組織：Structure」「システム：Systems」の頭文字をとったモデルです。

【戦略：Strategy】

戦略とは、教科書通りに説明すれば「目的を達成するために行う基本的な経営資源の再配分」となります。経営資源とは人、モノ、金、時間、情報などから構成されています。しかし、この説明では戦略と戦術の違いが説明できません。戦術でも経営資源の再配分は行います。その違いを理解することはとても重要なことですから、私の会社では明確に定義しています。それは、

「自由度を認めてはいけないものが戦略、自由度を認めなくてはいけないものが戦術」

という定義です。

現場を大切にするのは日本企業の良いところですが、戦略に自由度を与えてしまっているケースもよく見かけます。戦略に自由度を与えると目的に対して成果を出せません。現場は頑張っているのに狙った成果が出ないという状況は、企業経営でとても良くないことです。「自分なりに頑張ったのに評価してくれない」という不満の温床になるからです。自分なりという基準は戦略にはあってはいけないのです。

そのため、戦略の理解や徹底にはリソースを割くべきです。日本の意思決定は課長や課長補佐という役職の人が起案する稟議をベースに行われるといわれています。つまりボトムアップ型です。であるならば、課長補佐までは経営戦略やマーケティング戦略の理解と徹底はマストと考えるべきです。

戦略を立案するには、まず目的が定義されていなければなりません。難しく聞こえるかもしれませんがそんなことはありません。B2Bでは顧客が何かを採用したり購入したりすることが目的になることはないのです。B2Cでは起こることが、B2Bでは起こらない理由は稟議です。「欲しい」「カッコいい」「素敵」など、B2Cでは十分購入の理由となることが、B2Bでは全く理由になりません。それを採用し、購入することが、事業の目的に対して正しい手段でなければならないからです。

ある電子部品製造業の工場を見学したときのことです。以前はシンプルにデザインされた美しく無駄のないラインだったのですが、再び訪れたときには、おどろおどろしい機械がラインのあちこちに覆いかぶさっていました。理由は追加で設備したイオン発生装置でした。生産を開始してから分かったのですが、微弱な静電気の影響で不良品が出るようになって歩留まりが低下したため、追加で設備投資に踏み切ったとのことでした。高品質の電子部品を安定供給することで顧客の信用を守り、それを経営戦略の柱に掲げている企業にとっては当然の対応でしょう。

そしてイオン発生装置のベンダーにとっては、顧客の生産ラインの安定稼働を実現することが、提供するソリューションの目的になります。販売する側と購入する側の目的は一致するのです。この目的に製品スペックも価格も納期も出てはきません。それは売り手と買い手の駆け引きの世界であり、競合との差別化の世界です。でも、目的にそれは入らないのです。

目的を達成するために戦略があります。戦略を実現するために戦術が用意されます。目的から戦術までがシンプルに連鎖しなければいけないのです。

マーケティングが経営と表裏一体な理由はこれです。企業の目的が正しく定義され、それが経営戦略として共有されない限り、マーケティング戦略は構築できません。戦略の存在しない戦術は「ただの動き」であって、お金やリソースを消費するだけで何の成果も上げられません。

実は日本企業で行われているマーケティング活動の大半は、この「戦略の存在しない戦術」なのです。疲弊はしても成果はありません。マーケティングテクノロジー（マーテック）を導入したIT企業で「そのツールで実現しようとした戦略とはどんなものですか?」と質問した際に、納得できる答えが返ってきたことがありません。多くの場合は「それはこれから考えます」なのです。これでは順番が逆です。

その一方で、戦術を持たない戦略は「絵に描いた餅」で、決して実現することはありません。これはスタートアップ企業や、外部からCMOを招いた大企業によく見られる問題です。マーケティング戦略はとても立派なのですが、具体的な戦術が存在しません。「どうやって」というHowがないのです。

こうなると絵に描いた餅であるマーケティング戦略は誰の役にも立ちませんから、やがて社内の誰も見向きもしなくなります。そして大事なことは、

「戦術の間違いは戦術で修正できるが、戦略の間違いは戦術では修正できない」

という大原則です。これも日本企業が犯しがちな間違いで、戦術的に奮闘している理由が戦略の間違いをカバーするため、というケースがよくあります。不可能なことに貴重な経営資源を投入し、疲弊しているのです。

戦略が重要であり、その戦略の周知徹底が必要なのです。基準である戦略が一部の人にしか知られていないことで、戦略とは無関係に戦術が立案され、実施され、疲弊し、あつれきを生んでいます。

数年前ある日本企業で、外資系企業から招かれたCMOに素晴らしいマーケティング戦略の説明を受けたことがあります。3カ年計画で既に2年が経過していました。翌週、あるマーケティングカンファレンスで私の講演を聴いて名刺交換に来てくれた人の中に、その会社の事業部長がいました。

「庭山さんの講演を聴いて、ウチの会社に足りないのはマーケティング戦略だとよく分かりました」

「……」

「ウチの会社ってそういうのないんですよ」

私はその人に、前の週にCMOから聞いたマーケティング戦略の話を切り出せませんでした。でも、これは日本では珍しいことではないでしょう。絵に描いた餅ばかりが目に付くからです。

【組織：Structure】

イゴール・アンゾフと同じ時代に生きた高名な経営学者に、アルフレッド・チャンドラーがいます。米国の格付け機関であるスタンダード&プアーズの創設者を曽祖父に持ち、母の実家はケミカル産業を起こして財を成した大富豪のデュポン家という恵まれた環境を生かして、デュポン、ゼネラル・モーターズ（GM）、シアーズ・ローバック、GEといった企業の歴史と組織の変遷を研究し、それを1962年に発行した著書『Strategy and Structure』（邦題『組織は戦略に従う』／ダイヤモンド社）にまとめました。「事業部制の父」とも呼ばれるチャンドラーは、事業戦略が先であり、その戦略を実現するために十分な質と量を備えた組織が必要であると提唱しました。

その17年後の1979年に、イゴール・アンゾフは『Strategic Management』（邦題『戦略経営論』／産業能率大学出版部）を出版し、その中でチャンドラーとは逆に「戦略は組織に従う」と主張しています。

このアンゾフの主張は、実はチャンドラーを否定したものではありませんでした。

アンゾフは研究者でもありますが、ロッキード・エレクトロニクスで副社長まで務めた実務家でもあります。その経験から、新しく事業を始めたり起業したりするときには、チャンドラーの説の通り戦略を基準に組織設計をするのが正しいが、現実には既にある組織をベースに戦略を構築することが多く、その意味で組織の質・量の進化なくしては新しい戦略も実現できないということを述べています。制約条件のない環境などはめったにないのですが、いずれにしても成功の重要な条件が、戦略に根差した組織であることは間違いありません。

そういう意味では「戦略を実現するための最も重要な戦術が組織づくり」と言えるでしょう。特にマーケティングはプロフェッショナルの世界です。3年でローテーションするようなゼネラリストが担当するには、専門性が高過ぎると私は考えています。マーテックを導入して活用できずにいるIT企業で、

「これはプロが使うマーケティングツールですが、これを使いこなすスキルを持ったチームはどこにいますか？」

と質問したときの多くの答えは「いません」なのです。

B2B企業が持つべき組織のデマンドセンターについては第12章で、その組織を管掌するCMOについては第16章で詳しく説明しますが、何をするのか（戦略）、と誰が使うのか（組織）がないままシステムだ

けが入っているのが多くの日本企業の実態であり、それがメール配信までしか使えない理由なのです。

【システム：Systems】

戦略と組織を定義し、用意されていれば、それがそのまま「要件定義」になります。「何をするためのシステムか」「誰がどう使うシステムなのか」が明確に定義できていれば、それを基準に機能からインターフェースまでを検証すればよいだけのことですから、判断に迷うはずも、選定ミスをするはずもないのです。

例えば私の会社シンフォニーマーケティングは、Eloqua、Marketo、Pardot、HubSpot、Silverpopなどのパートナーになっていますが、国産製品のパートナーにはなっていません。これは国産が嫌いとか、海外製品が好きということではもちろんありません。顧客の大多数がグローバルエンタープライズ企業なので、言語ローカライズやユーザーサポートなどの点で、世界中で使えるものしかお薦めできないからなのです。

逆にどんなに素晴らしいシステムを導入したとしても、それを使う目的も、戦略も、十分なスキルを備えた組織も存在しなければ、生かせるはずもないのです。

＊　　＊　　＊

これがアンゾフの「3S」です。この順序で考察し、要件を定義して選定すれば、2年や3年でのリプレースはないはずです。しかし、多くの日本企業では戦略も組織もない段階でシステム（MA）だけを導入しています。ですから、そのMAが仮に機能が不足していたとしても、「ではどんなマーケティングを実現しようとしてこのMAを選定したのですか？」という問いに明確な答えが返ってこなければ、選定し直したとしても同じことになるだけです。

これが、私が選定作業をいったんとめて、まず戦略から見直しましょうと言っている理由です。多くの企業にはオーソライズされたマーケティング戦略など存在しません。しかし、経営戦略は存在します。経営者は中期経営計画を策定しているはずです。その経営者が立てた経営戦略を実現するためのマーケティング戦略を立案すればよいのです。

そして、その戦略を実現するために必要な要素を抽出して、それぞれの量（人数）と質を定義し、その組織を内製化100％でつくるのか、外部のプロ集団とのハイブリッドで組成するのかを考えながら組織設計を行います。

システムの選定はその後なのです。

データを見ればマーケティングの優先度が透けて見える

MAがその役割を果たせないもう一つの理由がデータです。データの重要性や、どう管理すべきかなどのナレッジがないのです。これがデータの軽視につながっています。システムの機能に興味を持つ人でさえ、データベースの中に格納されているデータについてはほとんど無関心です。

しかしマーケティングを実施する場合、入れ物の構造や機能よりも中身がはるかに重要なのです。

B2Bマーケティングの世界でBIと呼ばれるデータ解析の最先端は、「プレディクティブ・アナリティクス」という未来予測エンジンです。分かりやすく説明すると、社内に蓄積した様々なデータと外部のセカンドパーティー、サードパーティデータをひも付けたり混ぜ合わせたりして分析することで、「どの企業」が「どの分野」に「いつ」「どの規模」で投資するかを予測するシステムです。

しかし、その検証のために日本企業が用意した社内データが、あきれるほど汚いのです。企業の名寄せ、個人の名寄せ、企業と個人のひも付け、属性情報の付与などの基本的なデータマネジメントができていません。そのため社名の表記揺れが多い他、個人も漢字表記の揺れで明らかに同じ人間が複数存在したり、乱暴にメールアドレスだけをキーにして寄せたりしたため、異なる人間を一人に寄せておかしな行動履歴になってしまっています。これらは極論すれば解析する価値のないデータです。

私の会社はMAを導入している企業に対し、その活用レベルを診断するサービスを持っています。MAに格納されているデータを眺めてみると、その企業のマーケティングナレッジや、企業内でのマーケティングの優先度などが透けて見えます。どんなにマーケティングが大事だ、マーケティングを強化してきた、投資を重ねてきたと言っても、データはごまかせないのです。

私は日本のB2B企業で、企業規模やブランド、社歴にふさわしいレベルの健全なデータを保有している企業をほとんど見たことがありません。数年前までB2Bマーケティングの世界では、良い状態で管理されているデータを「洗練された」という意味で「ソフィスティケイテッドデータ（Sophisticated Data）」と呼んでいました。しかし、現代ではこの呼び方が「衛生的」という意味を含んだ「ハイジーンデータ（Hygiene Data）」になっています。

「インテントデータ（Intent Data）」とは、その名の通り「意図」つまり顧客の興味・関心を把握するための行動データを指します。Web上の行動解析の中で、「intent」つまり明らかな意図を示す行動データのことです。MAのスコアリングは基本的には「属性」と「行動」の2軸で行いますが、その行動の中でも上位にスコアされるのが、このインテントデータです。

ここでの意図は、ポジティブなことだけではありません。顧客の担当部署の人が自社の競合のサイトを閲覧していれば、それは解約の兆候かもしれません。自社のサービスに不満を感じているなら、早く手を打たなければ競合に奪われてしまうでしょう。こうしたインテントデータを活用して、ABMに活用するのが世界標準のB2Bデータマネジメントなのですが、それも自社のデータが「ハイジーン」でなければできないことなのです。

では、データをハイジーンな状態で管理するにはどうすべきでしょうか？

アンゾフの3SをB2Bマーケティングに当てはめるならば、「組織：Structure」とは、必要にして十分なレベルでデータマネジメントができる組織です。「必要にして十分なレベル」の定義は、その企業のマーケティング戦略によって決められます。マーケティング戦略を実現するために、どんな精度で管理されたデータがどれくらい必要なのか、ということを定義し、理解したチームを持つことが重要です。それが後の章で説明する「MOps（マーケティングオペレーション）」であり、その進化形の「RevOps（レベニューオペレーション）」です。

B2Bマーケターが最も気を配るべきは、システムの機能でも検索エンジンのアルゴリズムでもなく、自社の顧客・見込み客データの状態だと私は考えています。

マーケティング戦略がなければMAは機能しない

B2Bマーケティングに「TOFU」「MOFU」という言葉があります。TOFUとは「Top of the Funnel（ファネルの上部）」の略で、MOFUとは「Middle of the Funnel（ファネルの中部）」の略です。このファネルとはデマンドウォーターフォールになりますから、TOFUは見込み客の獲得を意味し、それは主にインターネットを活用したリード獲得を指します。

スタートアップ企業など社歴が浅い企業の場合、社内に眠っている顧客・見込み客データの数は少ないはずです。さらに展示会に出展してリードを獲得することも、予算やリソースの関係で難しいはずです。さらに案件を出しても、フォローする営業パーソンの数も多くありませんから、SEOを中心にしたTOFUの得意なMAを選定するのが正しいのです。HubSpotなどがその代表になります。

一方で、中堅以上の規模を持つ社歴の長い企業や、営業パーソンを大量に抱えている企業では、社内に想像以上の顧客・見込み客データを保有しています。特に日本国内なら、初対面のビジネスパーソン同士の場合、名刺交換をしないほうがまれでしょう。営業系の人間が保有している名刺は1人平均で2500枚といわれています。営業に同行する技術部門まで含めて仮に100人いれば25万人分にもなります。

もちろんその中には重複もあり、営業対象外もあり、既に転退職していたり、社名を変更したりしている場合もあります。しかし、私の経験では延べで25万枚の名刺があれば、最低でも使えるデータは5万〜6万件になります。これだけあれば、新たな見込み客データを獲得するより、社内に保有しているデータとコミュニケーションを通して有望な商談を発見するほうに重きを置くべきなのです。このような場合はMOFU、つまりリードナーチャリングの得意なMAを選定することが求められます。代表的なのはEloqua、Marketo、Pardotなどです。

つまり、どういうマーケティングを行うべきかというマーケティング戦略が要件定義になってMAを選定しなければならないのです。

また、私の会社は世界のMAトップ5ブランドの正規パートナーになっていますが、前述したように国産のパートナーにはなっていません。私の会社は顧客の70%が大手製造業で、グローバルでビジネスを展開しているからです。海外売上比率が90%を超える事業まであり、その企業のマーケティング戦略はもちろんグローバルマーケティングになりますから、世界の各リージョンでサポートを受けられないものを提案するわけにいきません。さらに顧客の15%は外資系企業です。

　こうした企業はグローバルでMAを選定し、導入していますから、それを活用したマーケティングをサポートすることになります。我々はサービスサプライヤーとして、顧客のマーケティング戦略に合ったMAをサポートしているのです。

Eloquaの初代CMOのため息

　2022年の夏、私は米国の友人でシンフォニーマーケティングのアドバイザーでもあるカリフォルニア在住のスティーブ・ゴシックと、シリコンバレーのバーリンゲームという素敵な町にある「STACKS」というレストランにいました。この店は、シリコンバレーでの起業の打ち合わせやM&Aの下話の舞台になっている伝説的な場所です。

　私が社名の起源にもなっているマーケティング・オーケストレーションというコンセプトの話をしていたとき、スティーブがため息まじりにこう言いました。

シンフォニーマーケティングのアドバイザーを務めるスティーブ・ゴシック氏（写真右）。かつてはEloquaのCMOを務めていた

「本当はMAがマーケティング・オーケストレーションを実現するはずだったんだよね」

スティーブ・ゴシックは、米国のB2Bマーケティングをけん引してきたエバンジェリストです。黎明期《れいめい》のEloquaで、創業者のマーク・オーガンやスティーブン・ウッズと力を合わせてCMOとしてMAを普及させ、B2Bマーケティングで最も歴史あるアワードで、現在はEloquaを買収したオラクルが引き継いで主催している「The Markie Awards」を創設した人物でもあり、トロフィーのデザインも彼が手掛けました。

その頃にはやり始めたポッドキャストで「The Innovative Marketer」というプログラムを主催していて、当時は私も熱心なリスナーの一人でした。その後は、シリウスディシジョンズでマーケティング担当副社長やB2Bマーケティングのアドバイザリーファームで幹部を務め、文字通りのB2Bマーケティングテクノロジー界のレジェンドになっています。

実は今から7年前、彼が仕事で来日する際にLinkedIn経由で私にメッセージをくれました。

「あなたが日本で最も経験のあるB2Bマーケターだと、米国の何人かの友人から聞きました。東京でぜひ会いたいのですが……」

私は驚いて、「『The Innovative Marketer』の大ファンでした。ぜひオフィスにおいでください」と返信すると、彼はとても喜んでくれました。同じ時代に同じ分野で生きているので、共通の知人や体験が多く、あっという間に意気投合しました。東京では弊社の丸山副社長を交えて日本料理を食べながらB2Bマーケティングについて語り明かし、私が米国を訪れたときは、愛車のテスラでシリコンバレーをあちこち案内してくれました。その時のランチのレストランで彼のため息が漏れたのです。

1990年代に米国でデマンド革命が起き、そのプラットフォームとして誕生したMAは、まさにマーケティング・オーケストレーションを実現するはずでした。2000年にEloquaがリリースされてからの20年は、確かにMAがB2Bマーケティングのデータマネジメントとコンテンツマネジメントのプラットフォームになりました。しかし、多くのベンダーが真のプラットフォームに成長する前にテックジャイアントに買収され、経営陣が交代し、残念ながらそこまで進化を遂げられなかったのだそうです。

第４章で書いた通り、ＭＡベンダーの創業者たちは企業家であり、テクノロジストでもありますが、それ以上に自身の理論を本に書くほどのマーケティングの論客でした。資本の論理とはいえ、彼らがもう少し企業に残り、完成度を上げていれば、という思いがスティーブにはあるのだそうです。

Eloquaはオラクルに、NeolaneとMarketoはアドビに、Pardotはセールスフォースに、SilverpopはＩＢＭに買収されました。唯一独立を守っているのはHubSpotですが、これは元々スタートアップ＆ＳＯＨＯという小規模企業をターゲットに生まれたソリューションなので、今まさにエンタープライズ企業のオーケストレーションに使えるよう進化している最中です。スティーブのため息にはそうした背景がありました。

スティーブがマーケティングテクノロジー側にいた人間で、私はそれを使う側にいた人間ですが、思いは同じです。Ｂ２Ｂマーケティングはオーケストレーションがシンフォニーを奏でるように実施しなければならず、そうでなければノイズを増やすだけなのです。

Ｂ２Ｂマーケティングプロフェッサーの視点から

２０１４年に日本で各ＭＡベンダーが販売を始めるときに、私はベンダーの本社の幹部と個別で面談をしました。そして「日本にＭＡを定着させたければ、教育に投資してください、その教育とは御社のＭＡ

の操作ではなくマーケティングそのものです」とお願いをしました。

しかし、「日本法人によく言っておきましょう」という言葉は実行されず、各社はブームをつくって販売してしまいました。マーケティングナレッジのない企業にMAを販売しても使いこなせるはずはないということが、当然のように起きているのです。

とはいえ私はこれがベンダーの責任とは思いません。それを依頼した私が甘かったのです。日本のB2Bマーケティングのナレッジレベルは日本人が上げるしかない、そんな思いから2020年にマーケティングの人材育成サービスを立ち上げたのです。

The B2B Marketing

第3部

営業をリスペクトしてフロントラインを再構築する

第8章

営業に寄り添う
営業生産性の正しい向上法

The B2B Marketing

人はコストではない、資源である。

ピーター・ドラッカー

ピーター・ドラッカー著『マネジメント』(ダイヤモンド社)

上げたい営業生産性、その構造とは

近年、私の会社へのコンサルティング依頼で最も多いのが「営業生産性を向上させたい」というものです。日本企業の原価を含むコストの中でも特に大きいのは人件費です。製造、物流、事務などの分野は過去30年で合理化が進み、かなり生産性は高まっていますが、手つかずで残ってしまったのが「フロント」と呼ばれる営業系なのです。

ここを合理化すると、「顧客満足度が下がる」「新規顧客の獲得が止まる」「解約が増える」などの恐怖心があり、また顧客の近くにいる営業部門は社内政治力が強く、メスを入れにくかったという事情もあったのです。

しかし、それももう限界です。何よりも生産性が低いことで給与が上がらない営業部門の中で、優秀な人間から外資系企業へ転職していくという流れができてしまいました。そこまで追い詰められて、ようやく日本企業は営業生産性を意識するようになったのです。

営業生産性の計算式は一般的に、このようにして計算します。

営業生産性＝売り上げ成果（アウトプット）÷費用（インプット）

費用は時間を使うことが多いのですが、私は顧客と生産性を語るときには、単純化して営業の人数で話すことにしています。

営業パーソンが100人で売上高1000億円の企業の場合であれば、営業生産性は単純に【10億円／人】です。中期経営計画で3年後の売り上げ目標を1300億円にするとして、営業の数を130人に増員すれば、営業生産性は変わらず【10億円／人】です。営業本部の部門長は、営業の売り上げは1人当たり10億円が限界なので、予算が1300億円なら30人の増員、離職を考えれば40人以上の採用が必要です、と主張します。

その営業本部の主張を受けて、先行投資で営業を増員し、もし3年後の売り上げが1200億円にしかならなければ、営業生産性は【9億円／人】となって10％低下したことになります。離職率が予想を下回り、営業の数が136人ならば【8・8億円／人】とさらに悪化するでしょう。

もちろん人を増やせば人件費の他にも、営業車、営業所、オフィス移転、オフィス家賃、支払保険料、営業経費なども増えますから、経費が大幅に増えて利益を圧迫します。売り上げを200億円アップさせた営業の給与は上げられず、これが優秀な営業の離職に直結します。

日本の経営者は何度もこの〝悪夢〟を経験しています。

人を増やすのも、オフィスを増床するのも、オフィス家具を増やすのも、営業車を購入するのも、経費や投資はいつも予定通りに消化されますが、売り上げや利益はなかなかそうはなりません。「トップライン」といわれる売り上げだけが増えても、利益や営業生産性が悪化し、収益が悪いと言われ、改善するには人やオフィスを減らすしかなく、数年の投資を無駄にしてリストラを断行する羽目を何度も経験しているのです。

では営業部門の数を100人のまま、売り上げ1300億円を達成したらどうでしょうか。この場合【13億円／人】となり、営業生産性は30％向上したことになります。営業車も営業所も増えませんからその分利益が確保でき、営業パーソンの給与を上げることが可能になります。優秀な営業が外資系企業に転職してしまう悪循環を、止めることができるのです。

多くの経営者が実現したいのはこれです。これこそが「営業生産性を向上させたい」というクライアントからの依頼なのです。

企業が営業生産性を向上させるために取り組んだ活動の代表が「営業研修」でした。精神論的なものが多く、中には陸上自衛隊への体験入隊を採用している企業もありました。SFAも本来の案件のパイプラインマネジメントには使わずに、営業の行動管理に使っている企業が多く、そういう企業に限ってSFAへの入力が業務になって仕事を増やし、結果的に売り上げを落とす羽目になりました。

私は世界のB2B企業のマーケティングと営業の現場を最もよく知る人間の一人だと思っていますが、日本の営業は間違いなく優秀です。転職も少なく、自社のブランドや製品に対するロイヤルティー（忠誠心）、顧客に対するホスピタリティーなども圧倒的に高いのです。それは管理する必要がないレベルです。しかしそれは、営業生産性を向上させる上において、営業のスキルに関して〝伸びしろがない〟ことを意味します。もう十分に優秀で勤勉で真面目なのです。

日本の営業は管理すべき対象ではなく、寄り添うべき功労者なのです。ですから私は、営業を増やさずに売り上げを上げる唯一の道が、デマンドジェネレーションというマーケティングだと提唱しています。ただし、そのためにはマーケティングを正しく設計し、組織をつくり、人を教育し、道具を選んで採用しなければなりません。工場を一つ建てるくらいのプロジェクトが必要となるでしょう。つまり先行投資が必要なのです。しかし、この先行投資は営業生産性を上げるための、いわば〝インフラ投資〟です。

もし今の多くの日本企業のように、マーケティングがその役割を果たさなければ、売り上げを増やすには人を増やすしかありません。ただ、日本の労働基準法を考えれば、米国のような一斉解雇はできません。膨れた人件費を抱えながら、赤字にあえぐことになります。それだけに、日本企業は従業員の解雇がしやすい外国企業より営業生産性に敏感でなければならないし、マーケティングにしっかり投資すべきなのです。しかし、残念ながらそこに気付く企業はいまだ少ないのが実情です。

営業とマーケティングが見ている景色は大違い

マーケティング、特に案件をセールス部門に安定供給するミッションを持ったデマンド系のマーケティング部門は、セール部門とは前工程、後工程の関係にあり、目線はピタリと合うはずだ、と思われている方が意外に多いのです。実はその逆で、全く違う景色を見ていることを最初に理解しなくてはなりません。それを正しく理解することが、一緒に仕事をする第一歩になるからです。

マーケティング部門と経営層は基本的に近い景色を見ています。既存顧客の他部門や関連会社に販売する目的で新製品やサービスを開発し、自社のラインアップを広げる目的で企業を買収し、その商材を早く立ち上げて顧客に販売しようとします。

その一方で新しい市場を開拓しようと考えて、常にアンテナを張り、有望市場を探しています。これは企業の経営層とマーケティング部門の共同作業で行われることが多く、それが経営層とマーケティング部門の関係をより緊密なものにしています。

ところがセールス部門は異なる景色を見ています。セールスにとってはその年の、あるいは四半期の予算達成が何より重要です。他のことは優先順位が大きく落ちます。その傾向は、営業成績が優秀なセールスパーソンほど強くなります。予算達成意欲が高く、毎年達成しているセールスは企業の宝です。彼らが企業を支え、社員の生活を支えています。

経営層とマーケティング部門は新製品を顧客に売ろうとします。それが顧客からの売り上げを最大化することだからです。

しかし、セールスから見れば新製品や新サービスは「売れるかどうか分からない商材」となります。そんなものを売るために時間を浪費するくらいなら、確実に売れる商材、つまり既存製品を売りたいのです。また、新商材を売るためには既存顧客といえども、いつも訪問している事業所ではないところに行かねばならず、知らない部署の会ったことがない人と会わなくてはなりません。自分の予算達成を考えれば、そうした手間は避けたいところです。

経営層とマーケティングは新市場を開拓しようとします。それが特定顧客や市場への依存度を相対的に落とし、企業の未来を切り開くために重要だと分かっているからです。

しかし、セールスから見れば新市場は避けたい市場です。同じ10億円の売り上げをつくるとしても、新市場から10億円の売り上げをつくるのは、既存市場の20倍の工数がかかるといわれています。長い付き合いの顧客と、お互いに知らない相手との取引は、それくらいの手間や時間がかかるのです。

セールスはその年、その四半期の予算達成にフォーカスしています。まだ取引口座すら開いてない新規から、今期中の受注が出るとは思えなければ、本気で動くことを期待するほうが無理な話なのです。

これは「どちらかが正しく、他方が間違っている」という話ではありません。どちらも正しく、どちらも重要なのです。だからマーケティングと営業は、上下ではなく同格に配置しなければならないのです。もしマーケティング部門を営業部門の中に置けば、新製品や新市場開拓は「余計なこと」として片付けられてしまうでしょう。

優秀な人が頑張っても、生産性最低という矛盾

日本企業の営業生産性が低いことについては前からいわれていたことです。

「日本はブルーカラーの生産性と優秀さは世界でも超一流だが、ホワイトカラーの生産性は低過ぎる」

これが世界から見た日本企業でした。しかし、そのホワイトカラーでも突出して生産性が低いのが営業だったのです。その理由は、第2部で解説したアンゾフマトリクスにもありました。

日本のほとんどの企業は「既存×既存」の象限で商売をしていました。そこは自社が販売している既存製品をよく知っている顧客が、リピートオーダーをかけてくる象限です。つまり守りの象限なのです。日本の営業の業務の中で、顧客との付き合いゴルフや飲み会が異常に多いのはそれが理由です。売り上げ依存度が高過ぎるので、過剰に張り付かざるを得ないのです。

しかし、どんなに頑張ったところで「守り」です。そこに給与が跳ね上がる要素はありません。それが

長年続いたことで、日本の営業の給与は先進国では圧倒的に低くなりました。

その結果、日本の大手B2B企業で、優秀な営業系人材の外資系企業への流出が止まりません。ある大手IT企業の社長は記者会見で、「弊社はまるで『GAFA（米国の巨大テック企業群）』をはじめとした外資系企業の予備校の状態です」と認めてしまいました。

高い倍率を突破して新卒で入社し、手厚い研修や先輩からのOJTで育て、5～10年たってようやく戦力化した頃に外資系企業へ転職してしまう状況に頭を抱えていました。もちろん外資系に転職しても、営業成績が悪ければ解雇されますが……。

私は人材ビジネスの経営者団体に入っていたことがあります。その時に外資系企業の人事部長と話す機会がありました。日本では欧米のように営業成績を理由にした解雇ができないから大変ではないですか、という私の質問に、

「諦めないでどうしたら日本でも解雇できるか研究を続けています。法律をよく読むと、解雇してはいけないとは書いてない。解雇権を乱用してはいけない、ということなのです。だからどんな解雇が乱用になるのか、どうすれば乱用にならないかを研究しています」

と話してくれました。

事実、外資系企業は日本法人であっても、労働基準監督署から別枠の扱いを受けています。日本企業ではできない「解雇」が彼らには許されています。その理由の一つは、給与水準だといわれています。それだけ高い給与をもらっているなら、評価が低かった時の解雇も含んでの給与ですよね？ということなのだそうです。

つまり、日本企業が高いコストをかけて採用し、大事に育てた優秀な社員を中途で採用し、2～3年仕事をさせて、水準に達しなければ解雇できるのです。

基準に達しない人を解雇できるから、基準をクリアした人の給与を高くできる。日本企業は解雇できないから、基準以下の人の分まで基準をクリアした人が負担しています。その構図が見えてくれば、転職する人はさらに増えるでしょう。日本企業が地団駄を踏む気持ちも分かります。

日本人が外資系企業に転職する理由はシンプルに給与です。多くの経営者は外資系だから給与が高いのは当たり前と諦めていますが、私はそうは考えていません。もし転職した人たちが海を渡って米国や欧州の企業に転職したのなら別ですが、多くの人は同じ日本にある同業の外資系企業に転職しているのです。しかも欧米型の、給与がフルコミッションの「セールスレップ」は日本には存在しません。日本の労働基準法では、正社員に対する給与をフルコミッションにすることを許していないからです。

では、同じ市場で戦っている同規模の企業で、給与水準がそれほど違う理由は何でしょうか？　それは〝守備範囲〟の違いです。

営業生産性が低い原因が、日本企業の営業パーソンが外資系企業の営業パーソンに比べて「スキルが低いから」、あるいは「サボっているから」であれば悩む必要は全くありません。スキルは向上させることが可能ですし、サボらせないノウハウやツールはいくらでも存在します。

しかし、日本の営業は世界的に見ても極めて優秀で、しかもあり得ないほど勤勉です。欧米企業の営業と比べて圧倒的に転職が少なく、自分の会社や自社製品に愛着もプライドも持っています。ロイヤルティーが高いのです。

私はITや製造、金融などの同業種・同規模の日本企業と外資系企業のマーケティングを30年以上サポートしてきました。その経験からも、日本企業の営業パーソンは優秀だと断言できます。つまり、優秀で勤勉な人が一生懸命働いて、生産性が低く、その結果として「給与が安い」のです。

給与格差の原因は途方もない担当守備範囲

優秀でロイヤルティーが高い営業がサボらずに働いても、生産性が低くなるメカニズムを説明しましょう。実は日本企業の営業ほど広い範囲を担当させられている営業は存在しません。

この図は購買のプロセスを図式化したものです。

購買プロセス図（日本企業の営業の業務範囲）

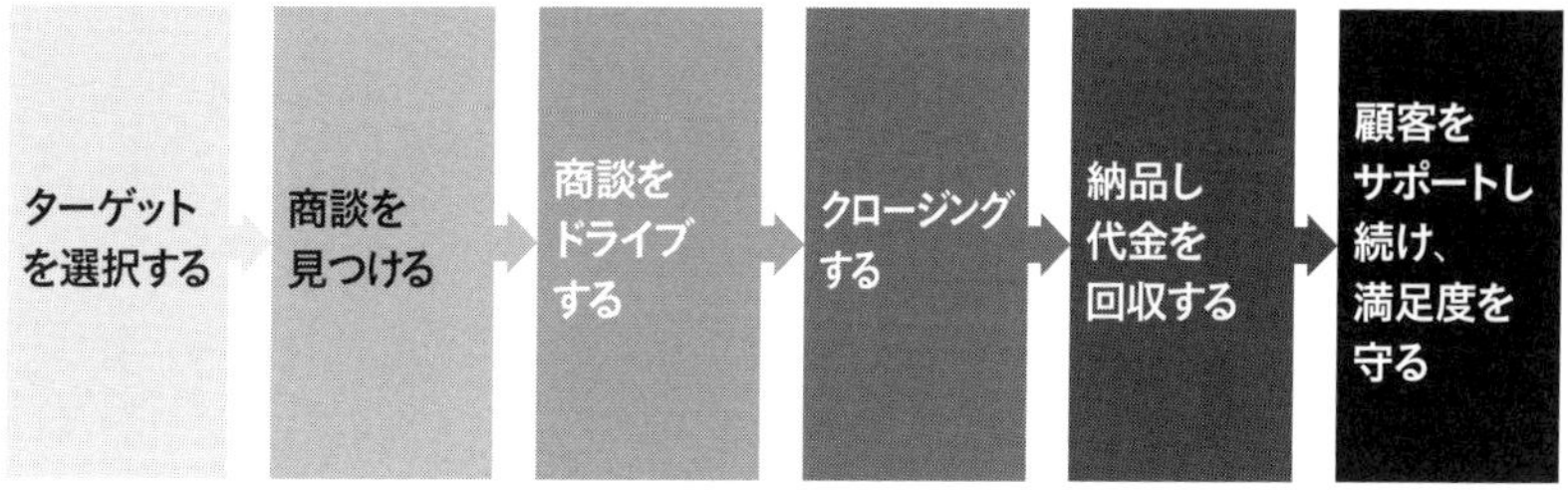

日本では新製品や新サービスがリリースされると、ある日突然それが販売目標と共に営業部門に降りてくるのが普通です。

「来期はこれを50億円販売してください」
「これをアジアで70億円売ってください」
「このサービスを欧州で３年以内に１００億円にすること」

という感じです。そして営業がうっかり

「これはどんな企業に売り込めばいいのですか？」

と質問しようものなら、「それを考えるのが営業の仕事だろう」と言われてしまいます。そんな国は世界中に日本だけです。

新製品をどの市場に投入するかを決めるフレームワークは、本書に何度も登場するＳＴＰです。市場を細分化し、その中から勝てる市場を定義し、その市場に対するポジションを明確にするフレームワークで、もちろんこれはマーケティング部門の仕事であり、ＣＭＯのミッションでもあります。CEOが優れたマーケティングセンスを持っている場合、ここを戦略的にCEOが決める場合もありますが、いずれにしても営業の仕事ではありません。ここで定義された市場を「ターゲットセグメント」と呼びます。

日本企業にはマーケティング部門もCMOも存在しないか、十分な能力を持っていません。優れたマーケティングセンスを持ったCEOもめったに存在しません。仕方がないので、営業が担当させられています。

B2Bの特徴は大型商談のリードタイムが長いことです。車載のパーツやその素材ともなれば、量産の発注が来るまでに4年から6年ほどかかることも珍しくありません。その工程をすべて営業が担当していては、生産性が上がるわけがありません。正常に機能するマーケティング部門やインサイドセールス部門などがあれば、その工程もマーケティングやインサイドセールスが分業してサポートします。

もちろんクロージングは営業パーソンの仕事ですし、納品も代金回収も営業のミッションですが、日本では発注をいただいた後も、その顧客に多くの時間を費やします。欧米ではそこを「カスタマーサクセス」という部隊が引き受けますから、営業は次の受注獲得に多くの時間を使えるのです。

欧米企業ではこうした分業によるリレー方式を採用することで生産性を引き上げ、その結果として給与を高水準にして優秀なセールスを採用することができています。このメカニズムを知らないため、トップセールスを失っている企業がとても多いのです。

まず分業、そしてシナジーを最大化

まず案件を安定供給するマーケティングの仕組み（デマンドセンター）と、それを受け取って推進し、クロージングまで持って行くセールスを分けます。売り上げの分業の世界標準は、「デマンドセンター」「インサイドセールス」「セールス」「カスタマーサクセス」の4分割が主流ですが、日本企業はそれを全部営業部門が担っていました。

いきなり4分割はリソース的にもハードルが高いかもしれません。そこで、まずは2分割でスタートするのが主流です。その場合、コールはデマンドセンター内で行います。

セールスとマーケティングは求められるスキルセットが違う、という説明を聞くことがありますが、私の経験ではスキルセットよりもマインドセットの違いが大きいように思います。欧米でも昔から「セールス・イズ・ハンター」といわれてきたように、営業は短期

世界標準となっている「売り上げの4分割」のスタイル

デマンドセンター

インサイドセールス

セールス

カスタマーサクセス

集中型が多いのです。営業成績の良い営業ほどその傾向が強く、淡泊に思えるほど切り替えが早く、駄目だと思ったら次に行きます。そして顧客の財布事情に対する嗅覚がとても優れていて、ビジネスチャンスに対する集中力は目を見張るものがあります。

その一方で、長期戦は不得意な人が多く、特に畑にまく「種」の扱いは苦手な人が多い印象です。種とは将来芽を出すかもしれない、〝今は商談にならない見込み客〟のことで、例えば展示会でブースの前を歩いているような人たちです。営業にとっては、ブースに入ってきてデモやパネルを見て質問してくれる人ならまだしも、黙って前を通過する人は、渋谷の交差点を歩いている人とさして変わらない単なる通行人に見えています。貴重な時間を費やす価値はないと考えるのです。

逆に、マーケティングはハンターではなく「ファーマー」と呼ばれます。農耕民族なのです。荒れ地を耕して畝をつくり、土地や気候を見ながら、そこに合いそうな種を数種類まいて様子を見ます。収穫までの長い間、水をやり肥料をやり、雑草を抜いて面倒を見ることをいとわないのです。展示会でブースの前を通り過ぎる人たちも、マーケティングにとっては貴重な〝種〟に見えています。

そもそも展示会場に来ているということは、いずれかの出展企業からチケットをもらった人です。広い意味では見込み客で、しかも日本の展示会は来場者の利便性を考えてゾーニングしますから、自社が出展しているゾーンを歩いているということは、かなり絞り込まれた見込み客なのです。決して渋谷の交差点を歩いている人と同じではありません。

こうしたマインドセットの違いを理解して、まずマーケティングとセールスの役割を分けて分業化をスタートし、徐々に4分割に進化させていけばよいでしょう。

デマンドセンターについては第12章で詳しく説明しますので、ここでは他の3つについて説明します。

インサイドセールス、「ADR」と「BDR」

次のステップはデマンドセンターとセールスの間に「インサイドセールス」を配置することです。ここでハイスコアリードにコールし、セールスが訪問すべき相手か、タイミングや相手の欲しい情報を聞いた上でアポイントにつなげます。

インサイドセールスは「ADR（アカウント・デベロップメント・レプリゼンティティブ）」や「BDR（ビジネス・デベロップメント・レプリゼンティティブ）」という呼び方が多くなりました。しかし、元々はインサイドセールスとADRとは、かなり役割が違うポジションでした。インサイドセールスが忙しいセールスの代わりに電話をかけてアポイントを獲得するのに対し、ADRはサッカーでいうトップ下のポジションだったのです。

米国のマーケティングチームは常に売り上げ貢献で評価されています。自分たちのつくったアポイントメント（MQL）を営業が受け入れて（アクセプト）、フォローしてくれなければ売り上げに貢献できません。そこで営業のアクセプト率を上げるために、試行錯誤を繰り返しました。その中で見えてきたのは、

MQLの質よりも、その時の営業の状態のほうがアクセプト率との相関が高いということです。

営業からすれば当たり前のことですが、大型案件に対してクロージング寸前の営業は、その案件に全神経を集中させます。そこに2年後には受注できるかもしれない薄いアポイントを提供しても、フォローするはずがないのです。これはMQLの質の問題ではなく、その時の営業の状態です。

その営業の状態や癖や顧客との関係や、得意不得意を理解するには、マーケティングと営業は距離が離れ過ぎています。サッカーに例えるなら、ディフェンスラインからロングパスを蹴っているようなものです。精度は悪いですし、フォワードの癖や状態が分かりません。そこでこのロングパスをやめて、トップ下にボールを集め、そこから最終パスを蹴ってもらうようにしたのです。このトップ下の役割がADRでした。

ADRというポジションができたのは今から10年ほど前からですが、その頃の米国企業のADRの募集要項を見ると、こう書かれています。

ADR：マーケティング戦略と営業戦略を理解し、製品と顧客を深く理解して、営業を活発に動かし受注目標達成にコミットできる人材

当時、「こんな人がいるのか?」と驚いたのを覚えています。この基準でいくなら、営業経験者や営業マ

ネジメントの経験者でないと務まるはずがありません。マーケティングに受注金額のコミットはできないし、営業を活発に動かすことはできません。

ＢＤＲはこのＡＤＲを組織的に行う場合の呼称でしたから、役割は同じでした。残念ながら、日本ではむしろインサイドセールスと同じ役割のチームをＢＤＲと呼んでいます。私は本来の意味のＡＤＲやＢＤＲに戻すなら、日本でとても重要なポジションになると思っています。しかし、今のままなら営業アシスタントの仕事になってしまうでしょう。

私は日本でもブームになっているインサイドセールスチームは、やがて形を変えるだろうと考えています。特に刈り取り重視のスタートアップやサブスク系のビジネスアプリケーションを除けば、やはり「コールドコール（ナーチャリングによって暖まっていないリストにコールすること）」は避けたほうが良いからです。

ビジネスパーソンとって最も貴重なリソースは時間です。その傾向は残業も休日出勤もできない現代ではますます強くなっています。コールドコールのクレーム率が高いのは、その貴重な時間を奪うからです。クレームの陰には「あの会社は電話のアプローチがしつこいね」という悪い評判（バッドレピュテーション）が数十倍隠れています。私の会社でも絶対に取り次がない企業のリストが年々増えています。顧客データを大切に考えているなら、それを枯らしてしまう施策は取るべきではないでしょう。

既存顧客との関係を維持・拡大するカスタマーサクセス

実は、「カスタマーサクセス」が今の日本におけるB2B企業の、アカウントセールスの仕事に最も近いかもしれません。常に顧客に注意を向けて、顧客満足度とその結果としてのLTVに責任を持つポジションです。新規顧客の獲得や新規の契約の受注ではなく、既存顧客との関係を維持・拡大するミッションですから、顧客と長く密接に関わります。

販売をデマンドセンターからの4つのプロセスに分業すべきだと提案して、それぞれのミッションを説明すると「現在ウチのセールス部隊はほぼカスタマーサクセスですね」と言われることが多いのです。

そういう意味では、定年後の再雇用のようなベテランのリソースの有効利用に最適な部門です。ここで求められるのは製品知識、顧客理解や競合理解、そして情報のありかを探し出す社内リサーチ能力などですが、中でも最も重要なのは気配りです。なぜなら電話やメール、チャットの相手は〝顧客〟だからです。

日本の伝統的なハイタッチセールスの「気配り」を最も求められるのはこのカスタマーサクセスであり、CS（顧客満足）が決まるのもここなのです。

私が社会人になった頃の顧客企業に、この気配りの権化のような部長がいて、営業会議での部下の詰め方も驚くような内容でした。

「○○部長、お酒は何を飲むの？」

「ウイスキーです」

「銘柄は？」

「この前はシーバスを飲んでました」

「ロック？　水割り？」

「さぁそこは……」


ここで壮絶な罵声が飛びます。お得意様のお酒の飲み方が分からなくて営業ができるか、といった内容です。


「○○本部長だけどさ、君が担当だよな？」

「はい」

「奥さんの誕生日っていつ？」

「はい……分かりません」


ここでも壮絶な罵声です。

「『将を射んと欲すればまず馬を射よ』ってことわざを知らんのか！」

この部長にとってお得意さんの奥さまは馬なんだぁ、と思って私は部屋の隅で聞いていました。

「この前のゴルフで、お得意さまの〇〇部長さんに勝ったんだって？」
「はい、真剣勝負で頼むよって言われたので」
「おい、負けてくれって言って始める人がいるのか？」
「はぁ……」

罵声です。

「〇〇部長のベストスコアはいくつなんだ？」
「分かりません……」

再び大罵声です。
お客さまのゴルフのスコア、たばこの銘柄、カラオケのおはこ、落ち込んだときに行くスナック、うれしいことがあったときに行く寿司屋、出身地、出身大学、もちろん社内での人間関係などを知らなくて何が営業だ、というまさに〝昭和の営業〟で、今の時代ならいろいろ問題が起こりそうですが、当時の私はそれを聞きながら「営業って大変だわなぁ」と思ったものでした。

もちろん現在はそんな営業はいませんし、いても絶滅危惧種ですから、定年まで大事に扱うしかありません。ただ、カスタマーサクセスはこの精神を多少は受け継ぐべきかもしれません。現代のカスタマーサクセスは、ただ製品の操作や運用データを見ていればいいと思っている人が多く、気配りができていないのです。

少し余談になりますが、ある企業からカスタマーサクセスの人選で気配りができる人を見抜くポイントを聞かれた際に、こんな話をしたことがあります。

大学時代にOBとの宴席で、「たばこ取って」と言われてたばこを渡したら、先輩にこっぴどく叱られました。たばこだけ渡して先輩はどうやって火を付けるんだ、それくらいの気も利かないのか？　ということでした。私はたばこを吸いませんし、家族の誰も吸わないのでそこに気が付きませんでしたが、言われて見ればその通りだと思いました。

この話を聞いた企業の方は、私にこう言いました。

「なるほど、『たばこ取って』と言って試せばいいのですね」

その企業では、これはと思った学生をお酒に誘って〝たばこ作戦〟で気配りを判定していたそうです。落ちた学生には悪いことをしました。

急激にハイタッチが使えない時代に移行している

前述のように、日本の大手企業の売り上げをつくってきたのは、顧客を強くグリップしているハイタッチなアカウントセールスです。彼らの気配りやフットワークは並外れたもので、私も何度もそういう現場を見ています。顧客が最初に飲むビール、お酒、得意な歌、ゴルフのスコア、奥さまの誕生日などを知っていて、いつも顧客を驚かせ、何時ならどこでつかまるはず、という行動まで把握していました。こうした桁外れのハイタッチが日本企業を支えてきたのは事実です。

でもこの技は伝承できません。そもそもコンプライアンス重視の世の中で、接待を受けられない企業が多いのです。多くの企業ではベンダーと会食するときは〝割り勘〟というルールをつくっています。取引先とのゴルフもしない人が増えました。接待を断って早く帰宅して、家族と過ごす人が増えています。さらに個人情報の管理が厳しくなり、顧客といえども自宅の連絡先は機密情報になりました。奥さまの誕生日など調べようがありません。

そこに新型コロナウイルスが追い打ちをかけ、もうハイタッチなコミュニケーションそのものが過去のものとなりました。オンラインでできるミーティングはオンラインでやりましょう、という新しい常識はコロナ前には戻らないでしょう。

今や営業職でも残業や休日出勤ができない時代です。顧客のゴルフコンペに参加したら、代休を取らなければならない時代なのです。あらゆる意味で過去の得意技が使えなくなり、それに代わるマーケティングという武器は、まだまだ貧弱そのものです。

バリュー（価値）で勝負する

もう一つ経営層やマーケティングの視界になくて、セールスの視界に大きく映っているのが「競合」の存在です。当然セールスはいつもぶつかって「勝った、負けた」とやっていますから、競合製品やサービスが頭から離れることはないでしょう。だからこそ、顧客から言われた〝負けた理由〟が過大に頭脳に刷り込まれます。

「価格で負けた」「競合は安い見積もりを出してきた」というのは、失注した営業の決まり文句ですが、実はB2Bでは価格はそれほど決定的な要素ではないことが多いのです。価格に見合った価値があるかどうかが問題なのであり、その価値を正しく伝えられていなければ、価格や納期だけの勝負になってしまいます。

セールスが競合と奪い合っているのは顧客であり、顧客の予算です。当然ながら顧客の予算は顧客の手の内にありますから、商談の主導権は100％顧客にあります。顧客は少しでも安く買おうとしますし、早い納期を求めます。

しかし、B2Bでは何かを購入すること、保有することが目的ということはまずあり得ません。工作機械でも、検査機器でも、半導体デバイスでも、ハーネスでも、機能性樹脂や特殊金属でもそれは同じです。購入すること、スペックインすることは目的ではなく手段であり、課題を解決するための手段を構成するパーツなのです。ですから、顧客が解決したい課題やヘッジしたいリスクに対して価値を訴求することができれば、顧客の値引き要求に振り回されることはないはずなのです。

モノ売りからコト売りに転換できない明確な理由

「モノ売りからコト売りに転換」という言葉は、日本企業の経営者が書く中期経営計画の中に、DXと並んで最も登場する言葉だそうです。経営戦略は進むべき方向を指し示すものですから、ある程度曖昧になるのは仕方ありませんが、それを実現するためにはどういう状態が「モノ売り」で、それがどうなったら「コト売り」になるのかを定義しなければなりません。これが定義できていない企業が多いのです。

B2B企業の購買プロセスに見る、モノ売りとコト売り

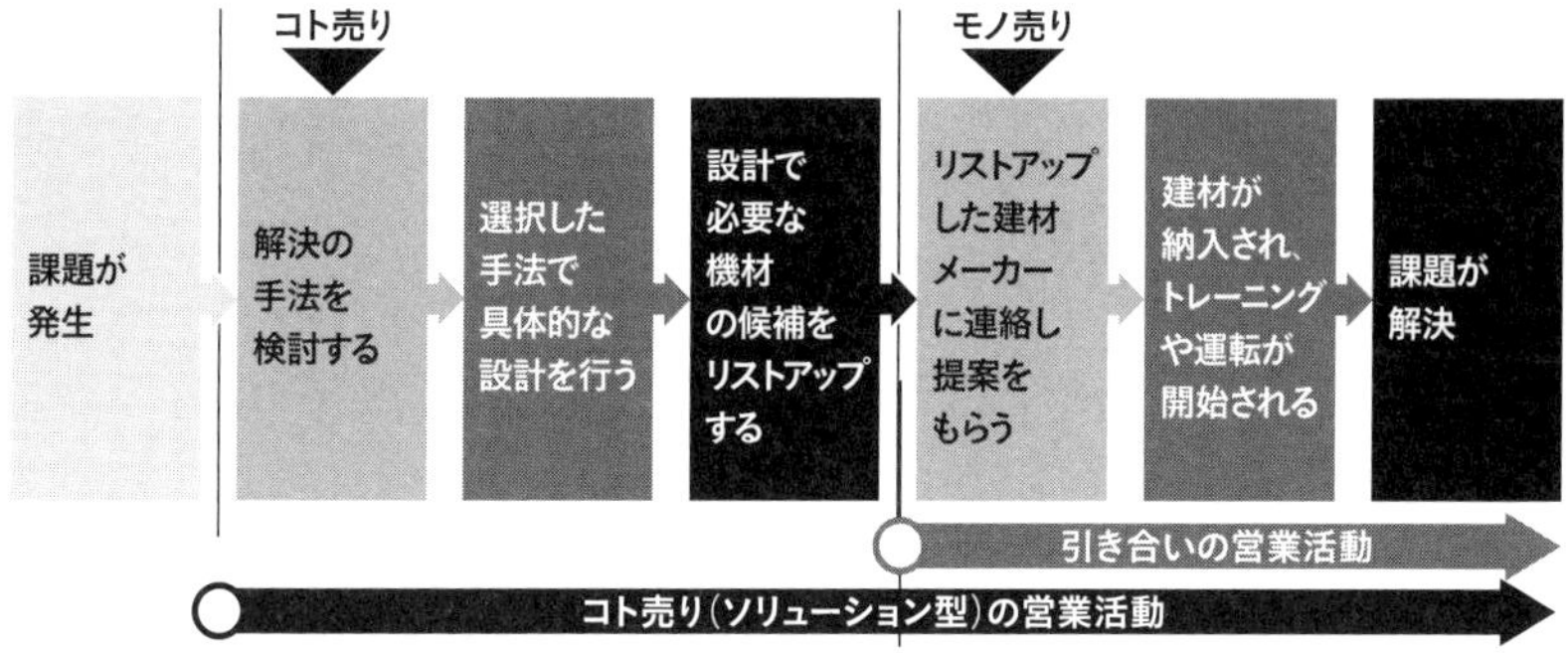

「戦術を持たない戦略は絵に描いた餅」という言葉そのままに、実現できない状態になっています。このモノ売りからコト売りをＢ２Ｂで解説しましょう。

Ｂ２Ｂ企業の場合、何かを購入したり採用したりするのは、目的ではなく手段です。Ｂ２Ｃでは購入や所有が目的になる場合も多いのですが、Ｂ２Ｂの場合、稟議でロジカルに経済合理性を説明する必要があるので、購入や保有は目的にはならないのです。ですから最初に企業の課題やリスクがあります。

浮上した課題やリスクの解決方法は一つではありませんから、今回はどの方法で解決するかの議論がなされます。そして方向性が決まったら具体的な課題解決が設計され、その中で、どんな業者、どんな機械、どんなソフトウエアが必要になるかをリストアップし、それを提供できるベンダーも併せてリストアップされます。

リストアップされればオリエンテーションに呼ばれ、ＲＦＰ（提案依頼書：Request for Proposal）を渡されます。ＲＦＰ

に沿って提案し、その中から最も安い見積もりか早い納期を提案した企業が落札し、その落札業者がRFP通りのものを納品し、それが稼働すれば課題は解決するというのが、一般的なB2Bの購買フローです。

このオリエンテーションに呼ばれてRFPを渡されるところが「モノ売り」になります。この段階の商談の主導権は購買側にありますから、付加価値の付け方が難しく、リスクの高い受注、儲けの薄い受注になるのです。これを嫌った経営者が「コト売り」への転換を要求しているのですが、それは顧客がRFPを書くはるか前、顧客企業の奥深いところで課題やリスクが発生したタイミングでアプローチしなければなりません。まだ競合も全く気が付いておらず、社内ですらほとんどの人は知らない状態です。

この時に、

「我々はこうした課題を解決した経験とスキルを持っています。この課題を一緒に解決しませんか？」

とアプローチしなくてはコト売りにはなりません。

つまり、経営者がコト売りへの転換を要求するということは、顧客企業の奥深くで発芽した課題やリスクを発見する仕組みを持っていることが前提になります。その仕組みこそがデマンドセンターなのです。

私は、デマンドセンターを持たない企業が〝コト売りに転換できる〟ことなど絶対にないと確信しています。

顧客の創造を忘れてしまった日本企業

ピーター・ドラッカーは「企業の目的の定義は一つしかない。それは顧客を創造することである」と言い切りました。多くの日本のB2B企業が今日あるのは、昔の社員が全知全能を傾けて新規顧客を創造したからに他なりません。その顧客に素晴らしい製品やサービスを納品し、信頼関係を深め、継続してオーダーをもらうことで成長してきました。つまり、あるタイミングから日本企業は顧客を創造するのではなく、かつて創造した顧客との関係を維持・拡大することに全力を傾けてきたのです。

これは個人的に新規開拓のスキルが高い営業がいたとしても、新規を続けて獲得すると、後はその獲得した顧客だけで自分の営業予算を達成できるようになるということです。そうなると、その営業はもう新規開拓をやらなくなります。十分な顧客基盤を持っていない営業からすると、その姿は羨ましく見えますから、いつか自分も新規営業をしなくて済むようなるためにせっせと営業に励みます。やがてこの会社からは、DNAレベルで新規獲得というスキルが消えていきます。

それを日本の歴史が後押ししました。戦後、日本経済を復興させるために、自動車関連などいくつかの産業は政府主導で高度に系列化されました。欧米から「最も洗練された社会主義」とやゆされたこの護送船団方式で、日本企業は系列内で仕事や資金や在庫や人材を融通しました。製造業だけでなく、銀行を中心にした系列も、鉄道会社を中心にした系列も存在し、そこに共通しているのは「系列の中にいれば仕事に困ることがない」という点でした。従って、護送船団のトップティアの企業以外は、マーケティングなど必要なかったのです。

この方式は大成功し、しかも意外なほど長く効果が続きました。戦後からリーマン・ショックに至るまでの約50年もの間、これで成長を続けることができたのです。こうして、ドラッカーが言う企業の唯一の目的である「顧客の創造」を、日本企業はいつしか忘れてしまいました。

ある企業でマーケティングについてのミーティングをしていたとき、営業担当の常務がぽつりと言いました。

「庭山さんに言われて気が付いたのですが、新卒でこの会社に入社し、60歳に手が届く私ですら新規顧客の開拓をしたことがないのですよ。我々は先輩から大口顧客の担当を引き継ぎ、それをしっかり守ってきました。もちろん簡単ではないし、苦労もしましたが、それで会社も大きくなったし、私も役員にまでなれました。この会社に新規顧客の開拓を経験した人間はいるのかな……」

「海外はどうですか？　比較的新しく進出した国では新規獲得をしたんじゃないですか？」

「海外は商社に任せていますから、弊社の人間がどこまでやっているか……」

もう、ＤＮＡレベルでマーケティングを忘れてしまっているのです。私は、今のトップマネジメントが最優先で取り組むべきはマーケティングだと考えていますが、それは多くの企業経営者が考えているよりもはるかに大きな組織改革を必要とし、経営者の深い関与が求められるものなのです。

セールスイネーブルメントという世界的潮流

セールスイネーブルメント（Sales Enablement）という言葉が、日本でも最近になって使われるようになりました。その意味は「営業パーソンや組織を強化、改善すること」といわれていますが、人によってはそれを実現するソリューション（ツール）を指している場合もあるので注意が必要です。

SFAが普及し、営業案件と担当営業をひも付けてパイプラインで管理できるようになると、個々の営業パーソンの特徴や弱みが見えてきます。

案件をつくるところまではうまくても、クロージングに時間がかかって期ずれで達成できない人。クロージングは得意だけど、案件づくりがうまくないので、いつも手持ちの案件が少なく達成に届かない人。資料づくりや見積もりに時間がかかって商談のスケジュールが遅れ、結果的に失注して達成できない人。そうした見えてきた弱みや生産性の低いところを補う施策がセールスイネーブルメントです。そこにはアセスメントやワークシート、さらに営業資料の共有や、上司のチェックポイントなどが含まれ、その実現のために開発されたアプリケーションも多く、日本でも複数の製品が手に入ります。

ただ、私は日本ではセールスイネーブルメントソリューションはあまり成功しないのではないか、と考えています。その理由は日本の営業は優秀で、だからこそあまり伸びしろがないからです。

日本の営業は普通にロールプレイング（ロープレ）をやります。製品勉強会や、新機能の説明会も普通にやっています。そして欧米と比較すると平均勤続年数が全く違いますし、そもそも新卒率が高いので、自分の会社や会社の製品・サービスに対するロイヤルティーは欧米企業の比ではありません。

きちんと分業して、営業の守備範囲を定義し、勤務時間の中で受注に関連する時間を増やすことさえできれば、十分に実力を発揮できると考えています。

日本の現場におけるサービスレベルは圧倒的に世界一で、それは我々の想像以上に世界に知れ渡っています。

1981年に米国のアメリカン航空が世界で最初にマイレージプログラムを導入し、短期間で売り上げを大きく伸ばしました。2社目の会社に勤務していた頃、このマーケティング的に表現すれば「フリークエントフライヤープログラム」について調べる機会がありました。

アメリカン航空が顧客分析を行ったところ、上位20％の顧客が利益の80％をもたらしていることが分かったのですが、困ったことにその20％の上位顧客が誰か分からず、囲い込みができないことに気が付いたのです。例えばビジネス客は必ずしも個人名義でチケットを購入しませんし、ご主人のクレジットカードでチケットを手配する奥さまも多かったのです。

そこで、飛行機に搭乗する本人に、飛んだマイルに応じてポイントを付与する「アメリカン航空アドバンテージプログラム」を実施し、これが大成功したのです。

私が知りたかったことは、なぜ「RFM」という顧客分析手法の「F」だけを使ったのかということでした。RFM分析とは「R（リーセンシー：最後の購入日）」「F（フリークエンシー：購入回数）」「M（マネタリー：購入合計金額）」の3つで顧客を分析し、大切に守るべき顧客や、逆にリソースをかけてはいけない顧客を選別する手法です。

マイレージプログラムはこの中の「F」だけを使っていますから、ディスカウントチケットを購入しても、正規料金で購入しても、飛んだマイルが同じであれば搭乗客が手にするポイントは同じになります。

私はアメリカン航空の企画の人に直接質問しました。その答えは米国の実情を教えてくれました。

「あなたは日本人ですよね。恐らく分かりにくいと思いますが、我々は従業員のレベルをそろえることがとても難しいのです。我々のような大手エアラインは、あらゆる人種を雇用する義務がありますし、一定数の移民も採用する必要があります。世界中の空港では基本的に現地採用しています。言葉も教育水準も違います。その航空会社が世界中でキャンペーンを行おうと思えば、シンプルにしなくては運用できないのです。日本のJALやANAであればRFMを組み合わせたオペレーションが可能かもしれませんが、米国のエアラインではとても不可能なのです」

日本の現場力には国際的な定評があります。日本の営業の優秀さは折り紙付きなのです。ただ、現代のセールスは営業だけがスキルアップして頑張るのではなく、ものづくり、マーケティング、そしてインサイドセールスやカスタマーサクセスなどと連携して受注を生み出すことが大切です。この新しい思想で営業を見直す時ならば、こうした施策やツールは強力に作用するでしょう。

B2Bマーケティングプロフェッサーの視点から

日本の強みはラストワンマイルの営業の強さであり、その顧客ホスピタリティーです。マーケティング戦略を立案するときに、その営業にどれだけ寄り添い、理解してもらうかが重要になります。特に外資系企業との競争やグローバル市場では、その強みを最大限に生かすようなマーケティング戦略を設計すべきだと私は考えています。

第9章

ものづくりにこそ
マーケティングナレッジを

The B2B Marketing

ドリルを買いに来た人が欲しいのはドリルではなく穴である。

セオドア・レビット

セオドア・レビット著『マーケティング発想法』(ダイヤモンド社)

市場を見ていない日本のものづくり

マーケティングと連携（アラインメント）できていないのは、研究開発や設計などのものづくりも同じです。私は顧客が製造業の場合、工場見学をさせてもらうようにしています。製造業の魂は工場に宿っていると思うからです。

地方にある大きな「事業所」と呼ばれる工場の敷地の奥に、研究開発棟と呼ばれる建物があり、そこでパーツや素材などのものづくりの研究が行われています。そこにいる人たちは展示会にも参加しますし、情報収集でWebを活用し、ウェビナーもよく利用しています。私はそこで、

「顧客とのコミュニケーションはどうしていますか？」

と質問します。多くの場合「顧客とは営業を通して……」となり、「ではその営業さんとのコミュニケーションはどうされていますか？」と問うと、「定期的なものはありません」と答えが返ってきます。つまり、顧客との唯一のインターフェースである営業とも、あまり頻繁にコミュニケーションしていないのです。これでは売れる製品やサービスを開発できるほうが奇跡です。

企業によっては、技術者でも必ず営業を経験させる企業があります。離職のリスクもありながらこのロー

テーションを実施している理由は、顧客理解を高めるためであり、今風に言うなら顧客の解像度を上げるためです。同時に営業という仕事がいかに大変かを体験させることにもなります。新規営業の難しさを経験したエンジニアは、顧客からのクレームに迅速に対応するようになります。あんなに苦労して獲得した顧客を失うことが、どれほどの損失なのかを実感しているからです。

近年、日本企業はジョブ型雇用への移行を進めているように見えます。マーケティングを含めて専門職でプロフェッショナルを育てるなら、ローテーションから外すしかありません。しかし、私はそれでもマーケティングやものづくりに関わる人は1年でも2年でも営業の現場に出すべきだと考えているのは、市場と向き合うことを体験してほしいからです。

さらに営業に対するリスペクトは、経験しないと湧かないものです。事業所の奥の院にこもっている場合ではないのです。

ビジネスのアイデアはいろいろな部門や人材から出てきます。新しい素材を調査していた技術部門からであったり、競合を調査していた製品開発チームからだったりします。顧客と最もコミュニケーションしている営業からの提案の場合もあれば、物流や人事でもアイデアを思いつくことはあるでしょう。

問題は日本企業にはその受け皿がないことです。マーケティング部門は常に市場、つまりマーケットを見ています。市場と向き合っている部門であり、常にコミュニケーションしている部門でもあります。技術や営業などから出てきたアイデアを、市場からの目で精査し、アレンジし、「市場が最も価値を感じる形で製品・サービスを創造」しなければ売れる製品やサービスにはなりません。

そして、その製品やサービスの成功の定義は以下の2点です。

「新しい顧客を創造したのか？」

「既存顧客を維持・拡大したのか？」

どちらかに貢献したなら、その製品・サービスは成功と言えますし、もし両方に貢献したなら、それは企業の未来を託すべく、投資金額や投入人的リソースを大幅に組み替えるべき商材と言えるでしょう。

そんな製品やサービスを生み出し、提供するためには、全社のシナジーを最大化しなくてはなりません。今の組織を縦糸とするならば、横糸で紡いで調和させなければシナジーは生まれません。私はそれを「オーケストレーション」と呼んでいます。

MD（マーチャンダイジング）思考を持たない日本企業

MDは小売りなどのB2C企業だけのものではありません。それどころか、すべての経営者が最も注視すべきポイントです。市場はその企業をどう見るかは、その企業が出すメッセージや会社案内やWebの経営者の挨拶などではなく、その会社が市場に提供している製品やサービスによって判断します。つまりMDは最大のメッセージなのです。

MDの定義には狭義と広義があります。狭義ではバイイング（仕入れ）に近い行為を指しますから、小売りなら店頭の商品やレストランのメニューを見れば、どういう客層を狙っているかが分かります。これはB2Bでも同じで、同じカテゴリーでも低価格帯をそろえているのか、中価格帯で広い範囲をカバーしようとしているのか、それともハイエンドにフォーカスして付加価値で勝負しようとしているのかを知ることができます。

私の会社シンフォニーマーケティングはB2Bマーケティングサービスの会社です。ですからよく「〇〇は競合ですか？」と別のマーケティングサービス会社の名前を出されますが、ほとんど当たったことがありません。

10年前までは、一部のテレマーケティング以外存在していなかった日本のB2Bマーケティングサービス市場に、今では多くの企業が参入しています。この状況はブルーオーシャンのように見える「死の海」に、長い間ボートを浮かべていた私たちからすれば、本当にうれしいことです。私はレッドオーシャンこそが「豊穣《ほうじょう》の海」だと確信しているからです。

しかし、現在、エンタープライズB2Bのそれも製造業にフォーカスして、コンサルティングと人材育成とBPO（ビジネス・プロセス・アウトソーシング）を併せて提供している会社はありません。これが私の会社のMD戦略であり、市場へのメッセージなのです。

MDの広義はサービスや雰囲気までを含めた「顧客にどんな価値を提供しているのか」というものです。

ある中堅システムインテグレーター（SIer）の経営企画部門の人たちと、中期経営計画に盛り込むマーケティング戦略の話をしていたとき、「御社の強みは何ですか？」という私の質問になかなか答えが返ってきません。「このソリューションではないのですか？」と水を向けても、

「それは競合も強いので」

「いやむしろ競合のほうが強いのです」

「ウチは取りえがないのですよ」

「技術的には優勢はないですね」

などさっぱり議論が進みません。

そこで私は営業にも参加してもらいましょうと提案し、女性の営業パーソンが参加してくれました。同じ質問をしたところ、彼女は迷いもなく

「人柄ですね」

と答えてくれました。

下請けではなく元請けで受注する場合、SIerは専門知識や経験値で優位性が高いので、どうしても上から目線で顧客に接することが多いのだそうです。しかし、地域に根差したサービス会社にルーツを持つその企業のエンジニアやプロジェクトマネジャーは、腰が低く、決して上から目線で顧客に接することはありません。そして、それが顧客に選ばれるポイントになっているのです。

経営企画部門の人たちからは、「そんな人柄なんてものがマーケティング戦略の文脈に書けますか？」と質問されましたが、答えはもちろん「Yes」です。企業が提供する価値をMDとして考えれば、顧客が不快な思いをすることなくシステム開発できるというのは立派なセールスポイントであり、それを実現している現場スタッフは極めて貴重な人的経営資源なのです。

MD思考がなければフォーカスはできない

米国を代表するマーケティングコンサルタントの一人、アル・ライズの著書に『フォーカス！』（海と月社）があります。ライズはポジショニングに関する著書や講演が多いので、日本ではポジショニングの大家として知られていますが、私は彼の代表作はこの『フォーカス！』だと考えています。

その理由は、この本が書かれた1990年代中ごろ、当時全盛だったポートフォリオ経営を真っ向から批判している点です。リスク分散のためにも企業は健全な多角化を推進すべきだという当時の風潮に、多くの事例を挙げて反論しています。中でも、当時世界最高の経営者といわれたGEのジャック・ウェルチが行った、財務上最大の功績でもある金融サービスへの進出を手厳しく批判し、GEはこれが原因で没落の道をたどるだろうと予言しています。

この予言は見事に的中し、ウェルチを引き継いだジェフ・イメルトの時代に金融サービスが火を噴きます。イメルトはその火を鎮火しながら、GEを「ものづくりのプラットフォーマー」に原点回帰させる戦略を立てました。シリコンバレーにGEデジタルを設立し、Predix（プレディクス）という製造業向けプラットフォームを開発しましたが、金融サービスの負の影響が予想よりはるかに広範囲に及んだことと、その間も株価を維持しなければならない板挟みの中で、任期途中での退任に追い込まれたのです。

ライズは『フォーカス！』の中で、日本企業へも批判の矛先を向けました。「トヨタとNTT以外は全くフォーカスできず、コングロマリットへの危険な道を歩んでいる」と書いています。この20年の日本企業の衰退を見事に予言しているのです。

では、なぜエンタープライズ企業はフォーカスできないのでしょうか？

その理由は日本と米国ではかなり違いがあると私は考えています。米国企業がフォーカスを失う理由は、株主からのプレッシャーです。米国の上場企業の経営者に対する株主からのプレッシャーは、日本の比ではありません。株価を落とすということは、株主に損をさせることですから万死に値します。

GEでジェフ・イメルトが退任に追い込まれた後で、GEの番記者が『LIGHTS OUT』（邦題『GE帝国盛衰史』／ダイヤモンド社）という本を書き、イメルト自身も『HOT SEAT』（邦題『GEのリーダーシップ　ジェフ・イメルト回顧録』／光文社）という本を出版しました。2001年にジャック・ウェルチの後を受け、CEOを引き継いでから退任に追い込まれるまでの16年間について、経済記者とCEOという全く異なる立場から書かれているので、併せて読むと興味深いのですが、どちらも際立つのはイメルトの株価維持への涙ぐましい奮闘です。

この株価維持というプレッシャーが、健全だった企業を、拡大路線を目的とした多角化に追い込み、最も利益率の高い金融サービスへ進出する誘惑から逃れられなくしたのです。ウエスチングハウス、フォード、クライスラー、オリベッティ、バージンなどの欧米の大企業が、お金にお金を生ませるという最も賢い、しかし最も多角化になじまない冒険に追い込まれたのはこれが理由なのです。

日本の経営者で、ここまで株価に気を遣っている人は少ないでしょう。日本人にとって株価とは「経営者がコントロールできないもの」なのです。従って「株価に振り回され、一喜一憂せずに経営に取り組もう」となります。間違ってはいませんが、自社の株価に興味がなさ過ぎる気もします。しかし問題なのは、株主からのプレッシャーが少ない日本企業の経営者が、なぜ脈絡のない多角化に走るのかという問題です。

私はマーケティング不在が原因だと考えています。CEO自身、マーケティングを体系的に学んだ経験がなく、CMOもいない日本企業は、羅針盤を持たずに荒海を航海する船のようです。現在位置が分からず、進む方向も分からなくなっています。本来M&A（合併・買収）は自社のMD戦略に基づいたものでなければうまくいきませんが、それができないのは、マーケティングという市場との窓口を持たないからです。

近年日本企業でもコーポレートベンチャーキャピタル（CVC）という部門を設け、ベンチャー投資を行っています。余剰資金の運用としてもうまくいっているとは言えませんし、多くの場合、自社のコアビジネスとの連携は考えていないように見えます。「なぜこの会社に投資したのですか？」と質問すると、返ってくる答えはバタフライ効果（わずかな変化が、いずれ大きな効果へと波及していくこと）かと思うような薄いシナジーです。

マーチャンダイジングの思考に立てば、この業種のこの規模のこういう課題を解決するには、この会社のこの技術がないと駄目、という必須条件に投資すべきです。

CATIA（キャティア）という自動車や航空機の設計デザインに使われる3次元CADのトップブランドを持つダッソー・システムズが、より小型な製品の設計に使われる米ソリッドワークス（SolidWorks）を買収したのは、彼らのプラットフォーム戦略になければならないピースだったからです。アナリストファーム業界で最大の競合であるガートナーに規模で水をあけられていたフォレスターがシリウスディシジョンズを買収した理由は、ガートナーが不得意なB2Bのマーケティング&セールスで圧倒的な競合優位性を握ることが目的でした。

シリウスディシジョンズは元々ガートナー出身者がつくった企業ですから、ガートナーが買収する可能性が高かったのです。創業者でCEOのジョージ・コロニーの素早い決断は、ターゲット市場に提供する価値のマーチャンダイジングが頭に入っているからできたことなのです。

製品が市場に寄りそう「PMF」という概念

「PMF（プロダクトマーケットフィット）」は、米国のITやサービス業ではコアコンセプトとして位置付けられる考え方です。世界最初のマルチメディア型Webブラウザーである「Mosaic（モザイク）」や、それを進化させた「Netscape Navigator（ネットスケープナビゲーター）」の開発者として有名なマーク・アンドリーセンが提唱した考え方です。製品やサービスがターゲット市場の顧客の課題を解決し、それを必要としている正しい市場に乗せられている状態を「マーケットフィット」と定義しています。

市場が急速に変化するIT産業の製品やサービスで、正しい市場を定義し、そこにフィットした商材をリリースし続けることは簡単ではありません。それは天才といわれたアップルのスティーブ・ジョブズが開発した四角いボディーのコンピューター「Power Mac G4 Cube」や、マイクロソフトのスティーブ・バルマーCEOがiPodキラーとして発売した「Zune」の華々しい〝失敗〟を見ればいかに難しいかが分かるでしょう。

マーク・アンドリーセンが「PMFがすべてだ」と断言する理由はここにあるのです。そのアンドリーセン自身もネットスケープナビゲーターを提供して、米国証券史上、最速で株式上場を果たしましたが、ＰＣのＯＳで圧倒的シェアを誇るマイクロソフトがブラウザーをＯＳに組み込み、実質無料で提供したことによって、あっという間に市場から消えていきました。これはＩＴ産業で急激に変化するマーケットを捉え続けること（ＰＭＦ）がいかに難しいかを雄弁に物語るストーリーです。

こうしたコンシューマー向けのＩＴサービスに比べると、Ｂ２Ｂは製品やサービスを提供する側がより市場や顧客に寄り添っているため、そこまでのギャップは生まれにくいと言えるでしょう。例えば人事部門が使う給与計算システムがありますが、これは社会保険や税制の変化をリアルタイムで反映させなければ給与計算ができません。言うまでもなく、給与は毎月支給するものですから対応の遅れは許されませんが、バッチ処理という仕組みで対応しています。

現在は多くの業務アプリケーションはクラウドで提供されていますから、リアルタイムの精度はさらに向上しています。また、メーカーの営業や販売代理店の営業が顧客を巡回し、顧客担当者と会話を重ねることで実質的なＰＭＦを実現していると言えるでしょう。

では、製品開発の段階でＰＭＦを実現するにはどうしたらよいでしょうか？

PMFを実現する「ホールプロダクト」というアプローチ

PMFを実現するもう一つのアプローチに、T・レビット博士が提唱した「ホールプロダクト（Whole Product：購入者の期待に応える完全なる商品）」があります。このフレームワークを使って顧客が解決しようとした課題と、販売者が提供する製品やサービスのギャップを埋められるなら、商談単価を跳ね上げることが可能になります。

ホールプロダクト

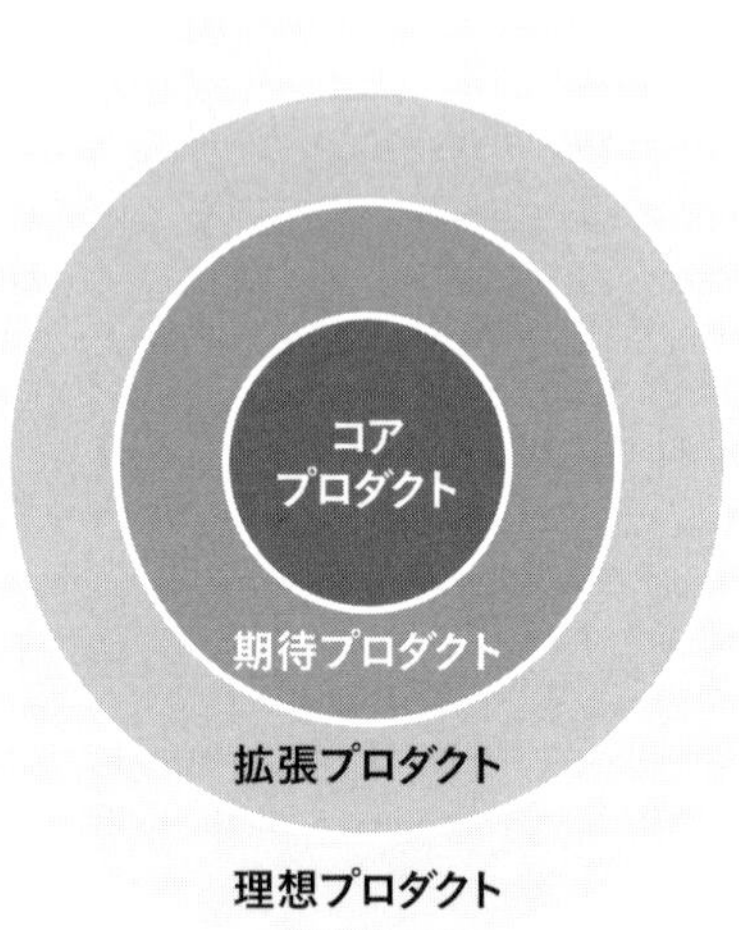

【コアプロダクト／基本プロダクト】

製品そのもの、またはその製品の核を成すもの。PCであれば、CPUやマザーボードに当たります。それがPCか?と聞かれれば技術的には「Yes」なのですが、デスクトップPCの場合、一般的にはモニターやキーボード、マウス、そしてデータを格納するハードディスクなどがなければ使うことができません。

【期待プロダクト】

購入者があって当然と思うのものですから、デスクトップPCで言えば上記のモニターやキーボード、マウス、またはOSがこれに当たるでしょう。デスクトップPCを買って家で箱を開けてみたらキーボードが入ってない。慌ててサポートに電話したら「それは別売りです」と言われたら、多くの人は怒り出すでしょう。

【拡張プロダクト】

あって当たり前ではないが、購入した目的を果たすためには必要なものですから、ベンダーが責任を持ってそろえる手段を用意しなくてはなりません。PCで言えばOffice（オフィス）製品です。購入者が箱を開けてセットアップして、さて仕事をしようと思ったらオフィスが入ってない。エクセル（Excel）もワード（Word）もパワーポイント（PowerPoint）もなければ仕事にはなりません。

【理想プロダクト】

購入者が予想もしなかった機能やサービスです。レビットはこの理想プロダクトまでそろえたら圧倒的なシェアを獲得するだろうと言い残しました。それを実現した例がiPhoneです。最初のiPhoneが発売されたときに聞いた話ですが、金曜日の夜に何軒もはしごして楽しく飲んで、家に戻り土曜日の朝にiPhoneがないことに気が付きます。慌ててMacBookを立ち上げてiPhoneを探すと、3軒目の居酒屋の場所が点滅していて、そこに行くとちゃんとiPhoneがありました。今でこそ当たり前の機能ですが、当時は誰も想像しなかったサービスだったのです。

実は多くの製品やサービスはホールプロダクトをそろえていません。「それは購入者がやるべきことです。我々メーカーの責任ではありませんよ」というわけです。それはその通りかもしれません。しかし、顧客は製品やサービスを買っているのではなく、それで得られる成果や効能を買っています。

もし購入した顧客が成果を得られず、メーカーに問い合わせたら「それを実現したいなら、これとそれをお客さまご自身でそろえないと駄目ですな」などと言われたら、誰でも「だまされた」と思うでしょう。顧客満足度は回復不能なまでに低下します。

営業アシスタントツールとしてのタブレットを例に考えてみましょう。

営業が顧客訪問の時に持ち歩くカタログやサンプルなどは重く、大きく、その制作コストも高くつきます。しかも印刷物は印刷した時点で〝時間がストップする〟ので、その後で追加されたラインアップや新機能、価格の改定などには対応できません。これがしばしば顧客とのトラブルに発展します。情報のアップデートは一律にやらなければ、必ず混乱を生むのです。

ここにカタログやサンプルを廃止してiPadやSurfaceなどのタブレットを導入したとします。情報のアップデートは夜間に一律にダウンロードしてアップデートできます。製品の写真やスペックだけでなく、商談中に動画で見てもらうことも可能で、さらに採用事例や顧客の声なども動画でその場で見てもらうことができます。製品やサービスの詳細情報を顧客が望めば、商談中にインターネットにアクセスし、技術部門やサポート部門に直接ミーティングに入ってもらうこともできますし、物流部門にアクセスして現在の在庫状況や納期をその場から確認することも可能です。

タブレットは営業生産性を飛躍的に向上させるキラーアプリケーションになると期待されました。しかし、スティーブ・ジョブズがサンフランシスコでiPadを発表した2010年から13年がたちました。マイクロソフトがSurfaceを発表した2012年からも既に11年たちましたが、そのような使われ方はしていません。なぜでしょうか？

タブレットがあり、アプリがインストールしてあって、それがネットワークにつながっていても、それだけでは課題は解決しません。カタログ情報を一律にダウンロードさせてアップデートするには、サーバー管理が必要です。カタログ情報を常に最新にするには、カタログの写真やスペックや機能の情報を整理し、適切に管理する必要があります。そもそも紙のカタログと同じレイアウトでは使い勝手が悪いので、デジタルに適したレイアウトにしなくてはなりません。クリエイティブ担当にとってこれは大仕事です。

技術部門にいつでも問い合わせできるようにするには、技術部門が待機している必要があります。在庫情報を管理するためには在庫管理システムとの連携が必要になり、納期を確認するには物流システムともつながっている必要があります。これを誰もやってくれません。

顧客が実現しようとしたことを10とすれば、ハードウエアの購入は2くらいでしょうか。アプリや通信回線を入れてもせいぜい3か4です。残りの6は顧客が自力で埋め合わせないと実現しません。もし顧客が埋め合わせることができなければ、購入した大量のタブレットは営業の荷物を増やしただけの代物になります。この購入したものと解決したい課題のギャップが、顧客の口から「だまされた！」というせりふとなって出てくるのです。

レビット博士のホールプロダクトとはそのことを表現しています。同心円の真ん中の「コアプロダクト／基本プロダクト」が自社の提供する製品やサービスであっても、実際に顧客が購入した目的を達成するためには、その外側の「期待プロダクト」つまりあると期待している機能を満たす必要があり、さらに外側の目的を達成するためには「拡張プロダクト」までそろえる必要があるのです。無論それを自社で提供するか、パートナーと組んで提供するかは戦略的な意味も含みます。

しかし、顧客の課題を解決する、顧客のやりたかったことを実現する、ということを考えれば、商談単価が大きく膨らんで当たり前なのです。こうした顧客の課題をベースに、自社が提供する価値を考察することを「DoV（ディフィニッションオブバリュー：価値の定義）」と呼んでいます。

技術ではなく市場を見なければ市場から見放される

インテルをはじめとする米国のメモリーメーカーから市場を奪った日本企業は、その市場を長くは保持できませんでした。あっという間に韓国、台湾、中国のメーカーに奪われてしまったのです。その時、私はあまりにもドラスチックにシェアが落ちる原因を知りたいと思い、現場の知人にヒアリングさせてもらいました。どの人もメモリーの営業、マーケティングの現場にいた人たちです。彼らは口をそろえて「品質では負けていない」と悔しがっていました。ならばなぜ負けたのか？　その理由を一人の営業がぽつぽつ話してくれました。

「オーバースペックだったんですよ」

自動車の平均買い替え期間は5～7年といわれています。もちろん最初のオーナーが手放した車は中古車として別のオーナーの手に渡り、さらに数年間使われます。こうした長期間使われる製品に実装されるデバイスは、同等の耐用年数を求められて当たり前です。しかし、スマートフォンの買い替え期間は2年といわれています。中古市場も存在しますが、通信回線の契約と絡めて販売されるため、多くの人が新品を2年使って買い替えます。そうなると、それ以上の耐用年数を持つデバイスはオーバースペックになります。

「高品質」「長期間使用しても壊れない」などの製品に対するプライドは価格に反映され、日本企業は価格と開発スピードで韓国や台湾企業に敗れ、市場を奪われていきました。製品の良い悪いを決めるのは「市場」です。その市場を見ないで品質やスペックを追求すると、市場から「Ｎｏ」を突きつけられる、ということは日本企業に多く見られることです。

アップルの製品を買った方は経験していると思いますが、不具合があって店に持ち込むと修理ではなく新品を渡されます。そのほうが経済合理性があるからです。

市場を見ることを、「リサーチする」あるいは「リサーチ会社を使う」と勘違いしている企業もありますが、そうではありません。リサーチが役に立つのは仮説の検証に使うときで、そうでなければリポートは書架に埋もれることになるでしょう。アップルのスティーブ・ジョブズが「なぜ製品開発で市場調査をしないのか？」と質問された時、こう答えています。

「グラハム・ベルが電話を発明した時、市場調査をしたと思うかい？」

そこにニーズがあると確信しているなら、調査はしなくても、市場に向き合っていると言えるのです。

それは誰にとって「良い」のか？

視点と視座という言葉があります。視点は「何を見ている」という見ている先を指し、視座は「どこから見ているか」という観察地点を指します。マーケティングを考える上でこの視座がとても重要になります。

「これは良い製品なんですが、なかなか思うように売れていないのです」

こんな言葉をものづくりの人たちから聞くことがあります。私は

「良いと言われましたが、それは誰にとってですか？」

と質問します。多くの場合、その答えは「競合製品と比較して」とか「前のバージョンと比べて」となるのですが、良いか良くないかを決めるのは顧客であり、市場です。製品が視点であるとすれば重要なのは「視座」なのです。

製品やサービス、またその価値は多面体として見る必要があるため、企業と顧客が同じものを見ていても（視点）、それぞれがどこから見ているか（視座）によって、見え方、景色も違えば、感じ方、受け取り方も違います。

実はこの考え方は、日々のマーケティング活動、例えば営業資料づくりやコンテンツ制作についても、とても重要なことなのです。

多くの企業の資料やWebコンテンツを見ていると、「視点」だけでつくられているものが実にたくさんあると感じています。典型的な例としては「こんな製品ですよ」「こんなに素晴らしいですよ」「こんな優

れた機能がありますよ」という、企業側のメッセージが一方的に書かれたコンテンツです。

残念なのは、これらのアウトプットには「これは誰にとって便利なのか、うれしいのか」という「視座」がほとんど書かれていないことです。

その理由としては、開発や営業の担当者が社内の他事業部のエンジニアや競合他社のエンジニアのことを意識し、そこに力点を置いて解説しようとするからです。しかし、これらの情報は買う側、使う側の視座にいる人々にとって全く響かないのです。そのため「視点」だけでなく、どの「視座」から見たとき、どう見えるかも合わせて考えるトレーニングをする必要があります。そのトレーニングこそ「マーケティング」なのです。マーケティングとはその言葉通り、マーケット（市場）に寄り添う考え方だからです。

B2Bでの購入は目的ではなく手段という視座・視点

視点ではなく視座が重要だと書きました。これはB2BとB2Cの違いにおいても大切な考え方です。本書で何度か指摘してきましたが、B2Bでは購入が目的になることはまずありません。ここはB2Cとの違いでもあります。Cでは購入することや保有することが立派な目的になり得ます。

自動車好きな人が経済的に成功すると、よくフェラーリやポルシェを購入します。時速250㎞出せる車ですが、残念ながら日本の道路交通法では時速100㎞（一部の区間は時速120㎞）がリミットで、それ以上出すとスピード違反になります。荷物がたくさん積めるわけでもなく、4~5人が乗れるわけでもありません。車の価格が高いだけでなく、修理費やパーツ代も高く、ハイオクガソリンで燃費は1リッター当たり3~4kmでしょうか。しかし、その人にとってはフェラーリのオーナーであり、ガレージにあることが目的であり、重要なのです。手段ではないので求める結果もありません。

Ｂ２Ｂは違います。ある検査機器を導入すれば、そのラインの不良率が10%低下するとします。しかし、不良品の処理や、使い回せない原材料費が年間５０００万円だったとして、その検査機器が2億円なら購入されないかもしれません。経済合理性がないからです。

20年前、私の会社のメインクライアントのひとつはＳＡＰでした。同社の主力製品でもある統合基幹業務システム（ＥＲＰ）は、グローバルエンタープライズ企業が導入すると初年度で１００億円以上の費用がかかりました。業務アプリケーションで１００億円、私にはそれが売れる理由が分かりませんでした。

しかし、マーケティングをサポートする中で実際に導入企業の担当者にインタビューすると、１００億円の投資は2~3カ月で回収できるそうです。グローバルで1兆５０００億円のビジネスを展開しているこの企業が、ＥＲＰを導入したことで削減できたコストは事業所間の無駄な仕掛品や、店頭在庫から逆算した適切な物流管理など3カ月で数百億円だったのです。

Ｂ２Ｂは経済合理性が最優先です。エモーショナルな判断が入る余地はないのです。

B2Bマーケティングプロフェッサーの視点から

研究開発、設計、生産技術などのものづくり部門は、通常エンジニアで構成されています。技術者は技術を見る、という特性上どうしても技術オリエンテッドになってしまいます。しかしだからこそ、このものづくりが市場を見る目を養ったときのインパクトは強いのです。リリースする製品やサービスの市場からの評価は跳ね上がり、売り上げが伸び、生産やサービスがリソース不足に陥るほどです。それをシリウスディシジョンズのジョン・ネーサンは「ものづくりとマーケティングとセールスのアラインメント」として指摘しました。

第10章

売り上げの方程式とホールファネル

The B2B Marketing

すべてのバンドはオリジナルのサウンドを持つべきなのだ。

グレン・ミラー

映画『グレン・ミラー物語』より

マーケティングは全社戦略

マーケティングは商品キャンペーンのことでも、CMのことでもイベントのことでも、企業ブランドのことでもありません。単純に言えば、マーケティングとは「市場とその中の顧客を創造し、顧客との関係を維持し、拡大すること」です。

そうであるなら、社内にマーケティングに関わらない部署のほうが少ないはずです。しかし、現実は従業員3000人の企業でマーケティングを考えているのは、新設のマーケティング部門の8人だけといったような企業が圧倒的に多いのです。

日本のB2B企業では早い企業で10年前から、そうでない多くの企業でもこの2〜3年でマーケティング部門を新設しました。社内から数人を選び、名刺にマーケティングと印刷し、MAを導入する予算を与えました。しかしそれだけです。

本人たちも会社の経営層もマーケティングを体系的に学んだ経験がないので、そのマーケティング部門をどこに置いたらいいのか、何をさせたらいいのか、何をどう評価したらいいのか分かりません。もちろん、営業部門も入社以来マーケティングと連携して仕事をした経験など誰もありませんから、どう付き合っていいか分かりません。広報やPRは新設のマーケティング部門と自分たちの業務の切り分けは分からずに困っています。そして法務から見ればクラウドアプリケーションであるMAに個人情報を置くマーケティングは、そもそも信用ならない連中に見えています。

せっかくつくった企業の未来を担うべきマーケティング部門が社内で浮いてしまっていて、ワークできないでいるのです。このままいくと受注に貢献することはできませんから、費用対効果は最悪の部門になります。

しかし、そのような理由で廃止したり縮小したりするなら、その企業に未来はないでしょう。なぜならそれはマーケティング部門の責任ではなく、業務分掌も決められず、正しい組織配置も、予算配分も、人的資源の配分もできない経営の責任だからです。

日本企業は技術の改良改善が得意ですから、それを生かして良い製品やサービスを生み出してきました。それらを販売する営業部門にも、優秀で情熱的なスタッフを数多く抱えています。オーケストラで言えば第一バイオリンと第二バイオリン、そして金管楽器は世界でも指折りの演奏力を持っているのです。チェロやコントラバスも悪くはありません。しかし、ファゴットやクラリネットなどの木管楽器はいません。

今までは木管楽器のパートのない曲ばかりを演奏してきたので必要なかったのですが、そろそろ交響曲を演奏しようとなりました。そうなるとフルート、オーボエ、クラリネット、ファゴットなどがどうしても必要になります。もちろん演奏能力が低ければ交響曲はうまく演奏できませんし、せっかくレベルの高いバイオリン奏者や金管楽器の奏者がいるのに、台無しになってしまいます。

ならばどうするか？　レンタルで借りてくるか、ヘッドハントするか、育てるか、いずれにしても良いハーモニーで交響曲を演奏するには、レベルの高い木管楽器が必要なのです。

今の日本企業がまさにこれです。引き合い依存の中で、マーケティングなどなくても業績を伸ばしてきた戦後の50年が終わり、いよいよ世界標準のマーケティングを持たなければグローバルはおろか国内市場ですら戦えない状況になっています。しかし、満足のいくマーケティング部門のある企業はあまりに少なく、しかもせっかくつくったマーケティング部門すら枯れようとしています。

では、そのマーケティングの役割をどう設計したらよいのでしょうか？

ホールファネル

次の図は、シンフォニーマーケティングが使っている「ホールファネル」です。受注までを見られるようにファネルを横に倒していますが、ベースになっているのは、もちろんシリウスディシジョンズの２０１２年モデルです。

まず、現在保有しているマーケティングが関わっていない案件と、その減衰をファネルにします。これが「セールスファネル」です。ここにプロットされるのは、マーケティングが全く関与していない、営業が営業活動の中でつくって推進している案件です。これをＳＧＬ（セールスジェネレーテッドリード：営

シンフォニーマーケティングのホールファネル

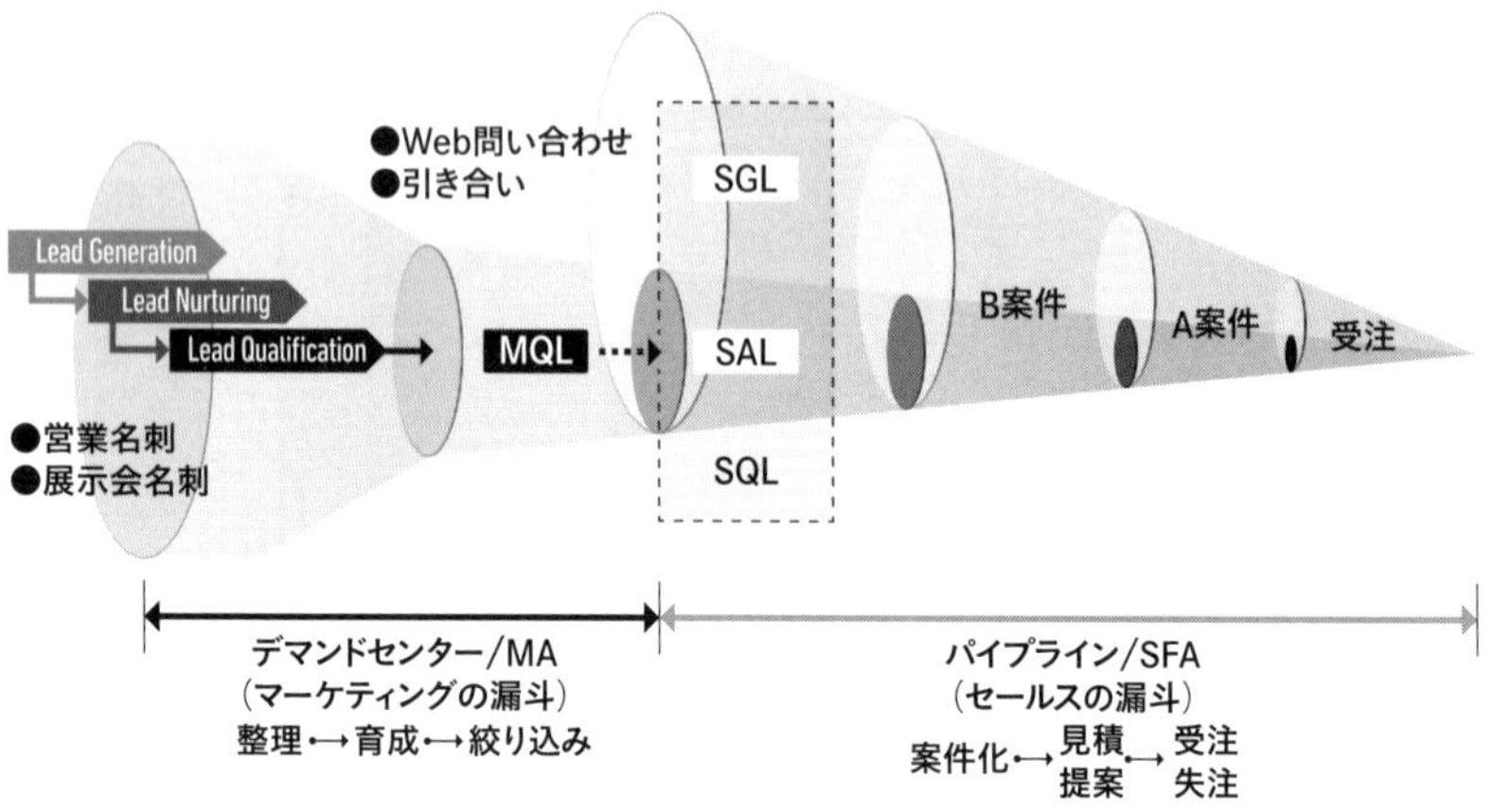

業由来の案件）と呼びます。

社歴の長い企業になると、ＳＧＬの大半は「引き合い」になります。お得意さまからのサンプル請求や見積もり依頼なら、最優先が当たり前です。マーケティングから供給された案件を優先しろというのは無理な話です。

もしこの事業部がこのセールスファネルだけで販売予算を達成できるなら、この事業部にマーケティングは必要ないということになります。マーケティングチームはここをサポートする優先順位を下げるべきで、ここに案件を供給して「あれどうなりました？」としつこくフォロー状況を確認するのは、マーケティングと営業の溝を広げる効果しかありません。

この図のように、現状の減衰率をかけていくと予算がショートする場合、そのショート分をＭＱＬ（マーケティングクオリファイドリード：マーケティング由来の案件）からつくりましょう、という提案が最も理にかなっています。

ＭＱＬはマーケティング活動によってつくられた案件ですが、営業から見ればただの訪問承諾者で、良いか悪いかなど分からない存在です。ですからこれを営業が訪問するか、電話で話して、その結果

「これいいかも、私が担当してフォローするよ」

と言ってもらったものがＳＡＬ（セールスアクセプテッドリード：マーケティング部門から営業に引き継がれた商談）です。これはマーケティングと営業による二重の、インサイドセールスがワークしていれば三重のスクリーニングが入っていますから、受注から見たときの減衰率は、ＳＧＬとほぼ同格と言っていいはずです。ですからこのＳＧＬとＳＡＬの合計をＳＱＬ（セールスクオリファイドリード：営業が成約の確度が高いと認めた見込み客）としてパイプラインで管理します。

売り上げの方程式で考える販売の生産性

次の計算式は、私の会社がもう30年以上使っている【売り上げの方程式：The Formula of Revenue】と呼ばれるものです。この方程式の考え方も説明しておきましょう。

売上の方程式(The Formula of Revenue)

売上 ＝ 商談数 × 決定率 × 商談単価

目的変数が【売上】で、その説明変数が【商談数】【決定率】【商談単価】となります。営業の生産性とは単に「決定率」を引き上げることを指してはいません。なぜならそこに〝伸びしろ〟はないからです。

前述したように日本の営業は基本的に優秀で、勤勉です。そして欧米のように短期間で転職しませんので、自分の会社や製品に対するロイヤルティーは世界でもトップクラスです。ＳＦＡなどで管理する必要もないほど勤勉でよく働いています。ですから「決定率」という変数はもう上げる余地がそれほど残っていないのです。

営業の生産性は【商談数】【決定率】【商談単価】の３つの説明変数を組み合わせて解決すべきものです。この本は、【商談数】と【決定率】と【商談単価】を個別に考えて、バラバラに実施していた旧来の部分最適から、全体最適へのハーモニー（調和）に転換する必要性とその具体的な方法を書いています。

第８章で書いた通り、営業生産性を単純に考えれば営業１人当たりの売り上げになります。これを上げることで生産性が向上し、営業が増えなければ営業車、営業拠点、営業事務、交通費、接待費などが軒並み抑えられますから、ＰＬ（損益計算書）で利益に大きくヒットします。１００人の営業で１０００億円の売り上げならば1人当たりの売り上げは10億円です。それを12億、14億と上げていくことで会社の利益も大きくなり、給与原資も増えますから給与やボーナスを上げることもできるのです。

ところが、数字を守っている人は、売り上げを伸ばすなら営業を増やしてほしいと考えています。もし、「売り上げを１３００億円にするぞ！」と目標設定されれば、「営業の数も１３０人にしなければ達成できません」となったはずです。これは営業拠点を増やし、営業車を増やし、営業経費を増やすことになります。営業生産性の向上を実現するのが、私がマーケティング・オーケストレーションと呼ぶ全体最適への再編なのです。

それぞれの説明変数を見ていきましょう。

【商談数】

商談は大きく2つに分類されます。一つは既存の営業パーソンや販売代理店がつくり出した、マーケティングが全く関わらない商談で、言葉の定義としてはＳＧＬと呼ばれます。日本の社歴の長い企業で「引き合い」と呼ばれるものはこれに該当します。

もう一つはマーケティング活動の結果つくり出された商談で、これをＳＡＬと呼びます。マーケティングがその活動から有望そうな顧客・見込み客を個人やグループ単位で絞り込み、インサイドセールスからのコールによって獲得したアポイント（ＭＱＬ）を、営業パーソンがコールか訪問で確認し、「これは私が担当して推進します」と受け入れて（Accept）くれた商談がＳＡＬです。

商談数を目的変数にした4つの説明変数の図

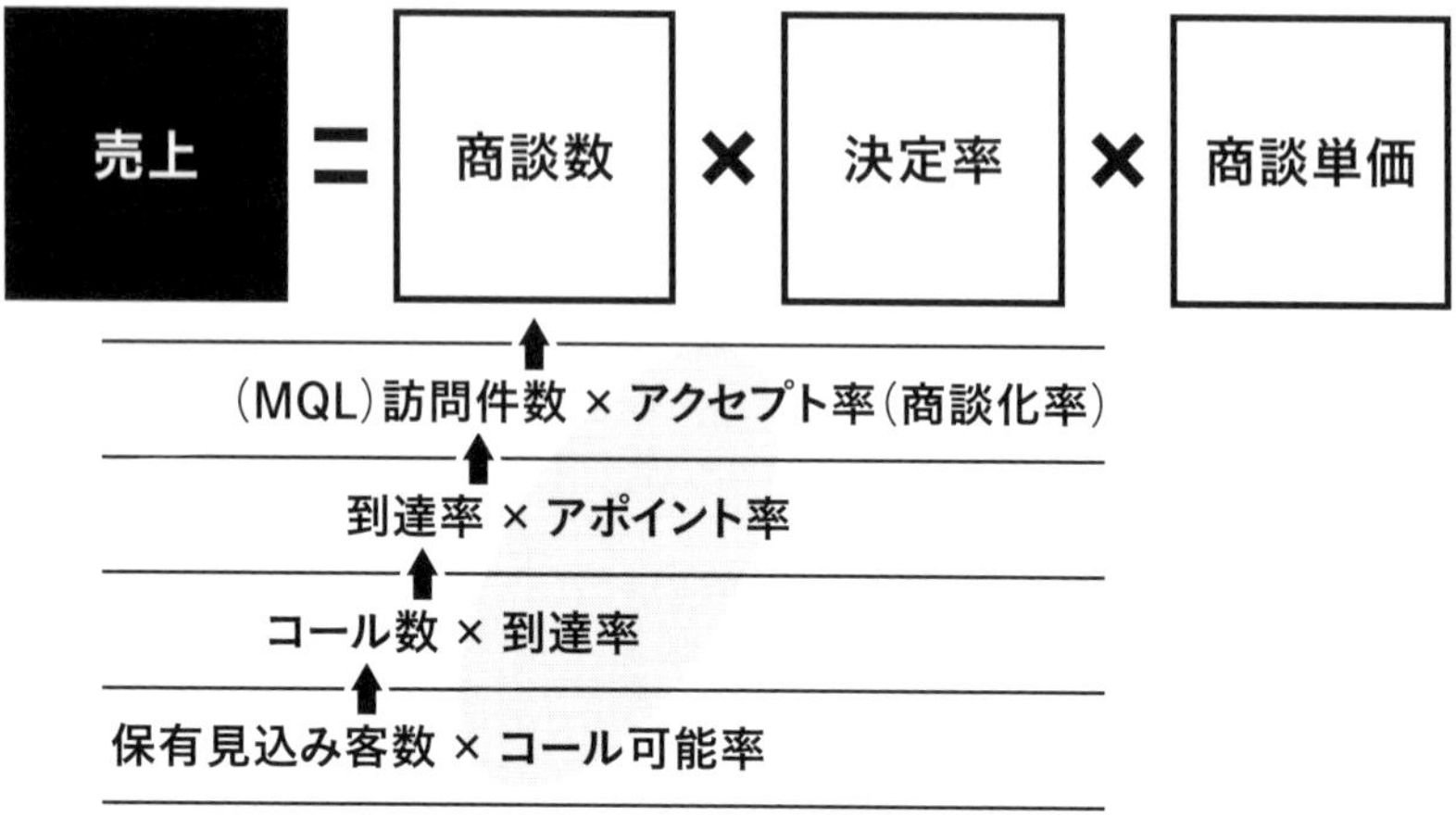

まだマーケティングが売り上げに貢献できていない日本企業の売り上げを分析すると、大半がＳＧＬによってつくられています。ＳＧＬ由来が１００％という企業も少なくありません。そしてこのＳＧＬにはもうほとんど伸びしろはありません。

反対にＳＡＬはまだまだ伸ばすことが可能です。日本企業はほとんどマーケティングをやっていなかったからです。つまりここは手つかずの状態で、どの企業も正しくマーケティングを実施すれば十分な伸びしろがあるのです。

私の会社がマーケティング支援を通して商談数を増やすことができているのも、実は多くの企業が顧客データやブランドや導入事例などのコンテンツを豊富に持ちながら、それを全く活用していなかったからなのです。マーケティング活動によって、売り上げ全体の５％でも10％でもＳＡＬ由来にすることができれば、その分だけ営業生産性を向上させることができるのです。

商談数をさらに因数分解して目的変数にしたときの、４つの説明変数【コール可能率】【到達率】【アポイント率】【アクセプト率】を上げることができれば商談数は確実に増やせます。そうすれば決定率も、商談単価も現状維持で売り上げを増やすことが可能になります。

・コール可能率

コールドコールではなく、ナーチャリングの結果、あるテーマに興味関心を持つと識別される人の中から、営業が訪問したい人を選んでコールリストをつくります。多くの場合、ＭＡのスコアリング機能を使い、属性と行動の２軸でのスコアリングを行います。私の会社ではさらに進んだ３軸を推奨しています。

・到達率

コールした相手と話ができたら「到達」とします。Ｂ２Ｂのコールではこの到達が最も大きな減衰要因ですが、その理由は〝居留守〟です。そこにいる人が電話を取ってくれないのです。この到達率を悪化させる原因がコールドコールなのです。

・アポイント率

〝ニーズあり〟と判定され、ＭＱＬにカウントされるのがこのアポイントです。通常コールチームは営業のスケジュールを把握していませんから、日時までを確定するのではなく、訪問承諾、資料請求、デモ希望などを集計します。これらの合計はMQLとなります。

・アクセプト率

MQLを営業がコールし、日時を調整して訪問します。その後で営業や代理店の営業が「これ自分がフォローするよ」と言ってくれたものがSALとなり、それが商談になります。

この【商談数】を目的変数とした4つの説明変数に責任を持ち、引き上げるミッションを負うのがデマンドセンターという横軸の組織です。第12章で詳細を説明します。

【決定率】

決定率の構成要素も大きく2つに分類されます。セールスイネーブルメント（Sales Enablement）とチャネルマネジメントです。セールスイネーブルメントとは、営業組織を強化するための施策全般を指す言葉で、研修やマニュアルの整備、資格制度などの他、企業データの活用、営業資料の共有などがこれに当てはまります。しかし、ここは既にかなりの部分が改善され尽くしており、私から見れば今のままでは伸びしろがあるとは思えません。

ただし、営業パーソンがマーケティングの基礎知識を学ぶと状況は違ってきます。足と汗と気配りだけで売れた時代は終わりました。これからはレベニュー（売り上げ）をつくるために、マーケティングとセールスとカスタマーサクセスが連携しなければなりません。そのためには中核となる営業パーソンにどうしてもマーケティングの基礎知識が必要なのです。

一方のチャネルマネジメントは、販売代理店の利活用になります。日本のB2Bのマーケティング&セールスの中で欧米から最も大きく遅れている分野の一つですから、まだまだ十分伸びしろが存在します。海外売り上げを増やそうと思えば、ここを強化するより他に方法がないでしょう。従って海外の売り上げを伸ばしたい企業が注力すべきことの一つだと考えています。このチャネルマネジメントにはPRM（パートナーリレーションシップマネジメント）というフレームワークが存在し、それについては第14章で詳しくまとめています。

【商談単価】

商談単価とは、発注書をいただいてから1年以内に回収できる売り上げの合計です。導入で1000万円、月額50万円なら商談単価は1600万円として計算します。

多くの企業では、この商談単価に関しては増やすことはできないと諦めています。顧客からは常にコストダウンを要求され、競合との価格競争にもさらされています。それに発注単位などは完全に顧客側の決定事項であり、販売する側がコントロールできないと思われているからです。

商談単価を上げるために効果的な戦略にABM（アカウントベースドマーケティング）があります。ターゲットアカウントにフォーカスして全社で戦略的にアプローチするもので、顧客への複合的な提案ができるようになるので、商談単価が上がるのです。ABMについては第13章で詳しく書いています。

この本では、【商談数】と【決定率】と【商談単価】を個別に考えてバラバラに実施していた旧来の部分最適から、全体最適へのハーモニー（調和）に転換する必要性とその具体的な方法を書いています。

B2Bマーケティングプロフェッサーの視点から

B2Bマーケターはマーケティングを「実数」で設計すべきだというのが私の持論です。パーセンテージではありません。国内ならば「円」、グローバルなら「USドル」で設計すべきだと考えています。なぜなら、それがビジネスの共通言語だからです。パーセントはあくまでマーケターが設計をチェックするときの指標です。大事なのはあくまで実数です。

The B2B Marketing

第4部

B2B企業が投資すべきマーケティングナレッジとは

第11章

DoV-STP-M-Dという基本フレームワークを理解する

The B2B Marketing

新しい市場を拡大するためには
ユーザーの教育・啓蒙に時間を割かなければならない。

レジス・マッケンナ

レジス・マッケンナ著『マーケティング―「顧客の時代」の成功戦略』（ダイヤモンド社）

シンフォニーマーケティングメソッドDoV-STP-M-D

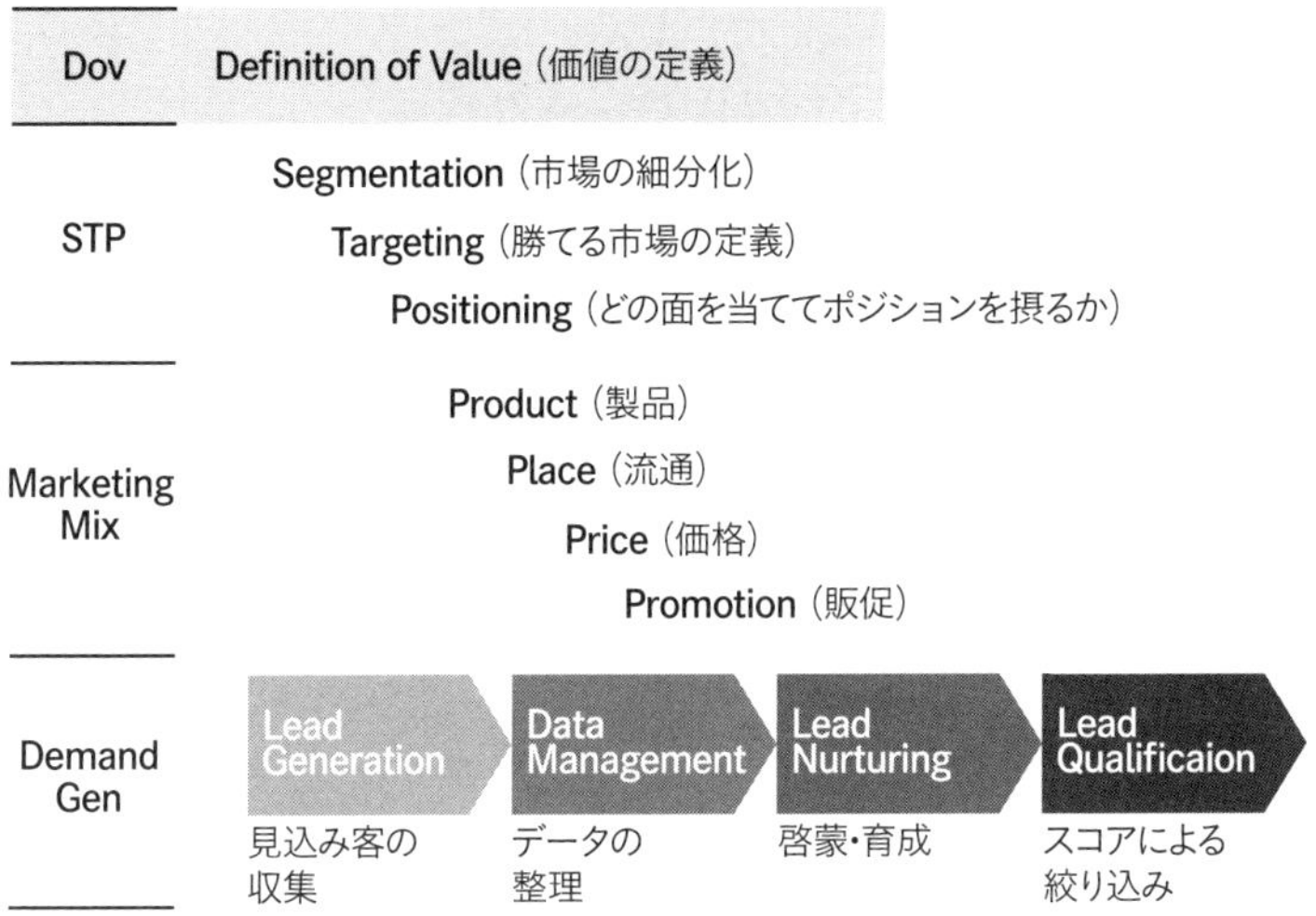

Dov	Definition of Value（価値の定義）		
STP	Segmentation（市場の細分化） Targeting（勝てる市場の定義） Positioning（どの面を当ててポジションを摂るか）		
Marketing Mix	Product（製品） Place（流通） Price（価格） Promotion（販促）		
Demand Gen	Lead Generation 見込み客の収集	Data Management データの整理	Lead Nurturing 啓蒙・育成	Lead Qualificaion スコアによる絞り込み

B2Bマーケの全体像を表す「DoV-STP-M-D」

シンフォニーマーケティングのメソッドに「DoV－STP－M－D」というモデルがあります。これはB2Bマーケティングの全体像を表現したもので、その一つ一つが奥深い知識と経験を必要とします。

STPの最初のセグメンテーションにも2次元と3次元があり、3次元セグメンテーションは、経験をベースにしたイマジネーションを必要とします。マーケティングミックスの中のプレイスには第14章で説明するPRM（パートナーリレーションシップマネジメント）があり、これだけでも本1冊になるレベルのナレッジが必要になります。

また、値付けの中にはこれも第14章で説明するMDF（マーケットデベロップメントファンド）の原資が入っていなければなりません。B2Bマーケティングは徹底的に実務の世界ですから、理解するには経験が必要になります。B2C企業に比べて、B2B企業のCMOやマーケティングマネジャーの年齢層がやや高いのは、そういう理由があるのです。

そして、この図にあるすべてのプロセスを理解して指揮を執れる人をCMOと呼びます。

【DoV－STP－M－D】のSTPは、フィリップ・コトラーが提唱したマーケティングの中でも最も限定的なフレームワークです。

・「S」（セグメンテーション）：市場の細分化
・「T」（ターゲティング）　：ターゲット市場の定義
・「P」（ポジショニング）　：ターゲット市場での位置取りとその説明

まず市場を細分化（セグメンテーション）し、次にその中からフォーカスすべきターゲット市場を定義（ターゲティング）し、そしてターゲットセグメントに対して顧客ベネフィットを説明し、欲しい位置取りを獲得します。

シンフォニーマーケティングでは通常の属性情報でのセグメンテーションの他に、「状態」でのセグメンテーションを推奨しています。これを「3D（3次元）セグメンテーション」と呼んでいます。B2Bの場合、業種や規模などの属性情報よりも、その企業がどういう状態になったらその製品・サービスが必要になるのか、というセグメンテーションのほうが案件を見つけやすいのです。

オフィス家具を例に説明しましょう。オフィス家具が売れるのは、基本的にオフィス移転のタイミングです。しかし、内装工事の期間にのこのこ営業しても、既に家具の発注は済んでいるはずです。オフィス移転を考えているタイミングにアプローチしなければなりません。

オフィス移転と相関が高いのは、売り上げや利益ではありません。儲かっているから移転するとは限らず、利益が出ていないから移転しないとも限らないのです。オフィス移転と最も相関が強いのは社員数の増減です。増えれば手狭になりますから、広いオフィスに移転します。オフィスは大きくなり、そこに大量の家具が販売できるはずです。

社員数は大きく減ってもやはり移転はします。余剰スペースの家賃がもったいないため小さなオフィスへ移転しますが、この場合、オフィス家具が売れるかどうかは分かりません。余った家具が数多くあるからです。

そう考えると、社員が増えてオフィスが手狭になったタイミングにアプローチすべきですが、そのような状態の企業をどやって見つければいいのでしょうか？

社員が増えるということは、活発に採用活動を行った結果です。つまり採用媒体に広告を出している企業ということになります。これなら外部から見分けることができますから、探し出すことは難しくありません。

これが3Dセグメンテーションです。

【DoV－STP－M－D】の「M」はマーケティングミックス（4P）で、1960年にジェローム・マッカーシーが提唱し、それをフィリップ・コトラーが広めたフレームワークです。

〈マーケティングミックス「4P」〉

・製品（Product）
・流通（Place）
・価格（Price）
・販促（Promotion）

シンフォニーマーケティングでは、2番目に「流通（Place）」を持ってきています。通常は、2番目には「価格（Price）」がきます。その理由は、B2Bでは直販セールスと代理店販売、そのハイブリッドが存在するからです。販売代理店を使う場合は、その代理店に十分なマージンがなければ売ってはくれません。つまり販売チャネルの選定をしてから値付けをしなければならないのです。

マッカーシーの4Pが普及した約30年後になって、ロバート・ラウターボーンという学者が、4Pを否定して「4C」という概念を発表しました。その違いはこのようになります。

【4P】　　　　　　　　【4C】
製品（Product）　→　顧客価値（Customer Value）
流通（Place）　　→　利便性（Convenience）
価格（Price）　　→　コスト（Cost）
販促（Promotion）→　コミュニケーション（Communication）

4Pは製品やサービスを提供する側の視座からで、それを顧客側の視座から見たものが4Cです。「顧客視点」「マーケットイン」という意味では、とても意味のある画期的な提唱でした。しかし、ラウターボーンがあまりにもマッカーシーの4Pを攻撃したため、ラウターボーンの名声もこの4Cもあまり普及しませんでした。

シンフォニーマーケティングでは、この4Pを必ずSTPとセットで学ぶようにしています。その理由は、4Pすべての基準がSTPで定義されたターゲットセグメントだからです。誰のどんな課題を解決するのかを考えながら製品・サービスをつくり、そのターゲットに最もパスを持っている企業を選定して販売チャネルを構築し、ターゲットの課題の解決に経済合理性のある価格設定をし、ターゲットセグメントにアクセスできるチャネルやワーディングでプロモーションを行います。

さらに言えば、その後のデマンドジェネレーションでもこのターゲットセグメントが基準になりますから、STPがいかに重要で密接に連動しているかが分かると思います。

近年日本でもスタートアップなどを中心に語られるようになった「PMF（プロダクトマーケットフィット）」とは、旧来の言い方ではマーケティングミックス（4P）の「プロダクト」に該当します。そこでフィットさせるべきマーケットとは、STPで定義したターゲットセグメントなのです。

最後の「D」はデマンドジェネレーションで、これについては次の第12章で詳しく説明します。

まず何よりも「DoV（価値の定義：Definition of Value）」

日本企業がSTPを苦手とする理由は、製品やサービスを対象にSTPをしようとするからです。多くの企業は数多くの製品やサービスを持っています。一つ一つをSTPしていてはキリがありません。しかも顧客は複数の製品やサービスを組み合わせてオーダーしてきます。何が欲しいのかさえ分からなくなることがあるのです。

私は、エンタープライズＢ２Ｂでは製品やサービスではなく、「価値（バリュー）」をＳＴＰの対象にすべきだとアドバイスしています。ですから、まず自社の提供する価値を定義しなくてはなりません。このプロセスを「ＤｏＶ（Definition of Value：価値の定義）」と呼んでいます。

ＤｏＶは、大手コンサルティングファームであるマッキンゼーにいたマイケル・ラニングとエドワード・マイケルズによって１９８８年に考案された、「バリュープロポジション（Value Proposition）」とよく似ています。なぜ違う名前で呼んでいるかと言えば、このバリュープロポジションは明確な定義が登場しなかったばかりか、日本ではバリュープロポジションキャンパスなどの製品やサービスとして有名になってしまったことで、使いにくくなったからです。

私の会社ではＤｏＶを

「提供する価値の定義、または再定義」

と定義しています。再定義としているのは、多くの製品やサービスは既にリリースされていて、価値は一度ならず定義されているからです。それを再定義しないと勝てる市場が探せないのです。

私が顧客とマーケティングの話をするときに、必ず問いかけるシンプルな設問があります。

「それは誰の、どんなお困りごとを、どうやって解決するのですか?」

実はこのとてもシンプルな設問の中に、マーケティングの本質があります。

「それ」は企業の場合もあれば、事業部の場合もありますし、製品の場合もあります。関連会社やパートナーまで含めた、集合体としての企業グループの場合すらあります。

製造業で、販売子会社を持っている場合、親会社から見た伝票上の顧客は販売会社になります。しかし、そこを見て議論を重ねても意味がないことは誰でも分かるでしょう。実際にその製品やサービスを購入して利用する企業や人をイメージしなければ、この簡単な設問さえも答えることはできません。

そして何より大切なのは、言うまでもなく「誰の」という最初の設問です。掘り下げれば、「どんな業種の」「どんな規模の」「どんな企業の」「どんな事業所の」「どんな部署の」「何を担当している」「どんなポジションの」ということになります。それぞれについて、「それは本当に存在するのか?」という確認と、「社会には存在したとしても自社の顧客・見込み客データの中に存在するのか?」という2種類のチェックが入ります。

B2Bマーケティングにおけるブランド

ブランドという言葉もある意味捉えどころがありませんから、シンフォニーマーケティングでは3つに分類して考察することを推奨しています。【企業ブランド】と、【製品ブランド】と、【ソリューションブランド】です。この3つのブランドすべてに「ターゲットセグメントから見て」という視座が入ります。

受注をKGIとするB2Bマーケティングの場合、ターゲットセグメント以外に知ってもらう意味はほとんどありません。もちろん株価を考えれば投資家や証券会社における認知度は重要ですし、採用を考えれば欲しい職種のコミュニティーでの認知度、新卒であれば学生のご両親から見た認知度も重要でしょう。しかし、受注に限定すればそれは意味がありません。特にエンタープライズ企業であれば、そうしたコーポレートブランドは広報／PRという専門部署があり、株価で言えばIRという専門部署がありますから、マーケティング部門が意識すべきは「受注」と相関を持つブランドなのです。

【企業ブランド】

ターゲットセグメントがある状態になったときに、真っ先に思い浮かぶ社名3社に入っているか？という設問でチェックします。Yesなら「A」と言えます。

【製品ブランド】

ターゲットセグメントがある状態になったときに、真っ先に思い浮かぶ製品。サービス名3つに入っているか？という設問でチェックします。Yesなら「A」と言えます。

【ソリューションブランド】

B2Bではこれが最も重要なブランドです。その企業や製品・サービスは何が得意なのか？どんな課題を解決してくれるのか？というソリューションが認知されていないと案件をつくるのはとても難しくなります。

実はB2Bでは、この3つすべてが高くある必要はありません。2000年代はじめ、私の会社のメインクライアントの1社が統合基幹業務システム（ERP）で王者の独SAPでした。同社のマーケティングサポートを通して多くの学びを得ましたが、その中の一つはソリューションブランドの重要性でした。その頃、大手企業がSAPを導入すると100億円を超える案件になりました。ところが、それほどコストをかけたにもかかわらず、導入企業の情報システム部門の人は購入した製品名「R／3」を知らなかったのです。自社が導入して活用している製品を、「SAPのERP」と呼んでいる人が圧倒的に多かったのです。

SAPは企業名で、ERPとは製品カテゴリーです。SAPの他にもERPを販売している企業は数多くありました。個別の製品名が認知されなくても圧倒的に売れていたのです。

「名前すら覚えていない製品が売れている。しかも100億円もする企業の基幹システムとして……」

これには本当に驚きましたが、考えてみればSAPは「R／3」という製品ブランドを認知させる活動をほとんどしていませんでした。SAPが活発に行っていたマーケティングは、製品名を認知させることではなく、その製品を導入した企業が得る価値、つまり効果効能を説得していたのです。

こうした製品は少なくありません。「ポストイット」は誰でも知っているオフィス文具ですが、その製造元が米スリーエム（3M）だとは意外に知られていません。そもそも鉱山で使われる製品のメーカーに端を発する3Mは、企業ブランドを認知させることにあまり熱心ではありません。にもかかわらず、各製品カテゴリーでは圧倒的なシェアを持っています。

私がある企業のCI（コーポレートアイデンティティー）プロジェクトに参加したときに、サイン業者と打ち合わせの機会がありました。いわゆる看板屋さんで、業界では中堅規模でした。企業のロゴの色は、パントン（Pantone）という米国の会社の色番号で指定されていましたが、屋外サインに使うフィルムをつくるわけにはいかないので、できるだけ近い色味を探さなくてはなりません。屋外に設置しますから、耐光性にも優れていないと日焼けして色あせてしまいます。

サイン業者が持ってきた見本帳は「スコッチカルフィルム」という製品でした。

「これメーカーはどこですか？」

サイン業者のディレクターはメーカーを知りませんでした。スコッチカルフィルムは3Mの製品です。しかしサイン業者は、屋外サイン用の最高品質のフィルムということは理解していたので、この製品を提案してきたのです。

そういう意味では「何が得意なのか？」「どんな課題を解決してくれるのか？」というソリューションブランドと、製品か企業ブランドがひも付いていれば売れるということなのです。

B2Bマーケティングプロフェッサーの視点から

【DoV－STP－M－D】でチェックすることは、売れない原因を探す場合とても重要です。これを軸に顧客と議論することは、私にとっても顧客にとっても新しい気付きと学びがあるのです。

第12章

デマンドセンターからMOps、RevOpsへの急激な進化

The B2B Marketing

顧客を企業の中に組み込み、
企業と顧客の間に良いリレーションシップをつくり上げ、
それを維持する方法を見つけることが重要なのだ。

レジス・マッケンナ

レジス・マッケンナ著『ザ・マーケティング――「顧客の時代」の成功戦略』(ダイヤモンド社)

パイプライン中の案件を増やせ！デマンドジェネレーション

デマンドジェネレーションの歴史は1980年代に遡ります。それまでのB2B企業では、売り上げをつくるのはセールス部門の責任であり、今の日本のようにほとんどのプロセスを、セールスとそのアシスタントによって構成されるセールス部門が担当していました。

セールスの商談を管理するSFAというシステムが1980年代に登場し、1990年代になってその決定版がリリースされました。オラクルでトップセールスだったトーマス・シーベルが設立したシーベル・システムズの製品です。このシーベル（Siebel）とその最大の競合で、インサイドセールス機能に強みを持つヴァンティブ（Vantive）が競う合う形でSFAというカテゴリーが誕生し、それを活用して営業案件をパイプラインに入れて、その進捗を可視化するパイプラインマネジメントが普及しました。

パイプラインで営業案件を可視化したことによって、3カ月後、6カ月後の受注が高い精度で読めるようになりました。余剰在庫の圧縮、人的資源の再配分などの生産性向上にも大きく貢献し、さらに多くの社員がパイプラインを見ることで、スタックした案件に対してタイムリーな提案ができるようになり、その結果成約率も向上しました。これはB2B企業にとって大きな進化でした。

ただ、同時に一つの課題も浮き彫りになりました。それは、〝受注の金額が、パイプラインの中にある案件の総数を超えることがない〟という現実です。

仮にパイプラインの中に100億円の案件があったとしても、商談中止もあれば失注もあります。100億円の総額が減衰することはあっても、増えることはありません。

昨年のパイプラインからの受注決定率が30％の企業が、30億円だった受注を60億円に増やせと言われたら、どうしたらよいのでしょうか。営業チームがあらゆる努力をした結果30％になった受注決定率を、2倍に引き上げるのはどう考えても不可能です。もしチャレンジするなら、大幅にディスカウントするしかないでしょう。

現実を考えれば有効な答えは一つしかありません。パイプラインの中の案件を200億円に増やすことです。そうすれば今まで通りの決定率で十分に60億円の目標を達成できます。つまりパイプラインの中の案件を増やす〝前工程〟の整備です。

1990年代にそのことに気付いた米国企業の中に、パイプラインの中の「案件を増やすミッション」を担う専任部隊をつくる企業が誕生しました。これがデマンドジェネレーションの始まりです。この試みが大成功し、それを見た多くの企業もデマンドセンターと呼ばれるデマンドジェネレーションチームを組成しました。これが第2部で説明したデマンド革命です。

マーケティングの横軸となる「デマンドセンター」

デマンドセンターとはデマンドジェネレーションを主なミッションとし、B2Bマーケティングの横軸のインフラを担う組織です。特にデータマネジメントに関しては、全社の保有顧客・見込み客データをここに集約して統合管理することが大切です。

個人情報管理に関するプライバシー保護の流れは、厳しくなっても緩くなることはありません。欧州連合（EU）の一般データ保護規則（GDPR）、（米）カリフォルニア州消費者プライバシー法（CCPA）、日本の個人情報保護法や特定電子メール法などを順守しながらマーケティングを行うには、個人情報が分散していたり、メール配信の口が多数存在していたりしては実質的に不可能です。

現在、世界の個人情報の法令は米国とEUで両極端になっています。それを受けて、グローバルデマンドセンターの存在が問われた時期もありました。法令が異なるならば、システム的にも別に管理したほうが合理的ではないのか、という考え方です。しかし、これではABM（アカウントベースドマーケティング）のようなグローバルマーケティングが実施できなくなってしまいます。

欧州に本社を置く自動車メーカーの生産拠点や研究開発拠点は世界中に分散しており、日本の自動車部品や素材メーカーのデータベースには、世界中の自動車産業で働く人が登録されています。世界の法律が求めているのはオプトイン（パーミッション）であり、その後の合法的なデータ管理です。法律をしっかり理解すれば、法令順守を実現するにはグローバルデマンドセンターで一元管理する以外に方法はないのです。

デマンドセンターは企業のマーケティングの横軸となる組織です。企業には製品別、産業別、ソリューション別の縦軸が存在します。特に日本企業は基本的には縦軸しか持っていませんでした。マーケティング部門を持っている企業ですら、その所属は事業部であり、当該事業部だけのマーケティングを担当するという変則的なものでした。

現代のB2Bマーケティングは、顧客企業を大きな布で優しくくるむような思想になっています。縦糸だけでは布になりませんから、横糸で紡いで布になることが重要になります。それがデマンドセンターです。外資系企業では「セクター」と呼ばれる各縦軸にもマーケティング担当はいますが、彼らは自分の所属する縦軸組織のマーケティングだけを考えます。キャンペーン、セミナー、コンテンツ制作などです。しかし、データは横軸のデマンドセンターに集約されていますから、ターゲットデータの抽出やメール配信は縦軸からデマンドセンターに依頼する形になります。

私は、B2B企業がマーケティング部門を新設する場合、デマンドセンターと呼称することを2つの理由でお勧めしています。

理由の一つ目は、マーケティングという言葉から連想する広告や広報／PRは、企業の中では〝コストセンター〟に位置付けられています。それに対し、デマンドセンターは「レベニュードライブ」や「レベ

デマンドジェネレーションの4つのプロセス

ニューエンジン」と表現されるほど、〃プロフィットセンター〃と見なされているからです。受注のプロセスの前半分の工程を担当しますから、評価軸も違うものになります。

もう一つの理由は「マーケティング」という言葉があまりにも曖昧で、範囲が広いからです。デマンドセンターならばデマンドジェネレーションの専門組織であり、その業務は次の4つに集約されるため、分かりやすいのです。

【1：リードジェネレーション】

リード（顧客・見込み客）データの収集。収集する方法は多く、展示会、セミナー、ホワイトペーパー、SEO（検索エンジン最適化）からのWebサイト登録、また日本においては社内の名刺データの収集が最も効果的です。データは〃生もの〃といわれるほど劣化が早く、また社員の転職や部署異動によって使えなくケースもあります。メールの配信停止依頼も含めれば、日本のエンタープライズで年平均約15～20％ものリードデータが減少します。5万件のデータを保有していれば1万件近くが枯れていくことになるので、それを補填する活動を行って、やっとデータ数を維持できます。

つまり、リードジェネレーションは恒常的に行うべき活動なのです。

実は、日本でも世界でも、マーケティング系のサービスの多くは、このリードジェネレーションのためのものです。B2Bにおいては、SEOもWebサイトへナビゲートして、ホワイトペーパーのダウンロードや動画の閲覧などで、個人情報を収集することを目指しています。そして多くの企業のマーケティング予算も、圧倒的にここに割り振られています。

私はこれに疑問を持っています。社歴の長いB2B企業の営業系の社員一人が保有している過去に交換した名刺の平均枚数は、約2000～3000枚といわれています。平均2500枚として、営業や技術サポート、マネジャー、経営幹部など顧客と名刺交換する人の数を500人とすると、社内に眠っている名刺は延べで125万枚になります。

もちろんこの中には営業対象外の人や、自社のグループ会社の人もいるでしょう。また、既に転退職した人や、倒産や買収で企業が存在しないようなデータもあるでしょう。複数人で訪問すれば、社内に同じ人の名刺が複数あるのは当然です。それでも125万枚あれば、私の経験では5万～7万人分の個人情報がリードデータとして活用できます。

日本の個人情報保護法も、特定電子メール法も、欧州のGDPRも、基本的にはプライバシー保護の観点からオプトイン（パーミッション）を求めています。本人が自分の意思で交換した名刺に関しては、パーミッションと見なすのが常識です。つまり、多くの企業内には、合法的に活用できる優良なデータが数万単位で眠っているわけです。しかも個人情報は生ものなので活用しないと腐ってしまいます。そのデータを眠らせたままにして、お金をかけてSEOから個人情報を収集する必要があるのかは疑問です。少なくとも、優先すべきは社内で眠っているデータを活用できるレベルに整備することでしょう。

【2：データマネジメント】

基本的には、企業の名寄せ、個人の名寄せ、企業と個人のひも付け、企業情報への属性情報の付与がベースになります。もちろんオプトインの管理やメール配信停止、担当変更によるメール配信先の変更などの作業もあり、マーケティング活動が活発化すると最初にパンクするプロセスでもあります。さらにセカンドパーティーやサードパーティーのデータと連係して、インテントデータを導き出すのもデマンドセンターの重要なミッションです。

10年前までは管理状態の良いデータを「ソフィスティケイト」と呼んでいましたが、現代では「ハイジーン」と呼ぶことが多くなりました。これには健全、衛生的という意味が含まれており、よりプライバシーポリシーを意識したものになっています。私はこの〝健全なデータマネジメント〟の正しい解釈が必要だと考えています。GDPRなどのプライバシー関連法規を怖がるあまり、マーケティングや営業活動を自ら縛るようなポリシーをつくってしまうケースが多いからです。例を挙げましょう。

（例1）名刺はMA（マーケティングオートメーション）で統合管理するが、交換した本人がオーナーとなり、その人の承諾なしでは使えない。

これは「名刺は個人資産」と言っているのと同じです。名刺は会社が管理すべきものです。このルールであれば、交換した本人が退職したらデータはどうなるのでしょうか？　社内の混乱や営業のプライドを重視するあまり、こうした合理性に欠くポリシーをつくるのはよくありません。

（例2）名刺交換のときにメール配信の許可を取る。

これも多く見られますが、本来であればおかしな話です。名刺に書いてあるコンタクトチャネルは住所もFAX番号も、電話番号もあります。営業系の社員であればスマートフォンの番号を印刷している人も珍しくありません。メールだけのパーミッションを取る理由は、国内であれば特定電子メール法なのでしょうが、総務省のガイドラインには、交換した名刺にあるメールアドレスへのメール配信は、パーミッションの対象から除外されています。

（例3）第三者に開示しないと明記する。

日本郵政もNTTも民間企業です。これを守るなら年賀状も暑中見舞いも出せません。カタログの送り状も「生産技術部部長さま」という個人名のない怪しいものにしなければなりません。電子メールの回線や各ゲートのサーバーも民間企業が運営していますから、これを明記した企業は、実質的に電子メールを使えないことになります。

（例4）古い個人情報は一定期間を過ぎたら廃棄する

展示会に来たときに25歳だった人は、10年後には35歳になります。新卒入社であれば社歴13年で、職場では中堅になっています。B2Bマーケティングでは最も重要なターゲットです。部署やオフィスが変わっても、メールアドレスは生きているケースが多いのです。今、展示会に出展すればデータを収集することはできますが、社歴13年の人のデータを合法的に集める方法はないのです。

法令を守ることは大切です。守らない自由などあろうはずもありません。しかし法令を恐れ、書いてもいないことで自らを束縛して競合に顧客を奪われても、誰も責任を取ってはくれません。法令順守とは法令を怖がることではないのです。

【3：リードナーチャリング】

ナーチャリングとは「啓蒙・育成」と訳されていたことが多いのですが、ここはコミュニケーションと理解したほうがいいでしょう。コミュニケーションのコンテンツは多岐にわたります。メールはもちろん、ランディングページ、動画、ホワイトペーパー、ウェビナー、などはすべてこのナーチャリングに含まれます。

マーケティングのインフラが整備されれば、成否を分けるのはコンテンツの質と量です。その量産体制をつくらなければなりませんし、コンテンツライブラリーとしてのマーケティングWebサイトの整備を急がなければなりません。マルチコミュニケーションプラットフォームを活用するのは、これからのB2Bマーケティングの世界標準になるでしょう。

【4：リードクオリフィケーション】

「絞り込み」という意味があるプロセスですが、現代では「発見」というニュアンスが強くなっています。「今、ある課題を抱えて、解決のヒントを求めている人を探す」というプロセスです。基本的には「属性」と「行動」の2軸でのスコアですが、これを工夫することで、より案件化率の高いリードを発見することができます。

また、MAでハイスコアになったリストをインサイドセールスに回して、ここでニーズを確認するといったプロセスを採用している企業も増えており、ある意味、二重の絞り込みが行われています。どう絞り込むかは、後工程となる営業リソースを確認しなければなりませんから、ここも営業部門や販売代理店の統括部門との連携が不可欠です。

定義がないころに登場した、いろいろなファネル

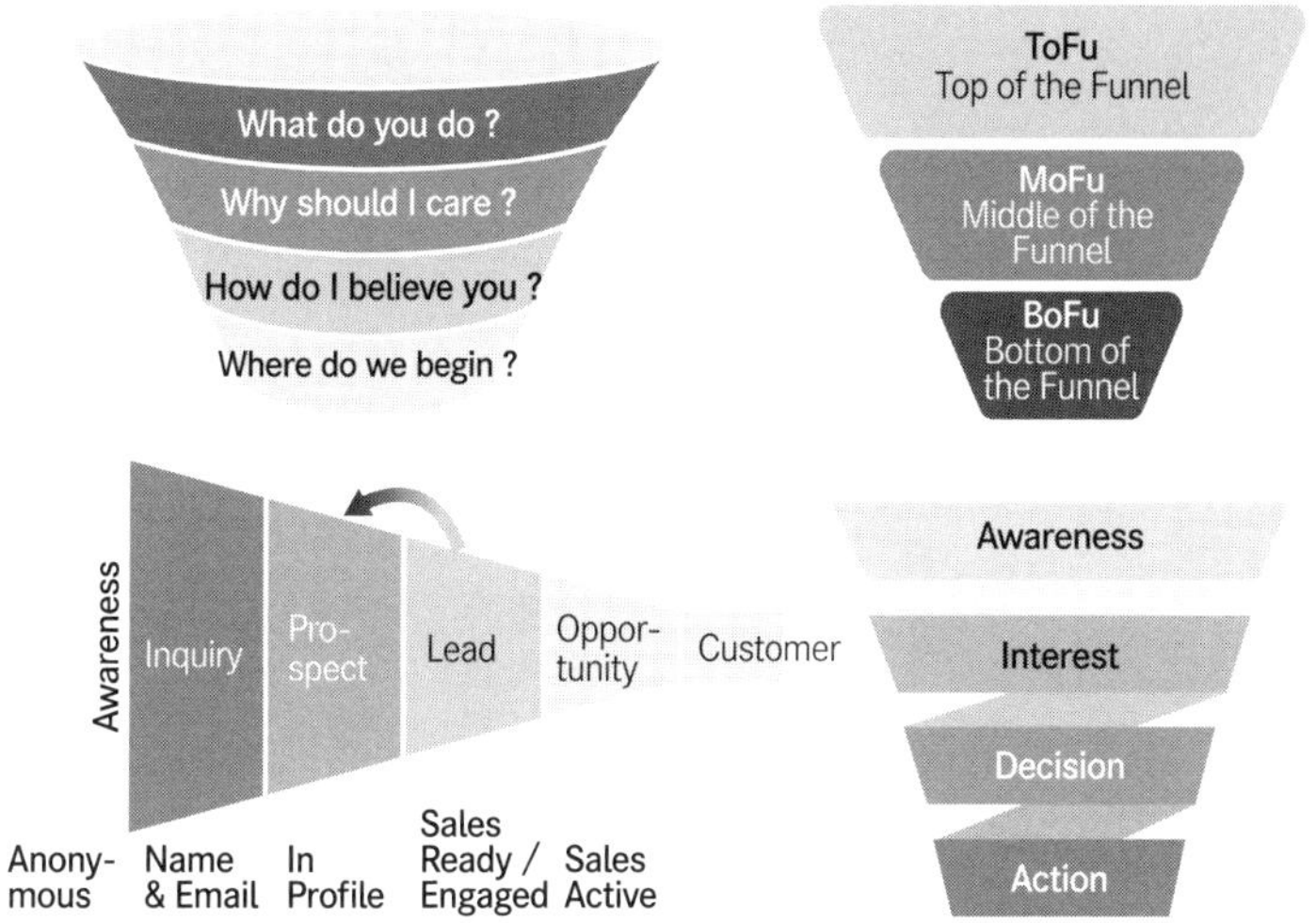

「デマンドウォーターフォール」という世界標準

1990年代のデマンドジェネレーションのムーブメントは、B2Bマーケティングを根底から変え、さらに2000年のMAの誕生は、その変革を一気に加速させました。しかし、その時はデマンドジェネレーションのモデルもフレームワークもありませんでしたから、途方もなく多くのファネルが存在し、言葉やプロセスの定義もそろっていない状態でした。

そこに、待望のファネルのスタンダードモデルが登場します。「デマンドウォーターフォールモデル(Demand Waterfall Model)」です。

リサーチ&アドバイザリーファームというカテゴリーがあります。コンサルティングファームがクライアントのプロジェクトに参加して課題を解決するのに対して、専門性の高いアナリストをそろえて、そのアナリストリポートや、アドバイザリー契約、そしてアナリストラウンドテーブル、カンファレンスなどの知的サービスを提供するモデルです。そのリサーチ&アドバイザリーファームの頂点には、米国のガートナーとフォレスターという2社が君臨しています。

ガートナーでマーケティングのトップだったジョン・ネーサンと、セールスのトップだったリッチ・エルドが、デマンドジェネレーションの大きなムーブメントに刺激を受けて２００１年に独立して設立したのがシリウスディシジョンズ（SiriusDecisions）です。この新しいリサーチ&アドバイザリーファームは、B２Bのマーケティング&セールスにフォーカスしたことで、デマンドジェネレーションの理論的なけん引者となりました。同社設立後に発表したデマンドウォーターフォールモデルは、２００６年、２０１２年、２０１７年とリニューアルを重ねながら、B２Bマーケティングのグローバルスタンダードモデルとなりました。

シリウスディシジョンズは毎年、北米、欧州、アジアパシフィックで「サミット（Sirius Decisions Summit）」というカンファレンスを開催していました。中でも北米のサミットには世界中から３０００人以上が参加し、コンベンションセンターに4日間缶詰めとなって、学びとネットワーキングを行う熱狂的なものです。スポンサードする企業も多く、驚くほど高額なスポンサー料にもかかわらず、開催期間中に多くのスポンサーが次年度のスポンサー契約を交わすというレベルの高いものでした。友人でもあるスポンサー企業のCMOに聞いた話ですが、

デマンドウォーターフォール

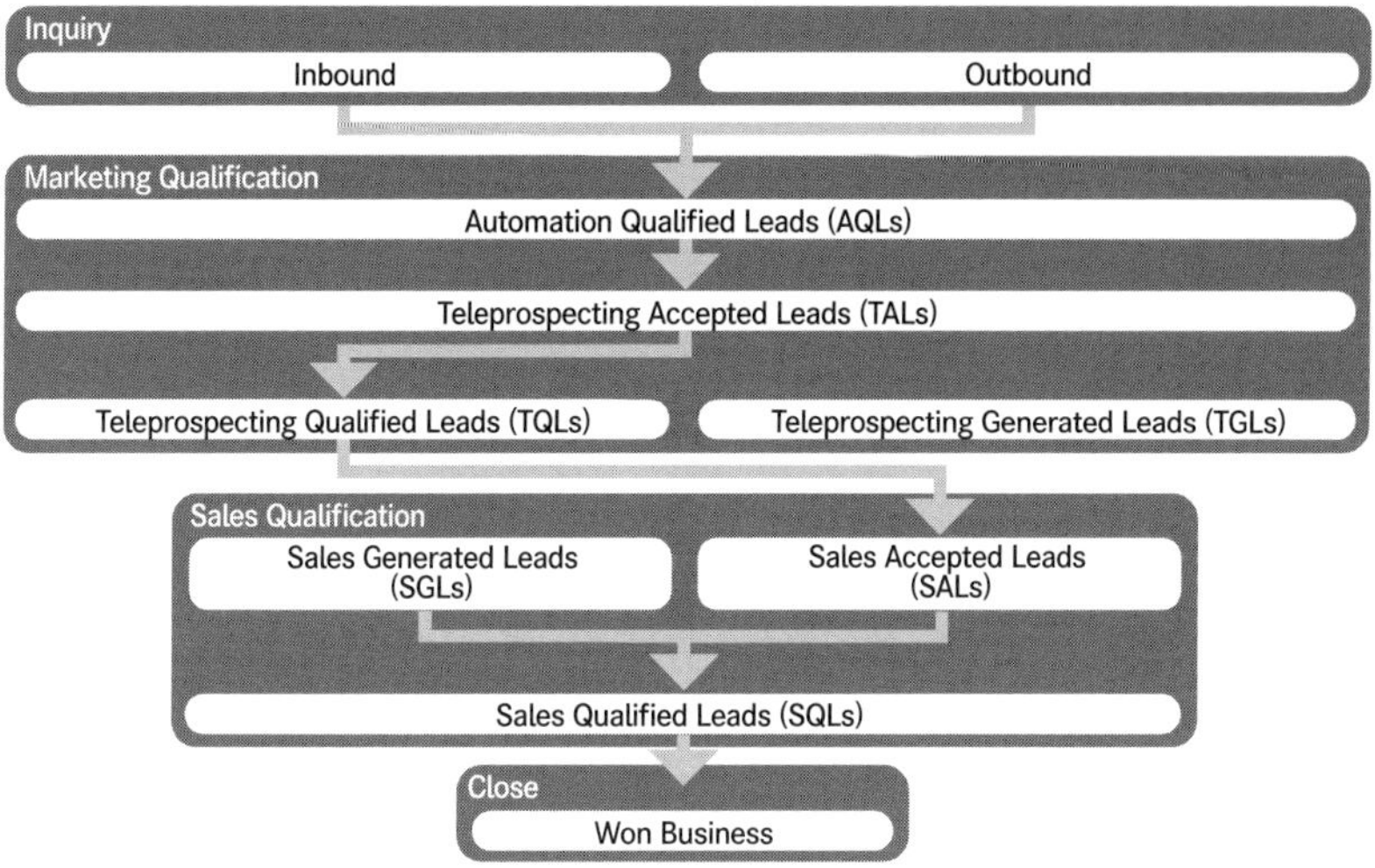

出典：www.siriusdecisions.com
©SiriusDecisions

「いろんなB2Bマーケティングのカンファレンスがあるけど、このシリウスディシジョンズのサミットで集まるリードや、案件の質は別格なんだ」

と言っていました。

シリウスディシジョンズの成功の秘密が、デマンドウォーターフォールモデルです。これがグローバルスタンダードになることで、それを提唱するシリウスディシジョンズは業界をリードするポジションを獲得したのです。

私もサミットには2013年から毎年参加していますが、このカンファレンスはアナリストファームやパブリッシャー主催のカンファレンスの中では、圧倒的に高いレベルを誇ります。

シリウスディシジョンズは「ABM」「PRM」

「セールスイネーブルメント」「売り上げ管理」などの分野に専門のアナリストチームを置いていましたが、中でもデマンドウォーターフォールモデルの研究チームはレベルが高く、その研究成果の発表もカンファレンスの大きな魅力になっていました。

そのシリウスディシジョンズは2019年にフォレスターに買収され、2021年には「フォレスターディシジョンズ（Forrester Decisions）」という新しいブランドが発表されました。同時に「フォレスターレベニューウォーターフォール（Forrester Revenue Waterfall）」という新しいウォーターフォールモデルがリリースされました。これが世界の新しいスタンダードモデルになるかは、今のところまだ分かりません。しかし、過去20年を見れば、シリウスディシジョンズのデマンドウォーターフォールモデルが世界のB2Bマーケティングの理論的な指標になっていたことは間違いないのです。

縦糸だけの日本企業の構造

何かを包もうと思えば布が必要です。丈夫な布は、強い縦糸を丈夫な横糸で紡いで織り上げてつくります。それが顧客を包み込んで離さない強い組織であり、市場や顧客に立脚した組織の形です。

日本企業は縦糸に極めて強い構造を持っています。製造業がその典型ですが、ある製品を開発している研究所があり、それを作る事業所（工場）があり、それを販売する営業部隊や、販売代理店網が存在します。まさに垂直統合型の強い組織で、日本企業はこれで快進撃を続けてきました。

技術カット、製品・サービスカット、エリアカット、日本企業は様々な切り口でせっせと縦糸をつくり、時間をかけて強化してきました。さらにそれをより強化するため、社内で互いに競わせたのです。製品のスペックや価格帯、販売エリアなどを微妙に重ね合わせて隙間をつくらないようにし、競合企業よりも社内の他事業部との戦いが熾烈《しれつ》を極めました。この反作用で社内の組織はすっかり競合意識を持つようになり、縦糸だけの集合体になってしまいました。布ではなく、縦糸の束ですから顧客を包み込むことなど到底できない構造なのです。

その縦糸は、いつの間にか〝意思〟を持つようになりました。社内競合を嫌って、社内の他事業部が手を付けていない市場を模索し始めたのです。しかし、それは自社のターゲット市場が分散して、事業も製品も全くシナジーが利かないという状況を生みました。

今、多くの日本企業が、ターゲット市場の異なる製品やサービスを山ほど抱え、フォーカスできずに困り果てている理由は、この〝縦糸文化〟なのです。縦糸を何本も持っていることが日本企業の強みだったのですが、強かったが故に隣の事業部は他の企業と同じ、という文化ができてしまいました。そのため技術情報ばかりか、顧客情報も商談情報も共有しないので、シナジーなど生まれようがないのです。

この現状は顧客から見てもあきれるほどです。同じ会社なんだから情報を共有して、シナジーのあるソリューションを提案してほしいと思っています。

マーケティングを横糸にして紡ぐ

この課題を解決するには、横糸を通して自らを〝布〟に進化させるしかありません。その横糸がマーケティングなのです。マーケティングという横糸を通すことで、一気に糸が布になります。顧客の課題を面で解決できるので、顧客との関係性は数倍強くなり、製品の供給者から、製品開発や生産技術のパートナーになります。

その第一歩は社内の顧客・見込み客情報の統合管理です。実は多くの企業の社内には、想像以上の顧客情報が眠っています。

・デスクに眠っている名刺情報
・Web担当者のファイルサーバーにある、資料ダウンロード者データ
・メルマガ担当者がエクセルで管理しているメルマガ登録者データ
・セミナー（ウェビナー）参加申込者データ
・展示会来場者データ
・ショールーム来場者データ
・取引先データ
・購買履歴

こうした物理的にもバラバラで、フォーマットも不ぞろいのデータを統合管理しなければなりません。「データドリブン」というワクワクするような言葉があります。データを見ながら企業や事業をドライブすることによって、効率的で合理的に状況を把握し、間違いのない意思決定ができるというものですが、それは「データが分析できる状態になっていれば」という前提があります。

この〝データの下ごしらえ〟ができていないデータは、ゴミの山と同じです。漏洩事故のリスクはあっても、価値を生むことはありません。バラバラのデータは何も生み出すことはできないのです。だから専門部署が必要です。顧客データを格納する専門のデータベースが必要です。

顧客データ管理の専門部署がデマンドセンターで、顧客データを格納する専門のデータベースがＭＡなのです。

「MOps」の再評価と「RevOps」への進化

元マルケト（Marketo）の丸井達郎氏と廣崎依久氏が、２０２３年に『マーケティングオペレーション（MOps）の教科書』（翔泳社）という本を書いたことで、日本でも「MOps」を語る人が増えました。MOpsとは、Marketing（マーケティング）とOperation（運用）の造語で、米国では10～15年ほど前から耳にする機会が増えた言葉です。

しかし、当初のMOpsは現代のMOpsとは異なるミッションの組織でした。当時はその名のごとくオペレーションの専門チームだったのです。MAを導入すればデータの登録、名寄せ、メール配信、配信リストの生成や配信後のデータメンテナンスなどオペレーショナルな作業が出てきます。これを専門に行うチームがMOpsでした。当時のMOpsの説明でよく用いられていた表現は

MOps = Marketing - Strategy

というものでした。当時は作業集団だったのです。

そのMOpsがにわかに存在感を強めたのは、マーケティングに使うツールや技術が多様化し、一気にその数が増えたことがきっかけでした。自分たちのマーケティング戦略を実現するにはその中の何を選んで、どう組み合わせるのがベストなのか、という情報収集と、それらの複合的なオペレーションが必要になりました。

これには戦略の理解が不可欠です。さらに言えば、最新のテクノロジーの選択が戦術を決めますから、現代のMOpsは単なるオペレーションではなく、もっと技術寄りの「情報収集」と「連携操作」に軸足が移りました。もう作業者の集団ではなくなったのです。

米国の著名なマーケティングテクノロジー研究家のスコット・ブリンカーが編集している「マーケティング

マーケティングテクノロジーランドスケープ（2012）

マーケティングテクノロジーランドスケープ（2023）

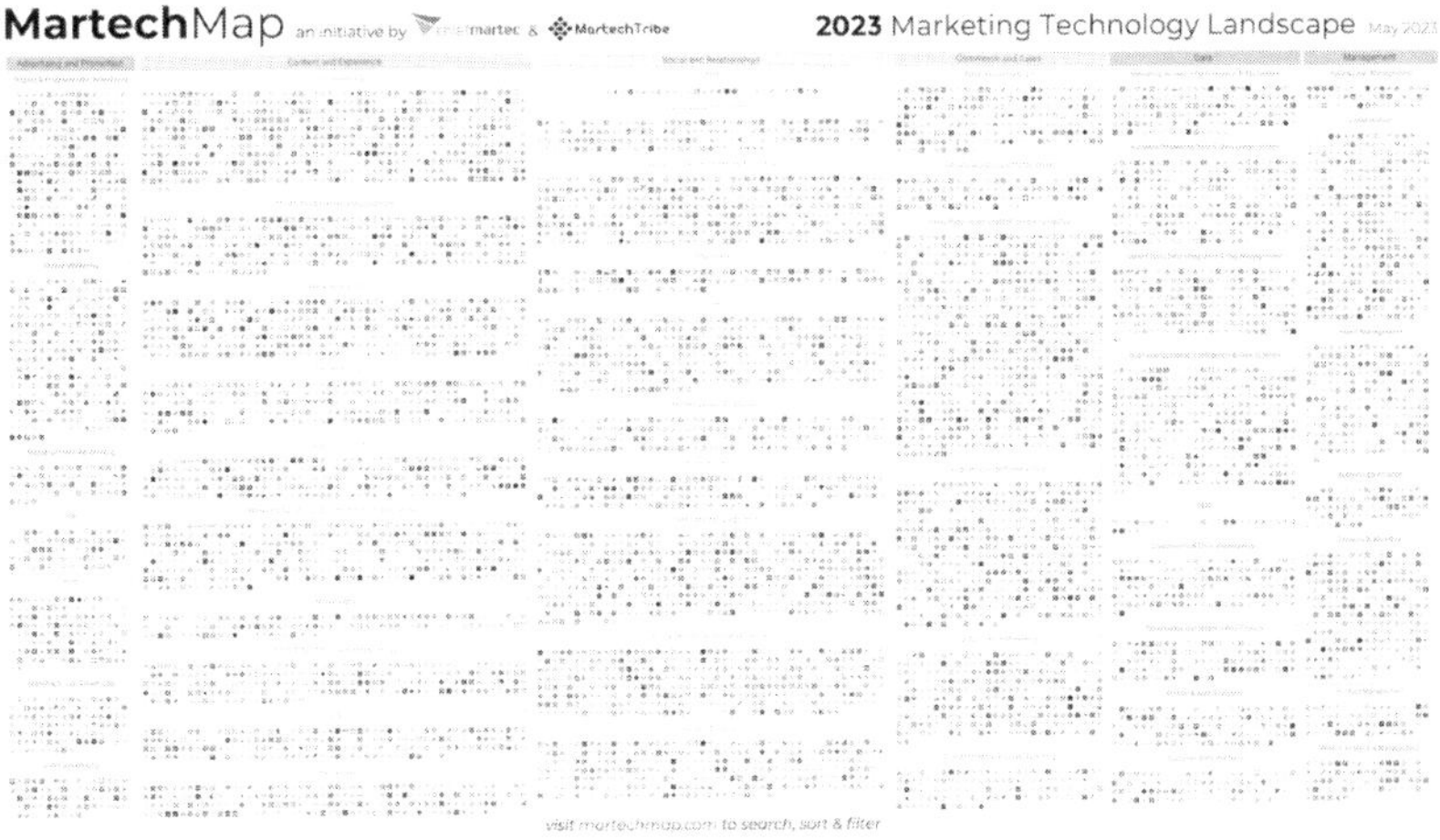

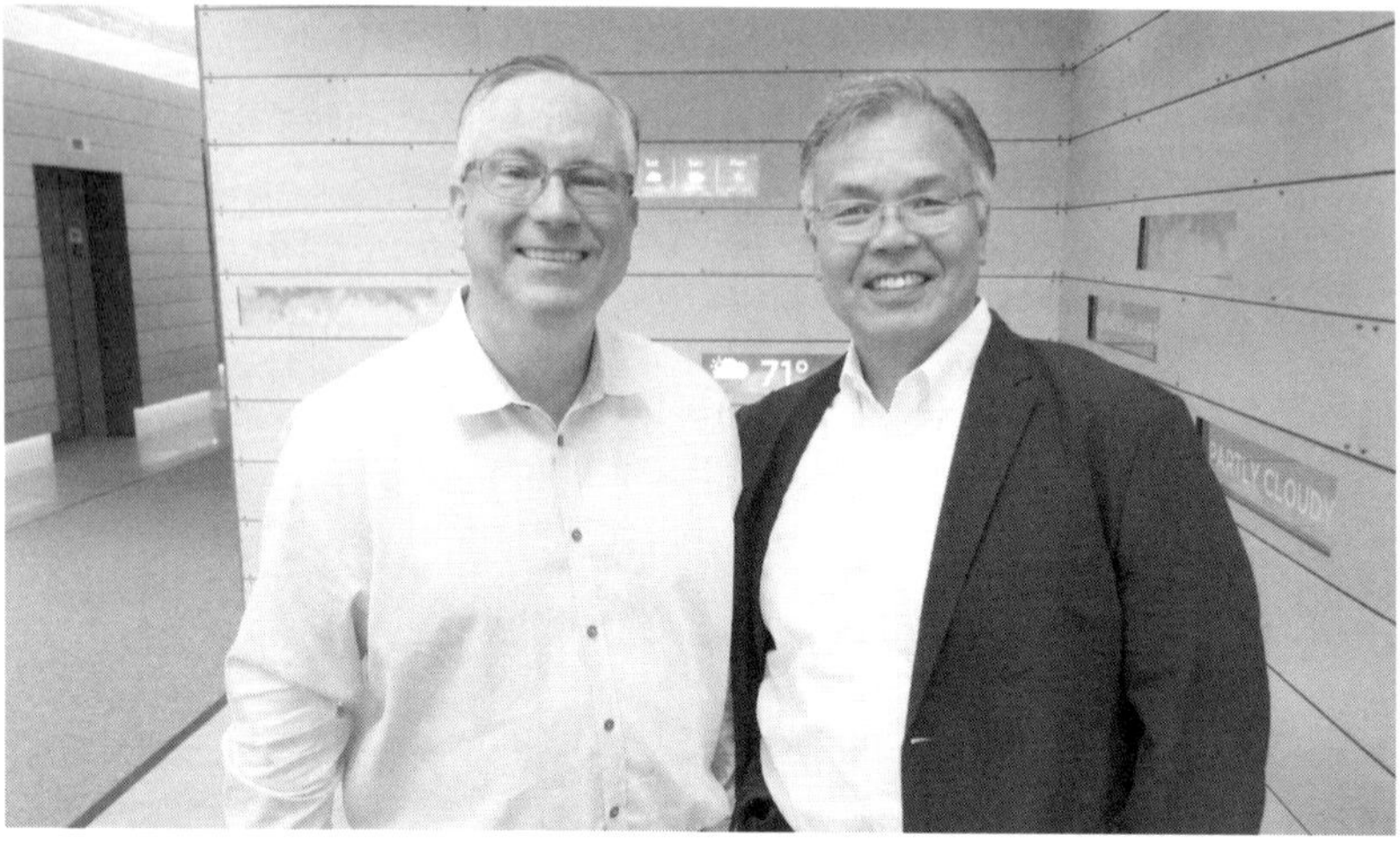

米国のマーケティングテクノロジー研究家のスコット・ブリンカー氏（写真左）

テクノロジーランドスケープ（Marketing Technology Landscape）」というマップを見ると、2012年には350だったマーケティングツールが、わずか3年後の2015年には10倍の3500になり、2023年では既に1万1000を超えているといわれています。

米国のマーケティングカンファレンスでケーススタディーセッションなどを見ても、マーケティングチームが使うテクノロジーの種類と数は増える一方です。チャットボット、動画プラットフォーム、ウェビナー、インテントデータなどをMAにつないで活用していて、それはまるでロックコンサートのステージ上に立つ、ギタリストの足元に設置されたエフェクター群のように見えます。MOpsは今やマーケティングテクノロジーのスペシャリストとしてマーケティングの中心的存在になりました。

そして「RevOps」へ

マーケティングに使う技術・ツール群として「MarTech（マーテック）」と、セールスに使うツール群である「SalesTech（セールステック）」がありました。MarTechの代表がMAであり、SalesTechの代表がSFA／CRMです。

これらのツール群は導入を主管する部門もマーケティングとセールスに分かれ、多くの場合、運用もプロセスの定義も異なるため、別々に運用され、連携も「疎連携」のレベルでした。さらにカスタマーサクセス部門がCRMと連携して使うテクノロジーも同様に進化し、その数が増えたことで、それぞれ専門のオペレーションチームを抱えることになりました。

ところが10年ほど前から、MarTechとSalesTechはAPIでシステム連携させるだけではなく、運用面でも有機的に融合しなければ売り上げに貢献できないという考え方が出てきました。その連携を、Revenue（売り上げ）とTech（テクノロジー）を組み合わせて「RevTech（レブテック）」と表現する人が出てきました。

同じ頃、ITの世界ではDX（デジタルトランスフォーメーション）に関連して、オペレーションが注目されます。DXを成功させるためにはテクノロジーの選定や導入よりも、そのオペレーションこそが大事なのではないかという当たり前のことを声高に叫び、それを、Development（開発）とOperations（運用）を組み合わせて「DevOps（デブオプス）」と呼んで、バズワードにもなりました。

これに影響されて、Revenue（売り上げ）とOperations（運用）を組み合わせた「RevOps（レブオプス）」という言葉がB2Bマーケティングの世界に登場したのです。マーケティング、セールス、カスタマーサクセスの、3つの売り上げにつながる業務を担当する、テクノロジーとそのオペレーションを統合したものです。

MarTechに関してはMOpsが機能していましたから、これにセールスとカスタマーサクセスのソリューション選定、連携、そしてそのオペレーションが加わったのです。その変化はシステムのオペレーションにとどまらず、組織的な変革に発展しました。MarTechを管掌していたCMOとSalesTechを管掌していたセールスVPの上に、収益を統括するCRO（チーフレベニューオフィサー）を置いて、CROがマーケティングとセールスとカスタマーサクセスすべてを統括する組織を採用する企業が出てきたのです。

MQLの終焉《しゅうえん》は日本のチャンス？

フォレスターの中には、年間を通してデマンドウォーターフォールモデルだけを研究しているアナリストチームが存在します。シリウス時代からそのチーフを務めるテリー・フラハティ(Terry Flaherty VP, Principal Analyst）が、2023年に入って「Goodbye MQLs」と言い始めて、世界のB2Bマーケターの間に衝撃が走りました。第2部や第3部でも説明しましたが、MQLとはマーケティングによって生み出された案件を指します。これに別れを告げたわけです。何しろ彼らが20年言ってきたことの自己否定であり、世界中のB2Bマーケターがデマンドジェネレーションの目的は営業部門に良質なMQLを安定供給することとして努力を重ねてきたのですから、驚くのも無理はないでしょう。

2023年にテキサス州オースティンで開催された「フォレスターB2Bサミット」で、私はELE(The Exective Leadership Exchange)として特別ラウンドテーブルミーティングに参加しました。そこで「Goodbye MQLs, Hello Opportunities」の真意をテリーから直接聞くことができました。

彼の説明によると、この20年間、世界のB2Bマーケターは企業内の個人にフォーカスして、ナーチャリングやスコアによって絞り込み、そこにコールやメールなどでアプローチして商談を見つけ、それを営業部門に供給することを目標としてきました。しかし、これでは効率が悪く、ビジネスチャンスを逃し、さらに営業に無駄足を運ばせてしまうことも多いことが分かってきました。

そこでテリーのチームで実験的に、企業内の特定の個人ではなく「バイインググループ」と呼ばれる購入に関わる人々の〝集団〟にフォーカスを広げたところ、デマンドセンターの売り上げに対する貢献が跳ね上がり、営業部門からの評価も向上したというデータが確認できたそうです。この結果を受けて、思い切ったトランスフォーメーションに踏み切ったのだと話してくれました。

米フォレスターのテリー・フラハティ氏（写真左）。「Goodbye MQLs」という彼の言葉に、世界中のB2Bマーケターたちが衝撃を受けた

その時私は、日本企業の意思決定プロセスとして悪名高い「稟議」の仕組みを説明しました。つまり世界が「遅い」とばかにする日本の稟議システムは、実はバイインググループをターゲットにした商談の推進形態であり、キーパーソンだけでなく、その周辺の多くの人をケアしながら必要な判子が並ぶように商談を進める、日本ならではのビジネススタイルだったのです。

ポジションによっては一人のサインで数億円の契約ができる欧米と違い、日本企業はリスクを分散するためにも、階層型の複数人で承認する仕組みになっています。その稟議書を書くプロセスでも多くの人が参加し、さらに根回しが行われます。確かに前近代的で意思決定が遅いと嫌われてきましたが、テリーの説明を聞くと、もしかしたら世界は日本的な考えにシフトしてきたのかもしれないと思ったのです。

それが正しいかどうかは今後明らかになるでしょうが、「このMQLからバイインググループへのシフトはまだ試験的なもので、データも少ないんだ」とテリーは説明してくれました。

経営トップのバックアップが必須である理由

企業が大きく進化するためには、まずは経営者の決心が重要になります。人は基本的に変化を嫌います。進化とは変化することです。日々のルーティンが変わる、言葉が変わる、手順が変わるなどを農耕民族のDNAを色濃く残す日本人は、特に嫌う傾向があります。その理由で、変革は経営者が強い意志を持って後押しを続けなければ、腰砕けになってしまいます。

この10年、多くの日本企業が散発的にマーケティングに取り組み、組織をつくり、ツールを導入し、キャンペーンを実施しました。そのどれもが売り上げに貢献していないか、貢献したかしないか分からない、という状況に陥っています。その原因として表層的にはノウハウ不足、ツールの選定ミス、人的リソース不足などが挙げられますが、根本的には経営者が経営戦略としてマーケティングを語っていないことだと私は考えています。

1980年代にGEのCEOに就任したジャック・ウェルチは、製造業から製造&サービス業へと戦略的大転換を実施する際にマーケティングをGEの中心に据え、自らサービス開発やマーケティングに取り組みました。ジェットエンジンやCTスキャンに24時間365日の遠隔モニタリングサービスを展開し、シックスシグマを採用して開発期間の短縮で競合を圧倒し、重要な意思決定は常にCEOのジャックがリードし、時には製品発表の記者会見にも飛び入りで登壇し、熱弁を振るいました。世界最大の企業を変革するには、CEOがコミットしなければ不可能なのです。

日本の日立製作所や東芝、島津製作所といったCTスキャンのトップメーカーを震え上がらせた新製品発表を、私は偶然、米国出張中にリアルタイムで見ていました。ステージに立ったジャックは「CEOにもなって製品発表のステージにジャンプアップするなんて普段はしませんが、この発表にはどうしても立ち会いたかった」と満面の笑みで語りかけました。その製品は圧倒的なシェアを獲得し、後に日本でも慶應義塾大学病院への導入をきっかけに大きくシェアを伸ばして、NHKが報道するほどの成功を収めました。

1996年に倒産まで秒読み状態だったアップルに復帰したスティーブ・ジョブズは、翌年には「Think different」というキャンペーンを展開し、Windowsに圧倒的なシェアを奪われたPC市場に、ボンダイブルーの半透明カバーが目を引く「iMac」をリリースして復活を印象付けました。それに続いて、社会現象にまでなった携帯音楽プレーヤーの「iPod」、電話を再発明すると宣言して文字通り世界を変えてしまった「iPhone」、タブレットの可能性を一気に広めた「iPad」などを次々にリリースし、株式総額で世界最高の企業へと変貌させました。

当時アップルのCMOはフィル・シラーが務めていました。しかし、誰が見ても製品開発、デザイン、キャンペーン、販売方法などアップルのマーケティングのトップにはスティーブ・ジョブズが君臨していました。

1990年代後半のある日、私はニューヨークのブルックリンにある巨大な倉庫ビルにいました。日本人の友人が、当時日本にこれまでなかったような画期的なファッションECを構想していて、その関係でここで開催されるイベントに招待されたのです。

一人で来るのはためらわれるような場所にある倉庫ビルの中は、明らかに場違いな人であふれていました。ファッションモデル、ミュージシャン、そして若くエネルギーにあふれた起業家たちでした。このイベントの主催者はインテルでした。

インテルの主力製品は、創業者でもあるゴードン・ムーアの法則通りに進化していくCPUです。しかし、CPUがどんどん性能を上げても、そのCPUを必要とする製品やサービスがなければ誰も最新のCPUを搭載したPCを買いません。

そこでインテルは、高速CPUを必要とする製品やサービスを持っている企業や、これから事業を始めようとするスタートアップをバックアップしたのです。その大きな倉庫の中には、ファッション系のECや、音楽や動画の配信サービス、エンターテインメント系のSNSなどのベンチャーが集まっていました。

ECサイトではまず自分の姿を選びます。身長や体形を選び、肌の色を選び、髪の色や髪形を選びます。

自分を選んだら、それに好みの洋服を着せていきます。さらにその試着室に友人を招待し、そこでチャットを使い、

「これ似合うかな?」

「そういうの持ってたよね」

「あぁ、そうだね、じゃあやめる」

という会話を楽しみます。数年後に日本で「ZOZOTOWN」が実現した、楽しみながらオンラインで買い物ができるビジネスモデルが既にそこにありました。

様々なアーティストの楽曲をセンス良く組み合わせて、ドライブやディナーのBGMとして販売する音楽サイトもあれば、音楽のプロモーションビデオの高画質・高音質ライブラリーを公開する広告モデルもありました。

最新のテクノロジーを活用したアイデアがあふれるブースやデモを見て回っていたところ、インテルのマーケティングの人に声をかけられました。

「日本からですか?　残念でしたね、昨日ならアンディに会えたのに」

アンディとは、この時インテルのCEOだったアンドリュー・グローブのことでした。売り上げ数兆円の世界最大の半導体企業のトップが、この近未来の市場を創造するマーケティングイベントに自ら参加し、ベンチャーのサービスを見て回り、激励し、その場で投資を決定するのです。

日本企業に大きく不足しているのはCEOのマーケティングに対する関心であり、コミットであり、バックアップです。特に営業部門が大きな社内政治力を持つ日本企業では、経営トップのバックアップがなければマーケティング部門は立ち上がれないのです。

B2Bマーケティングプロフェッサーの視点から

B2B企業のマーケティングのインフラがデマンドセンターです。これはABMでも同じです。ですから、まずしっかりとしたデマンドセンターを構築し、ナレッジを磨き、その上でABMやデマンドジェネレーションを行うべきです。私はデマンドセンターを持たない企業がABMに取り組むことには反対です。それは、ABMはよりレベルの高いデータマネジメントとコンテンツマネジメントが必要とされるからです。次の第13章で述べるように、ABMはデマンドジェネレーションの進化形なのです。

第13章

B2Bの本流となった経営戦略「ABM」

The B2B Marketing

シェアの概念をライフタイムバリューへと転換できない企業は
生き残ることはできないだろう。
ドン・ペパーズ

ドン・ペパーズ、マーサ・ロジャーズ著『ONE to ONEマーケティング—顧客リレーションシップ戦略』
（ダイヤモンド社）

世界のエンタープライズB2Bのメインストリーム

〝全社の顧客情報を統合し、マーケティングと営業の連携によって、定義されたターゲットアカウントからの売り上げ最大化を目指す戦略的マーケティング〟

これは、私が2016年に出版した『究極のBtoBマーケティング ABM』（日経BP）の中で紹介したABM（アカウントベースドマーケティング）の定義です。当時はまだABMの書籍は少なく、米国や英国で開催されるABMのカンファレンスの常連は、みんな顔見知りという状態でしたから、そのサークルの中でワイワイ言いながら定義を決めたことを覚えています。

ABMという言葉を初めて聞いたのは2012年の米ニューヨーク出張だったと思います。そして2013年に米サンフランシスコで開催されたマーケティングカンファレンスで、ABMを使ったキャンペーンのケーススタディーを見てびっくり仰天して、本格的に研究を始めました。それをまとめたのが冒頭の書籍です。これは世界で3冊目のABMに関する専門書です。

当時は米国ですら

2016年に発行した『究極のBtoBマーケティング ABM』（日経BP）

「また新しいバズワードではないのか？」
「何も新しいアイデアがないではないか」
「驚くようなアイデアではないよ」

といった声が大きく、ＡＢＭというと首をすくめて「イチロウ、メディアに踊らせられちゃ駄目だよ」と言われることも少なくありませんでした。

しかし、その後ＡＢＭはバズワードでも、ブームでもなかったことが明確になり、今では世界のエンタープライズＢ２Ｂマーケティングのメインストリームになっています。米国でも英国でもＡＢＭ専門のコンサルティングファームが生まれ、いくつもの専門カンファレンスが開催され、ついに米国のＡＢＭ専門のテックベンダーであるデマンドベース（Demandbase）が２０２３年２月に上場を果たしました。

今ではＡＢＭ関連の書籍は20冊以上となり、さらに増えていくでしょう。コンサルティングファームによる手法の違いも明確になり、1社のターゲットアカウントからスタートする「One to One」から、30社くらいまでのターゲットアカウントで実施する「One to Few」、それ社以上のターゲットアカウントでスタートする「One to Many」まで、それぞれのテクニカルなアドバイスがなされています。

ABMがエンタープライズB2Bのメインストリームになった理由はシンプルで、受注に大きく貢献したからです。そのインパクトがなければここまでの発展はあり得ません。ただし、成功の裏には米国が1980年代から取り組んだデータベースマーケティング、そして1990年のデマンド革命、2000年のテック革命などの下地があります。さらに欧米の企業がそれらを使いこなしているマーケティングチーム「デマンドセンター」を持っているからなのです。

残念ながら日本ではいまだにABMとアカウントセールスを混同し、

「数少ないターゲット企業にフォーカスするなら、マーケティング部門もMAも必要ないではないか」

という人が存在します。

ABMは対エンタープライズの戦略です。自社のサイズは重要ではなく、狙うターゲットがエンタープライズであることが必須なのです。一つの企業に膨大な社員が勤務し、それぞれ事業所や部署に分かれ、購入する製品やサービスの評価や選定する人が複数存在し、さらに部門間で必ずしも情報をシェアしてはくれない。そんなターゲット企業の売り上げを最大化するための戦略的マーケティングがＡＢＭです。

仮にOne to Fewで20社をターゲットに定義したとしても、その20社に所属する管理すべきリードの数は膨大になります。ターゲットは20社でも、それぞれの企業が国内外に複数の事業所を持ち、それぞれに研究開発センター、設計センター、生産技術本部、イノベーションラボなどが存在しますから、ＭＡで管理すべき個人情報が１０００人を超えることは普通なのです。その中には最近中途で入社した人もいれば、昇格して課長となり、ある分野の設計の主担当になった人もいます。

アカウントセールスがどんなに優秀であったとしても、人間は〝時間〟と〝肉体〟という制限から抜け出すことはできません。その制限の中で顧客を訪問し、商談し、メールを書き、見積もりを書き、サンプルを持参し、飲み、ゴルフをします。それらはどれ一つとってもとても大切なことであり、それを嫌な顔一つしないでできるのが日本の営業の素晴らしさです。

私がＡＢＭについて、〝日本でこそ世界で一番成功するエンタープライズマーケティング戦略〟だと訴えている理由はそこにあります。ラストワンマイルを守る営業の質が極めて優れているからです。

しかし、その営業が〝時間〟と〝肉体〟の制限に縛られ、カバーできないエリアが必ず存在します。特に製造業は各事業所に設計センターや生産技術本部を置いているケースが多く、そこにいる多くのエンジニアすべてを数人の営業でカバーするのは不可能です。

強硬にABMに反対した営業部門が導入に納得したワケ

ある企業でABMをやる、やらないでもめているときに、呼ばれて会議に参加したことがあります。マーケティング部門に全社の顧客データを集約してABMに取り組むという経営陣と、アカウントセールス部門が対立していました。

中でも最も強硬に反対していたのはデンソーを担当している部門でした。その企業においてデンソーは最大顧客です。何かあって、出入り禁止にでもなれば会社は危機に陥ります。だから「今まで通り我々に任せて手を突っ込むな」という主張でした。当然、デンソーのキーパーソンや意思決定プロセス、ビジネスチャンスなどを完全に把握しているので、「マーケティングが手伝えるような余地はない」と断言していました。

営業が今まで多くの苦労を重ねながら歯を食いしばって守ってきた事実は、とても偉大で大切なことです。それを頭ごなしに「持っている顧客データを全部MAに登録しろ」と言った、外資系企業から転職してきたマーケティング室長の不注意な態度が、営業部門の態度をこれほどまで硬化させた原因だと分かりました。

私はマーケティング室長を外した営業部門とのミーティングで、このような趣旨を話しました。

「デンソーはトヨタのティア1ですが、6兆円を超える売り上げがあり、全世界に16万人の社員がいます。その5%が開発や設計に関わるエンジニアとしても8000人になります。その中で、みなさんが〝しっかりリーチできている人〟を除いた人たちに情報を届けたいのです。そこから発生した案件は、もちろんみなさんに刈り取ってもらいます」

さらにデモを交えながら、

「データを整備すればデンソーだけに特化した、事業所単位、部門単位、専門技術単位でのキャンペーンが可能です。電池の、充電装置の、ハーネスの、コネクターの、というキーワードで専門性の高いキャンペーンを展開することができ、みなさんは、その情報に反応した人のリストをリアルタイムに見ることができます」

と説明しました。

少し時間はかかりましたが、製品や技術に限定してスタートすることになり、その結果がアカウントセールス部門の予想以上だったことで横展開していきました。

ABMは基本的に既存顧客向けのマーケティングですから、こうしたアカウントセールスとのコミュニケーションは常に発生しますし、ここでトラブルになると信頼回復に時間がかかります。でも、ABMを導入して一番得をするのは売り上げが拡大し、グリップが強くなるアカウントセールス部門なのです。

ABMの2つの起源とLTV

歴史をたどると、ABMには2つの起源が存在します。それを解説しましょう。

(1)歴史的必然性

米国ではCMOやシニアマーケティングマネジャーの平均在任期間は10年前に2年を割り込み、2023年のデータでは23カ月を切っています。その退任理由の70%は「解雇」です。米国のマーケティング業界の厳しい一面とも言えますが、それによって彼らも進化します。

B2Bマーケティングの評価指標を教科書的に言えばROMI（リターンオンマーケティングインベストメント）ですが、実際はMQLからのアクセプト率とその実数で評価されることが大半です。つまり、パイプラインにどれだけ良い案件を入れたかで評価されます。

私の友人で米国でも有名なB2Bマーケティングのオピニオンリーダーがいますが、彼があるカンファレンスに登壇したとき、

「もう屁理屈はいいから、営業のスケジュールを良いアポイントで埋めろ、我々がやるべきことはそれだけだ」

と話して大きな拍手をもらっていました。

マーケターが自らを守る唯一の道は「受注に貢献する」ことなのです。

各社のマーケティングチームが必死で試行錯誤する中で、やはり既存の顧客からのMQLと、新規のMQLでは全くアクセプト率が違うという事実が顕著になってきました。営業は自分が担当している顧客のアポなら最優先で追ってくれます。すると案件化率は高くなります。逆に知らない会社、行ったことのない会社だと腰が重くなります。

そこで、マーケティング部門が顧客企業のコンタクトポイントをあの手この手で収集し、そこからMQLを供給したところ、アクセプト率も案件化率も向上し、営業からの評価も上がるという現象が起こりました。そうなるとマーケティングチームも味を占めますから、マーケティングの対象をターゲットアカウントだけに絞らせてくれ、既存顧客だけにマーケティングさせてほしいと言いだして、これがABMというマーケティング戦略に進化しました。

これは米国で2010年以降に実際に起きたことで、私はリアルでその過程を見ていました。これが一つのルーツです。

ドン・ペパーズ（写真左上）とマーサ・ロジャーズ（同左下）。2人が書いた『The One to One Future』（画像右）

⑵ LTV for B2B

２０２１年に英国企業のモメンタム（Momentum）によって買収されたITSMAというアナリストファームがあります。米国のニューイングランドを拠点に、ＩＴ産業に特化した会社で、世界で最初にＡＢＭの研究リポートを書いたファームでもあります。ここがＡＢＭの年表をつくっていますが、それによるとＡＢＭの起源を１９９３年にドン・ペパーズとマーサ・ロジャーズが出版した『The One to One Future』としています。

この本はデータベースマーケティングの可能性を書いて世界的なベストセラーになりました。日本では当時ＣＳＫグループ傘下のテレマーケティング会社だったベルシステム24の上場記念として、１９９５年に『Ｏｎｅ ｔｏ Ｏｎｅマーケティング』（ダイヤモンド社）として出版されました。内容はＣＲＭを中心にした顧客管理とコミュニケーションで、基本はB2Cのことしか書いていません。なぜ、この本がABMの起源なのかと言えば、本書の中でまるまる1章を使って解説している〝LTVの法人版〟がABMだとしているからです。

LTV for B2BがABMという文脈からなら、これは納得できる説明ですが、実は著者のコンビはその4年後に『ENTERPRISE ONE TO ONE』（邦題『ONE to ONE 企業戦略』／ダイヤモンド社）という本を出版しています。『The One to One Future』の後、これを自社のマーケティング戦略に取り入れようとしたB2B企業への取材を中心に書かれた本で、ABMという言葉こそ使っていませんが、明らかにABMについて書かれた世界最初の本と言えます。この中でドンとマーサは、One to One for Enterpriseの要諦をこう書き記しています。

〝ある製品を買う顧客をできるだけたくさん見つけることではなく、ある顧客のために、できるだけたくさんの製品を見つけることである〟

まさにABMの定義である「ターゲットアカウントからの売り上げ最大化を目指す戦略的マーケティング」そのものです。

売り上げの70％は15％の顧客から

ＡＢＭはなぜＢ２Ｂマーケティングの本流といわれるほど、大きな存在になったのでしょうか？　それはＢ２Ｂ企業の売り上げ構成比にあります。

ＳＭＢ（Small and Medium Business）と呼ばれる中小企業は、比較的小口の顧客を多く持つ傾向がありますが、企業規模が大きくなると逆に売り上げに占める大口顧客のシェアが高くなります。その平均を取れば、売り上げの70％は上位15～20％の顧客からもたらされています。これは、上位15％の顧客を競合に奪われてしまえば、企業は存続することが難しくなることを意味します。つまり、企業がその存続を懸けて大切にすべき顧客は、この15％ということになるのです。

ご存じのように、これは「パレートの法則」と呼ばれ、Ｂ２Ｃでも見られます。分かりやすい事例が航空会社のマイレージです。

米国のアメリカン航空がコンサルティングファームに依頼して顧客分析をしたところ、上位20％の優良顧客が収益の半分以上をもたらしてくれていることが分かりました。しかし、問題はその大切にすべき上位20％が「誰か」が分からなかったことでした。つまり誰を大切にして競合から守るべきかが分からなかったのです。そこで飛んだ距離（マイル）に応じてポイントを付与するプログラムを開始しました。これがフリークエンシープログラム（ＦＳＰ：Frequent Shoppers Program）と呼ぶマイレージプログラムで、現在は世界中のエアラインが採用しています。

B2Bの場合、この上位企業はポイントを付与するまでもなくはっきり見えています。しかもパレートの法則がもっと極端に利いてきます。製造業であればトップ10％の顧客が売り上げの90％というケースも珍しくありません。となれば、その企業が絶対に守るべき顧客はその10％ということになります。売り上げの90％を失って存続できる企業などないからです。その失ってはならない、大切な特定の企業にフォーカスしたマーケティング戦略がABMなのです。

本当に大切な顧客にリソースをフォーカスする

"Don't count the people that you reach, reach the people who count"

「リーチできる人を数えたってダメさ。本当に大切な人にリーチするんだ」

これはABMがはやり始めた2014年ごろに、多くのプレゼン資料に引用されたデビッド・オグルビィの言葉です。オグルビィは大手広告代理店の創業者でもあり、また世界的な大手広告代理店のCEOでありながらコピーライターの仕事だけは続けた人でもあります。広告の人ですからB2Cの分野でも活躍し、1999年に亡くなっているのでABMのことなど知るわけもありません。それでもこの言葉がB2Bの分野で何度も引用されたのは、ABMの要点を的確に表現しているからです。

規模の大きな企業の多くは、売り上げの70%を上位15~20%の顧客に依存している、と書きました。しかし、私の会社で最も顧客が多い製造業に関しては、これよりもっと少数の既存顧客に強く依存しています。中には上位の5社で売り上げ全体の70%という企業まであります。

こういう場合、その5社の主要顧客には対する営業体制は鉄壁に見えます。役員が直接関与し、相手のトップマネジメント、経営幹部、中堅マネジメントと各階層に担当を置き、水も漏らさない体制を組んでいます。従ってその顧客に関しては、マーケティングは必要ないと考え、また仮にマーケティングを展開したところで、現状の体制でビジネスチャンスを見逃していないのだから、新たな伸びしろもないと考えています。

つまり経営者はABMをやりたいと考えていても、現場は「必要ない」と考えています。これがABMの阻害要因の根っこにある、「俺の客問題」と呼ばれるものです。そうした問題が起こる理由は、私が「鳥の目とアリの目」と呼んでいる視座の違いにあります。

現場はアリの目を持っています。相手を毎日細かく観察し、ささいな変化にも気が付きます。時間軸では四半期、半期といった短期間で見ていることが多く、長くても1~2年のスパンです。

一方、経営者は鳥の目で見ています。もっと俯瞰的に広範囲に、しかも時間軸でも3~5年先を見ています。この違いが経営者の「我が社に今必要なものはABMだ」と現場の「ABMなど必要ない」の違いを生みます。これを放置したままプロジェクトが進むと「俺の客に勝手にメールを出すな」「俺の名刺はデータベース化してもらっては困る」という俺の客問題に発展します。

どの企業でもメインクライアントを担当しているアカウントセールスは社内政治力も強力ですから、これが通ってしまうこともあります。そうなると、ABMプロジェクトは崩壊します。

4つの「ABX」という不思議な言葉

言葉は生き物だといわれています。時代や環境によって変化し、意味を加え、中には時代を経て全く異なる意味で使われる言葉も珍しくありません。

B2Bマーケティングの世界にもそんな言葉があります。その典型が「ABX」でしょう。2023年の時点で少なくとも〝4つの異なる意味〟を持つ略語として使われています。ですから、米国や欧州で会話の相手が「ABX」と言ったら、その「X」が何を指すのかを確認しないと会話を進められません。その4つを説明しましょう。

•1つ目の「X」＝Everything

「ABX」とはABMから派生した言葉で、最初は元マルケトのCMOで、今はデマンドベース（Demandbase）

のCMOを務めるジョン・ミラー氏が講演の中で「Account Based Everything」と言ったことです。その意味は「ABMは戦術（タクティクス）ではなく戦略（ストラテジー）だから、ABMを基点にしてすべてを考えないとうまくいかないよ」という示唆に富んだ言葉でした。この言葉が独り歩きし、米国のカンファレンスなどではこれを「ABX」と表現し、「大切なことはAccount Based Everythingだ」と言う人が出てきました。この場合の「X」はCXOという表現で使われる「いろいろ」的な意味があり、日本語に置き換えると「ほにゃらら」が一番近いでしょう。

・2つ目の「X」＝Transformation

次に出てきた「X」はTransformation（トランスフォーメーション）という意味で、これは明らかに「DX（デジタルトランスフォーメーション）」からきています。つまり、ABMを戦略として全社を再構築しようという、どちらかというと組織設計の文脈であり、DXの影響からかIT系のスパイスが利いています。

・3つめ目の「X」＝INDEX

英国のマーケティングコンサルタントの間で使われ始めた「X」はINDEX（インデックス）の略です。これは「指標」という意味で使われることが多く、ABMに取り組んだ企業の進捗を数値的に指標化しようという試みを「ABX」と呼ぶ一派が今でも存在します。

・4つ目の「X」＝Experience

そして現在、最も使われている「X」はExperience(体験）です。これは「顧客体験」という文脈で使われるCX（Customer Experience：カスタマーエクスペリエンス）からきています。2023年に米国のスコッツディールで開催されたB2B Marketing Exchangeという大きなB2B系のカンファレンスには、弊社の丸山副社長が参加しましたが、彼女のリポートによれば、会場で使われていた「ABX」はほぼこの「Account Based Experience」だったそうです。

「俺の客問題」を乗り越えて

ある樹脂系の素材メーカーから「ABMを実施したいので力を借りたい」と依頼がありました。経営陣は数年前に出版した私のABMの本を読んでくれて、ぜひやりたいということでした。社内勉強会、スキルアセスメント、研修とプロジェクトは進みましたが、社内データを統合するときに紛糾しました。売り上げが上位5社に入るA社の担当部長がABMには参加しない、と言い張るのです。

「私は入社以来ほとんどの年月を、A社の担当として働いてきました。今は15人のチームでA社だけを担当しています。この会社の意思決定のツリーまで書けます。キーパーソンは網羅していますから、この会社のビジネスチャンスを見逃すなんてあり得ませんし、ここ数年受注の予算を達成しなかった年もありません。経営陣がどう言ったか知りませんが、ウチのチームに手を突っ込むのはやめてくれませんか」

穏やかですが、断固とした言い方でした。

しかし、これを許せば、同じようなアカウントセールスは一斉にデータの統合を拒否します。ＡＢＭどころかマーケティングにすらなりません。

私はこの部長と個別に話す機会をつくりました。

「ＡＢＭは会社の方針ですが、最終的にＡ社をＡＢＭの対象にするかどうかは御社が決めることで、私はそれに従います。ただ一つ教えていただきたいのですが、御社は多くの機能性素材をつくっており、それをどんどん改良改善しておられます。その情報を伝えたい研究開発や設計や生産技術に関わる人は、Ａ社には何人くらいいるのですか？」

部長は指をくりだしました。ちなみに、Ａ社はグループのトップ企業にパーツを納めるメーカーで、トップ企業をティア0とすればティア1に当たります。その規模は売上高で1兆円を大きく上回り、従業員数も4万人超。事業所は国内だけでも数十カ所を超え、世界中に生産拠点や販売子会社を持ちます。どんなに優秀な営業が15人いても、カバーできる規模ではないと考えたのです。

「内装品はデザインの要素が強いのでデザイナーも含めないとですよねぇ……」

部長は指を折りながら数えています。

「庭山さん、国内だけでも1000人以上いるかもしれませんね」

「一度、部内の会議で話をしてみましょう」

少し柔らかい表情になった部長はそう約束してくれました。

2週間後の会議で、部長から話が出てきました。

「ABMの件、部内の会議でシンフォニーさんの資料を使って説明したのですが、意外なことに現場は顧客のグリップに苦戦していましたね。キーパーソンはしっかりグリップできているのですが、若手はなかなか手ごわいらしく、お酒も飲まない。ゴルフも友人としか行かない、というタイプが多いそうです。それに事業所によって入り方にばらつきもありました。私の予想と違って部内はABMに反対意見ばかりではないですね」

それに対し、私は部長にこう促しました。

「B2Bのマーケティングは営業をリスペクトし、営業効率が上がるようにサポートするのが役目です。営業の仕事を増やしたり、邪魔をしたりするのは正しいマーケティングではありません。1年だけでもやってみませんか？」

結果、売り上げの上位5社の中で、A社向けだけをABMターゲットにして試験的に実施することになりました。社内に分散していた名刺、セミナーアンケート、展示会来場者リスト、Webからの問い合わせやカタログダウンロードリストなどのデータを統合し、そこからA社だけを抜き出しました。そしてそのデータを事業所別、部署別、役職別に整理して、その方々が今どんな情報を収集しているのかを営業チームとミーティングを重ねました。

データを小分けにできれば、その人が欲しい情報をかなりの精度で送ることができます。取引の少ない事業所、採用していただいていない製品事業部の設計部門などにフォーカスし、ソリューションを伝えるコンテンツでコミュニケーションを始めました。

通常のデマンドジェネレーションなら、ハイスコアになった人にはインサイドセールスがコールをし、アポイント承諾リストとして営業部門に渡します。しかしこのABMプロジェクトでは、ハイスコアは担当営業チームがコールしました。ただ、試験的な採用なので、データを取る名目でインサイドセールスと同じコールシステムを使ってもらいました。その時の顧客の反応は、このようなものでした。

「こんな製品を持っていたのですね。長く付き合っていますが知りませんでした」

「このサービス、ウチの○○事業所が入れてるって本当ですか？　何で知らせてくれなかったのですか」

「早速評価してみたいので、一度来てください」

このコールコメントがフィードバックされたことで、雰囲気が変わりました。営業にとって顧客の声は天の声です。他のアカウントセールスチームもようやく「やってみよう」と腰を上げ始めました。

B2Bマーケティングプロフェッサーの視点から

ターゲットがエンタープライズで、提供する製品やサービスのラインアップをある程度持っている企業であれば、ABMは必須の戦略です。しかし、一方でABMは通常のデマンドジェネレーションよりも、高いレベルのデータマネジメントやコンテンツマネジメントが求められます。レベルの高いナレッジとインフラがなければできない戦略的マーケティングなのです。

「急がば回れ」のことわざ通り、まずはナレッジ、そしてマーケティングインフラを整備しましょう。

第14章

日本企業が大至急取り組むべきPRM

The B2B Marketing

良く練られた戦略には戦力の価値を何倍にもする力がある。

クロード・C・ホプキンス

クロード・C・ホプキンス著『広告マーケティング21の原則』（翔泳社）

販売代理店活用のノウハウ「PRM」とは

PRMは「パートナーリレーションシップマネジメント」の略で、「チャネルマネジメント」とも呼ばれる販売代理店活用のノウハウです。世界のB2B商材の70％は販売代理店を通して売られています。その理由でマーケティング先進国ではこのPRMの研究がとても盛んで、PRM専門のアナリストやコンサルティングファームも存在し、PRM専用のソリューションも100ブランドを超えます。

しかし、日本にはこうした情報もツールも入ってきていません。先進国から大きく遅れた日本のB2Bマーケティングの中でも最も大きく遅れている分野が、このPRMかもしれません。その概要を次の図を使って分かりやすく解説します。

PRM（パートナーリレーションシップマネジメント）

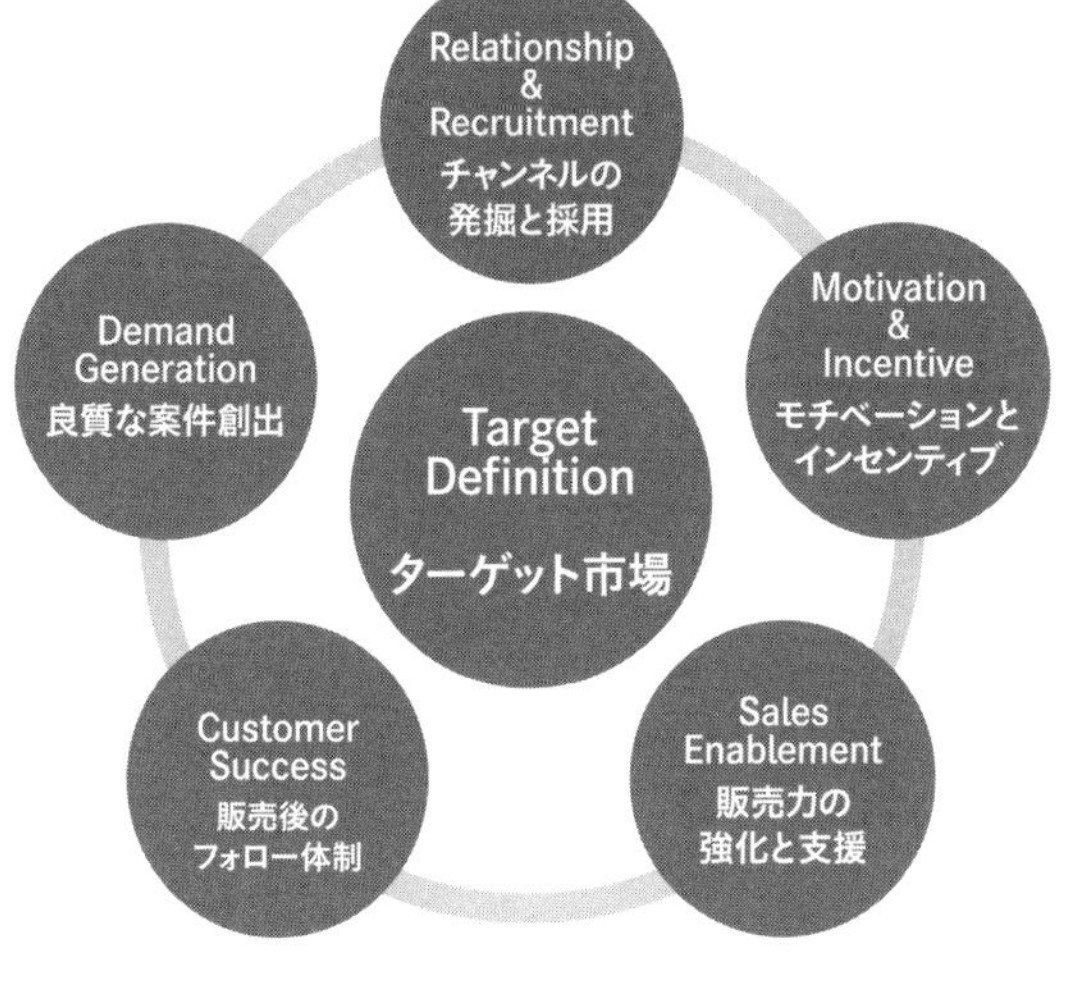

【1：Target Definition】（ターゲット市場）

ターゲット市場の定義であり、近年ではICP（Ideal Customer Profile：理想的な顧客プロファイル）とも呼ばれます。どういう業種の、どういう規模の、どんな企業の、どんな事業所の、どんな部署で、どんな役職で、何を担当している人かを定義する作業です。

ここでも、まず第11章で解説したDoV（ディフィニッションオブバリュー）と呼ぶ「提供価値の再定義」をしっかり行い、それを求めている人をSTPで定義して、そのターゲット上の人をペルソナまで落とし込みます。ここがクリアになる前に次のステップに移れば、間違った代理店網を構築することになり、その時点で失敗は目に見えています。

【2：Relationship & Recruitment】（チャネルの発掘と採用）

Target Definitionで定義したペルソナに、最も強いパスを持っている企業をリストアップして販売代理店にリクルートし、代理店網を構築します。この場合、ターゲットの定義を企業ではなく、事業所、部署、担当、役職まで明確化しないと意味がありません。特に新商材を販売しようと思えば、購買部門とのパスは役に立たないからです。

【3：Motivation & Incentive】（モチベーションとインセンティブ）

企業と企業で代理店契約を締結しても、実際に販売するのは代理店の営業パーソンです。そのモチベーションをどう維持するか、そこにインセンティブをどう位置付けるか、というプロセスです。欧米のケースではここで「MDF（マーケティングデベロップメントファンド）」という予算を投入します。

日本では多く販売した代理店に盾を贈ったり、営業を表彰したりします。しかし、規模の大きな代理店は当然毎年表彰の対象になりますから、「もう盾を置く場所がないので……」という場合もよくあります。それではモチベーションを維持してもらうのは難しいでしょう。

このMDFですが、特に直販セールスを持っている企業の場合、扱い方には注意が必要です。MDFは代理店に対してのみ使う予算だからです。そういう意味では、予算の明確な切り分けをしなくてはなりません。

【4：Sales Enablement】（販売力の強化と支援）

セールスイネーブルメントとは、営業パーソンや組織を強化するための施策やツールを指す言葉です。営業力アセスメント、アセスメントの結果を反映したトレーニング、学ぶ場やコンテンツ、営業資料のシェア、など多くの要素を含みます。近年ではセールスイネーブルメント専門のツールも数多く出てきており、これとSFAを連結させて営業の生産性アップに取り組む企業も増えています。

特に、欧米のように営業成績を理由に解雇することが許されない日本では、アセスメントで浮き彫りになった弱点を強化して、予算を達成できる営業パーソンに育て上げるセールスイネーブルメントはとても重要な機能になるでしょう。PRMの場合は、これをメーカーが用意するところに特徴があります。

【5：Customer Success】（販売後のフォロー）

営業パーソンの仕事の中には、顧客と会ったり、電話で話したり、メールを書いたりする他に、事務的な仕事や会議や会議のための資料づくりなどが多く、これが営業生産性を落としています。社内の事務仕事であればアシスタントに振ることもできますが、顧客のサポートを振るわけにはいきません。しかし、受注した顧客のサポートに営業リソースを取られてしまえば次の受注ができません。これをコントロールしないと、仕事がない「日照り」と、忙しくて人手が足りない「土砂降り」を繰り返すことになります。

そうならないために、受注した後の顧客をしっかりサポートし、顧客満足度をさらに引き上げる仕組みが必要で、それがカスタマーサクセスです。「LTV（ライフタイムバリュー）」をKPIにすることが多いカスタマーサクセスは、高い製品知識やホスピタリティーが求められるので、ベテラン営業がアサインされことが多く、日本では定年後に再雇用された営業パーソンが活躍するポジションになるでしょう。

【6：Demand Generation】（良質な案件創出）

PRMにおいても、直販営業部門へ案件を供給するデマンドジェネレーションと基本は同じです。テクニカルに言えば、代理店の顧客データを使う場合、共有パーミッションを取得すべき点や、Aという代理店とBという代理店の顧客データに同じ企業の同じ人がいた場合の扱いなどを、あらかじめルール化しておくことが大切となります。また、ある地域や特定の顧客の窓口を独占させる場合には、パイプラインを可視化することも普通に行われます。代理店のパイプライン情報を見ながら、的確にサポートするためです。

STPから選定する代理店網だから売れる

自社の事業や製品・サービスが誰にどんな価値を提供するのかを再定義するプロセスが、DoVです。これをしっかり定義してから、その価値を求める市場を定義するためにSTPを行い、ターゲット市場を定義します。そのときに企業だけでなく、事業所や部署、役職までのターゲットペルソナを明確にして、そのペルソナに最も強いパスを持っている企業を探し出して代理店網を構築することができれば、当然のように売れるのです。

しかし、価値の定義が曖昧だったりするとSTPがぶれてきます。その結果、ターゲットペルソナにパスのない代理店網をつくることになり、そうなると売れる可能性はどんどん低くなります。

アカウントセールスが担当している企業に対し、他の営業をアサインしたり、販売代理店をつけたりすることに、アカウントセールスはとても抵抗します。自分の縄張りを侵食されたと思うからです。しかし、ターゲットペルソナを事業所、部署、担当、役職まで明確に定義すれば、その事業所にはあまり訪問できていない、その部署へは行ったことがない、その人には会ったことがない、となりますから、アカウントセールスも承諾してくれることが多いのです。ですからPRMのSTPは、必ずペルソナまで踏み込む必要があります。そうした理由から、私はDoVを「再定義」と呼んでいます。

ここは数年おきに見直すべきポイントです。市場が変化しているのに、それに気付かなければ、あるいは気付いても合わせることをしなければ、売れていた商材も売れなくなります。PMF（プロダクトマーケットフィット）というのは製品開発だけの話ではなく、変化する市場に合わせて自らも変化することを指します。

日本企業が学ぶべきMDF

PRMの構成要素の中でも、非常に重要なのが「MDF（マーケティングデベロップメントファンド）」と呼ばれる代理店支援のための予算です。販売パートナーを活用したチャネル販売を行っている企業は、このMDFを活用してパートナーのマーケティングや販売活動を支援します。日本に進出している外資系企業のマーケティング部門も、自分たちのマーケティング活動のための予算の他に、このMDFと呼ばれる予算を持っています。

MDFの目的は、販売代理店や自社製品を組み込んだ製品のマーケティング活動を支援することです。それは展示会の出展、セミナーの開催、共催イベントの開催、オンラインキャンペーン、ターゲットを絞ったラウンドテーブルミーティングなど多岐にわたります。パートナーの売り上げ貢献によって配分も決まってくるので、上手に使えばとても良い効果を出すことができます。

マイクロソフトやインテル、設計用アプリケーションのオートデスクなどもこのMDFの活用が得意な企業です。これらのソフトやデバイスを組み込んでいるPCメーカーのマーケティングをサポートしたことがあります。他社から転職してきて成果を出そうと張り切っていたマーケティングマネジャーが、上期にWebキャンペーン、展示会、共催セミナー、ラウンドテーブルミーティングなどを行い、年間のマーケティング予算の大半を使い切ってしまいました。年間のマーケティング予算を知っている私は、下期はどうするのかとヒヤヒヤしながら見ていましたが、下期はインテルやマイクロソフトのファンドを使ってマーケティング活動を継続しているのを見て、このMDFの仕組みに感心したものです。

もちろん無条件で使えるものではなく、それぞれのファンドごとに要件があります。Webキャンペーンの場合は、会社のロゴや新製品のキャンペーンへのリンクをどこにどの大きさで、というルールは決まっていましたが、それを守ればファンドのお金を使うことができるのです。

大学や大学院のマーケティングの講義で、ブランディングの成功事例としてよく紹介されるインテルのステッカーも、単なるブランディングというより、このMDF活用の成功事例として紹介すべきものです。しかし、水面下で活用されるものなので、ほとんど知られていません。

MDFの使い方がうまいマーケティングマネジャーは、ファンドにサービスサプライヤーをひも付けた方法を採用することがあります。販売パートナーが優れたマーケティングチームを持っていない場合、メーカーがいくら予算をサポートしてもパートナーはそれをうまく使えません。

そこで、メーカーのマーケティングマネジャーが選定したマーケティングサービス会社にプランを出させ、それを実行する経費の全額または50％をMDFから支援する、という方法を採ります。この手法だと、お金を出すメーカーから見れば、自社の製品やサービスの特性やセールスポイントをよく理解しているマーケティングサービス会社に、パートナーのマーケティングプランをつくらせることになりますから、安心して予算を出せるのです。

MDFとその活用に関しては、日本企業は遅れているどころか存在すら知らない企業のほうが多いでしょう。チャネル販売をしている企業が学ぶべき重要なポイントの一つだと考えてください。

手離れが悪い日本製品

企業と企業で販売代理店契約を交わし、もう売れると安心して注文を待っている、のんきなメーカーの人を時々見かけます。もし外資系企業のようにPRM戦略を理解していれば、代理店契約の中に販売予算が明記され、それが達成できない場合のペナルティーや契約見直し条項も入っているものです。

また多くの場合、販売金額に応じて仕切り値が違いますから、そうなると多く販売している代理店は、競合した場合に値引きできる額が大きくなり、コンペでの勝率も跳ね上がります。もちろん販売金額が多いほどMDFも使えますから、それが企業の販売モチベーションを維持させるのです。しかし、日本企業の場合そうした縛りや条件がなく、ただ「売ってください、お願いします」という契約が多いのです。

そうなると実際に売るかどうかは、現場の営業の判断に委ねられてしまいます。営業がしっかり勉強してモチベーション高く売ってくれないと、顧客に情報が全く届かないことになります。では、どういう商材なら営業は売ってくれるのでしょうか？

販売代理的の営業パーソンと話していると、彼らが熱心に販売する商材の特徴が見えてきます。それは以下の3点に集約されます。

【1：売れる商材】

これは単にスペックだけを指しているわけではありません。知らない商材を顧客が買わないのは世界共通です。何よりも代理店の営業が知らなければ、商談の中で名前すら出てこないでしょう。営業はよく知らない商材の話題は避けるのが普通です。顧客に質問を返されても答えられなくて、結果的に顧客の信頼を失うリスクがあるからです。そういう意味でも、メーカーが顧客にも代理店営業に対してもしっかりマーケティングをすることで、「売れる商材」という印象を持ってもらうことができます。

【2：儲かる商材】

これは仕切り（代理店の仕入れ値）だけの話ではありません。ここを担保するのがMDFでもあります。代理店は顧客に対して見積もりを出しますが、当然競合も見積もりを出しますので〝たたき合い〟になることが普通です。受注するために大きく値引きをすれば利益は残りません。メーカーにしてみれば、代理店がやる気を失えばエンドユーザーを競合メーカーに奪われてしまいます。それを防ぐために、たとえ仕入れを下回る値引きをしても、その分の利益はファンドから補填するという使い方もできるのです。

【3：手離れが良い商材】

欧米の企業がカスタマーサクセスに力を入れるのは、代理店の営業が「手離れの悪い商材」を極端に嫌うことを知っているからです。メーカーがカスタマーサポートやヘルプデスク、ユーザートレーニングやアップデート情報のリリースなどをしてくれれば、代理店の営業からは「手離れの良い安心して売れる商材」となります。逆にそれらが不十分だと、うっかり販売すると延々とリソースを食われる商材になりますから、自分の顧客には紹介しない、ということも起きてしまいます。

日本と世界の代理店戦略の違い

外資系企業のマーケティングをサポートして一番驚いたのが、このPRMでした。外資系企業は代理店に対して、売ってくださいとは言いません。その代わり、売りたいなら有料のトレーニングを受けてくださいと言います。トレーニングを受けて製品を理解したら、今度は本当に理解したかを計測するから試験を受けてくださいと言います。さらに試験に合格したら、今度は1人では正規の代理店にはできないから、最低3人は有資格者をそろえるようにと伝えます。もちろん、こうしたトレーニングも認定試験も〝有料〟です。

ところが同じ業種の日本企業は「売ってください、お願いします」と言い、製品説明やトレーニングの費用は全部メーカー持ちです。その上、販売ノルマも曖昧で、販売エリアやそのパイプラインの管理もとても緩いものです。

しかし、代理店は明らかに外資系製品を販売します。それは体系化されたPRMが合理的で、納得のいくものだからです。今、日本のB2B企業が大至急追いつかなくてはならないのは、このPRMかもしれません。

B2Bマーケティングプロフェッサーの視点から

私は日本のB2Bマーケティングは、欧米のマーケティング先進国から比べると10年から15年遅れていると警鐘を鳴らしてきました。しかし、このPRMに関しては20年以上遅れていると言えるでしょう。B2B商材の70％は販売パートナーによってつくられていることを考えれば、早急にキャッチアップすることが重要だと思います。

The B2B Marketing

第5部

マーケティング・オーケストレーションを戦略の柱に

第15章

成果はマーケティング偏差値で決まっていた

The B2B Marketing

国際級のすごいソリストを入れても、中に一人ヘタな人間がいると、
アンサンブルとしての実力はそのレベルに下がってしまう。

久石 譲

久石 譲著『感動をつくれますか?』(KADOKAWA)

「マーケティング偏差値」が全社的に大切な理由

私の会社が、B2B企業のマーケティングスキルアセスメントをサービス化してから3年近くたちました。既に約5000人以上のエンタープライズ企業の受験者データが集まっています。このデータを分析してはっきり見えてきたことは、〝マーケティング偏差値〟と業績との強い相関です。営業の予算会議や事業部会議で、保有しているリードデータやその中の企業規模や部署別の分布の話が普通に出るようになれば、その企業はかなり強いと言えます。

また、マーケティングのフレームワークや、分析モデルなどが共通言語化されている企業は、トップマネジメントが考えた経営戦略を理解して実施することができます。理解していないことは実施できないし、根本的な理解がなければ、問題が発生したときに間違った方向に舵《かじ》を切ってしまうことが多いのです。

企業全体のマーケティング偏差値が高くなければならない理由のもう一つは、「脅威への対応」です。

2014年6月、情報通信業界の巨人IBMが、長年の顧客である米中央情報局（CIA）のコンペで、アマゾン・ウェブ・サービス（AWS）に負けたニュースが世界中を駆け巡り、衝撃を与えました。確かに驚くべきニュースでしたが、ハーバード大学院の教授で著名なマーケティング学者であるクレイトン・クリステンセン博士が著書『The Innovator's Dilemma』（邦題『イノベーションのジレンマ』／翔泳社）の中で「破壊的なイノベーションが巨大企業を脅かす」と予言したのが1997年です。さらにその

17年前の1980年には、マイケル・ポーター博士が著書『COMPETITIVE STRATEGY』（邦題『競争の戦略』／ダイヤモンド社）の中で、「高いシェアを持っている企業にとって真に脅威なのは、既存の業界内の競合ではなく外部からやってくる代替品である」と指摘しています。

さらに言えば、競争してはいけない相手を見極める力も、マーケティング偏差値には含まれます。相手のビジネスを要素分解し、収益構造を分析する力です。

米マイクロソフトがインターネットエクスプローラー（IE）というWebブラウザーをOSに組み込んだとき、米ネットスケープコミュニケーションズはあっという間に消えてしまいました。米グーグルがGoogle アナリティクスを無料で公開した時にも、多くのアクセスログ解析ソリューションが消えていきました。

MA（マーケティングオートメーション）の世界では、ずっと語られていたホラーストーリーがあります。もしどこかのMAをグーグルが買収したら、B2B向けの先陣としてきっと無料でリリースする。その瞬間MAというカテゴリーは消えてなくなる、というものです。

ビジネスの世界には、構造的に〝まともに戦ってはいけない相手〟が存在するのです。

オンラインのブックストアとしてスタートした米アマゾン・ドット・コムの本業はEC（電子商取引）です。今では途方もない取扱品目を販売しています。その在庫管理、物流システム、受発注管理、そして検索性に優れたWebサイトや利便性の高い決済システム、顧客データベースなど、想像を絶する量のデジタルデータを扱っています。そのため、アマゾンの歴史はデータセンターの増設に次ぐ増設の歴史でもあり、上場後も赤字決算を続けていた理由は、こうしたインフラへの投資を先行させたためだといわれています。

そのインフラコスト削減を目的にHP／Linuxに乗り換えたタイミングで、CEOのジェフ・ベゾスの「繁忙期以外は余剰となるサーバーリソースを貸し出せないかな？」というひと言から始まったのがAWS構想といわれています。アマゾンが自社で使うサーバーや回線を、繁忙期や特需に備えて常に余分に用意するのは、ビジネスチャンスを逃さないためには重要な施策です。しかし同時にこれは、常に空いたサーバーや回線を抱えることになります。それを貸し出そうというアイデアがAWSベースなのです。

つまりAWSは余剰インフラの二次利用です。これは原価から見たときの価格競争力が、途方もなく強いことを意味します。まともに戦ってはいけない相手なのです。現在でもIaaS（インフラストラクチャー・アズ・ア・サービス）と呼ばれるデジタルインフラの世界では、AWSが圧倒的なシェアを持っているのはそうした理由があるのです。

逆に、せっかくの資産を全く二次利用に生かせずにいるのが日本の新聞、テレビ、ラジオなどのメディアです。彼らは多くの熟練の記者やカメラマン、そして編集者という長年にわたって育て上げた独自のインフラを抱え、日々高品質な情報を生み出しています。しかし、それらのプロが生み出した膨大なコンテンツを、二次加工も再利用もほとんどしていません。そして第三者が「キュレーション」と呼ばれるインターネット上にあるニュースや情報などのコンテンツを選別・編集して公開するサービスで自社のニュースや情報を二次加工して収益を上げるのを、悔しそうに横目で見ながら自分たちは業績を落とし続けています。

思うに、多くのメディアの経営陣は記者出身が多く、その影響で〝情報は新しいものだけが価値がある〟と信じて疑っていないように見えます。仮に記者としては優秀であったとしても、マーケティングを体系的に学んだ経験はありませんから、自社の価値（DoV）を再定義することがとても苦手に見えます。

同じ紙媒体を主体に、自社の営業が採用広告を取り歩くというのがビジネスモデルだったリクルートは、紙とも代理店とも心中せず、キュレーションにも脅かされることもなく、いまだ成長を続けて日本を代表する企業になりました。

リクルートはマスメディアではありませんが、〝採用広告〟という市場の中では大手新聞とは完全な競合関係にあります。しかも後発ですから、大手新聞から採用広告を奪って急成長した企業でした。それがリクルート事件で新聞とその傘下のテレビ局にあれほど目の敵にされた理由でもあります。しかし、彼らには記者ではなく〝営業の血〟が濃く流れています。市場に最も近いところにいますから、変化への反応速度が大手メディアの比ではないのです。

優秀なマーケティングマネジャーがいたり、マーケティング部門に優秀な人が多くいたりする会社より、経営層やものづくり（研究開発・設計・生産技術）部門、営業部門も含めた全社のマーケティング偏差値が高い企業のほうが、ビジネスチャンスを見つける能力が高く、脅威への対応力も高いので、相対的に稼ぐ力が強いのです。さらに言えば、営業部門の人数を増やさずに受注を増やせるために「営業生産性を引き上げている」という結果も出ています。

第３部で述べた営業生産性とマーケティング偏差値との相関は、これからも定点観測してリポートしていきますが、この傾向はマーケティングの現場にいる者にとっては朗報となるでしょう。

誰も教えたがらないB2Bマーケティング

私は会社の設立30周年の記念事業として、２０２０年から研修事業をスタートしました。その経緯を少し説明しましょう。

実は研修のご依頼は、10年以上前から多くの顧客企業からいただいていました。しかし私としては、研修はコンサルティングとは別のビジネスであり、自社の得意技ではないという理由でお請けしていませんでした。不得意なことを事業にしては、顧客の役に立てないばかりか、競合に負けることになるからです。

研修を専門に提供している企業が多く存在し、その研修メニューの中にはマーケティングもあることも知っていましたので、当社がやる必要もないと考えていたのです。

大学院での講義の依頼もいただく機会が増えました。1日の講演ならともかく、履修生に対して講義をするなど考えたこともなかったので、すべてお断りしていました。大学にも大学院にもマーケティングの教授はたくさんいます。それに私は著名人でもありません。人寄せパンダにすらならない人間がやることはないと考えていました。

ある日、当時設立間もない電通デジタルの初代社長だった丸岡吉人さんから食事に誘われました。当社の丸山副社長と出掛けてみると、おいしい食事を楽しみながら、現在は跡見学園女子大学でマネジメント学部長をされている丸岡さんから、

「庭山さん、中央大学大学院ビジネススクールでB2Bマーケティングを教えてくれませんか」

と言われました。私は「なぜ私に?」と質問しました。

「B2Bはみんな教えたがらないのですよ、実務の世界ですから」

確かにビジネススクールの学生はほとんど社会人です。そして、彼らの多くはB2B企業に勤めていま

す。中にはマーケティング部門に所属している人もいるはずです。彼らは自分の実務能力をリスキリングしたくて学費を払い、時間を工面して通っています。学ぶ目的や欲しい情報が明確で詳細です。実務経験がなかったり、現場をしばらく離れていたりした人には手ごわい相手なのです。

「データを整理して活用しましょう」とは誰でも言えます。すると学生から「どうやって整理するのですか？」と質問されます。B2Bの場合、データ整理の基本は「個人の名寄せ」「企業の名寄せ」「企業と個人のひも付け」「企業情報に過去の取引履歴を付与」「属性情報と呼ばれる規模や業種の情報を付与」などがあります。インテントデータの活用や未来予測であるプレディクティブ・アナリティクスなどは、このはるか先にあります。

その理論は説明できたとしても、学生からは「個人の名寄せはどうするんですか？」と質問されます。勉強熱心な講師なら「MAにはメールアドレスをプライマリーキーにして名寄せをする機能がありますからそれを使って……」と回答できるでしょう。しかし、学生が現場でその業務を行っているなら「メールアドレスのない個人情報はどう扱うのですか？」「メールアドレスを共有している場合は、どうしたらいいですか？」と質問が続きます。これは実務家でなければ答えられない質問です。

私は「1年だけなら……」という条件で、お引き受けすることにしました。それから縁あって、もう7年も客員教授として教壇に立ち続けています。

大学院のB2Bマーケティングの授業は必須科目ではありません。履修する人がいなければ開店休業です。1人とか2人では講義の進め方が難しいなと思いましたが、何しろマイナーなB2Bですから、少人数での講義を覚悟していました。

しかし、蓋を開けると30人近い履修生がいて、教室を変更しなくてはならないほどでした。それ以来、毎年多くの学生が履修してくれています。その授業を通して、私はB2Bマーケティングを教える環境の重要性を再認識しました。

ビジネススクールでの講義もきっかけになって、私は何度お断りしても繰り返し研修のご依頼をいただくある顧客にお会いして話を聞くことにし、率直に質問してみました。

「なぜ研修サービスをやっていない弊社にご依頼をいただくのですか？」

その企業は社員のリスキリングに積極的に取り組んでいて、毎年様々な外部研修を入社年次や専門部署ごとに受講させていました。もちろん、研修後に必ずアンケートを回収し、その研修が役に立ったかを確認していました。その結果、マーケティング研修の評価が低いことが分かりました。理由は研修のレベルでも講師の教え方でもなく、

「B2Cのケースばかりで学んだことが参考にならない」

というものでした。その企業は工作機械などを製造しているB2B企業ですから、化粧品や腕時計などのマーケティングでは、すぐ業務に応用できなかったのです。

アンケートには「学んだことをどう生かしたらよいか分からない」「もっと自分たちの会社と近い商材のマーケティングを勉強したかった」という言葉が並んでいました。その企業の人材開発部もB2Bマーケティングの研修を探しましたが、見つけることができず、それで私の会社に研修を繰り返し依頼していたことが分かりました。

こうした経緯もあって、会社設立30周年の記念事業として研修サービスをリリースしました。

2020年にリリースしたB2Bマーケティングの研修サービスが、その後、意外な展開になりました。この3年間に受講してくれた人の所属を集計した結果、マーケティング部門が約40%だったのです。他は営業部門や開発部門、経営企画部門、広報部門、法務部門などです。その経緯を聞いてみると、最初にマーケティング部門が受講するのですが、その時に「これは営業部門にも受けさせたほうがいい」と会社で提案して、マーケティングに興味を持つ営業部門の人が受講するというパターンが多いらしいのです。

その結果、営業とマーケティングに共通言語ができるので、やり取りがスムーズになり、さらに人事交流や共同勉強会なども生まれているとのことでした。

このB2Bマーケティングの研修サービスは、今では法人会員制の学びとネットワークを目的としたサービス「IGC（Symphony Marketing Intelligent Growth Club）」へと進化を遂げています。当社がまいた種ですが、枝葉の伸び方は我々の予想を超えていました。

指揮官の能力で勝敗は決まる

2017年に中央大学大学院ビジネススクールの客員教授を拝命したとき、そもそもビジネススクールとはなんぞや、と調べてみました。そのとき気が付いたことですが、「専門職大学院」と呼ばれる世界のビジネススクールは「士官学校」をモデルにしており、MBAとは軍隊で士官（将校）になる資格を意味しているということです。

士官は尉官、佐官、将官に分類され、それぞれ准、少、中、大があります。軍隊は兵隊と士官で構成されています。部隊のサイズは小さい順に分隊、小隊、中隊、大隊、連隊、旅団、師団、軍団となりますが、それぞれの指揮は士官が執ります。

士官は基本的に士官学校で同じ教育プログラムを受けています。だからこそ、10万人を超える規模の軍団を指揮する中将の命令を、小隊を指揮する少尉がきちんと理解し、手順通りに準備し、実施することができ、その結果を標準のフォームでリポートすることができるのです。

1870年に起こったプロイセンとフランスの普仏戦争において、ナポレオン三世率いる兵力50万人のフランス軍に対して、30万人のプロセイン軍が圧勝し、フランス皇帝が捕虜になりました。この時、勝敗の決め手となったのは、プロイセンの宰相ビスマルクと参謀総長として戦争を指導したモルトケ元帥が、手塩にかけて育てたプロイセン将校のスキルレベルがフランスを圧倒したからだといわれています。つまり、偏差値の差が勝敗を決めたのです。

世界最古の士官学校は、1741年に設立された英国の王立陸軍士官学校（The Royal Military Academy）です。これに倣って欧州各国は士官学校を開校し、指揮官の要請に力を入れました。その教育プログラムは、戦略、戦術、作戦立案、偵察、兵器、補給や兵たん線の確保などの座学から、兵器の扱い方、地図の読み方、塹壕《ざんごう》の掘り方などの実践までを含み、卒業生はそのまま軍隊の指揮官に任官し、戦場で指揮を執れるレベルでした。

今から200年前の欧州で、士官教育のレベルが最も高かったのがプロイセンです。モルトケが入学した頃のプロイセン陸軍大学校の校長は、世界の軍事研究の大家で『戦争論』の著者として知られるクラウゼヴィッツでした。明治維新後の日本は陸軍の教育にプロイセンを模範とすることを決定し、陸軍大学の教官にモルトケの教え子であるメッケル少佐を招へいしました。日露戦争で活躍した日本陸軍の指揮官の多くはメッケルの教え子でした。

この軍隊の指揮官を養成する士官学校や大学の制度を、ビジネスに転用したのがビジネススクールで、学者ではなくあくまで現場の指揮官を育成することを目的としています。そう考えると、この修士コースだけが日本でも欧米でもアカデミックの薫りが希薄なのが理解できます。

そして日本企業の特徴の一つが、マネジメント層にビジネススクール出身者（ＭＢＡ）がとても少ないことです。日本の経営幹部は営業畑、技術畑、経理畑と、それぞれから昇進した人で占められていますが、誰もマーケティングを体系的に学んだことがありません。それどころか、マネジメントを学んだ経験もないのです。

マーケティングレベルを偏差値でチェックする

２０２０年に6冊目の書籍『ＢｔｏＢマーケティング偏差値ＵＰ』（日経ＢＰ）を出版しました。実はこの時、編集サイドから書籍のタイトルに異論が出ました。

「〝偏差値〟という言葉に好感を持っている日本人はいません。誰もが嫌な思い出を持っている言葉をタイトルにするのはどうなんでしょう」

確かに私にとっても決して良い思い出のある言葉ではありません。しかし、メタファとしてこれほど説明のいらない言葉もないと考えました。「偏差値」と言えば、誰でも学力の基準だと理解していますし、あの大学の偏差値は68で今の自分は63だから、あと最低5は上げないと合格圏に入れない、といった偏差値の使い方も理解しています。

その偏差値の上げ方も、学科ごとの偏差値を見ながら足を引っ張っている学科を塾や家庭教師で上げる、あるいはまだ伸びしろがある得意学科に磨きをかけるといった、具体的な改善策を考えることも経験しています。体験を通して学んだことはスキルとして身に付き、忘れないのです。ですから多くの日本人は「偏差値」を活用するスキルを持っているのです。

またマーケティングに関しては、「できている、やっている」という人がどの会社にも存在します。営業部門にも「マーケティング活動なら私がやってるよ」という人がおり、ABMも「ウチの事業部は、アカウントプランはかなり精緻にやってますよ」という人がいます。ものづくりでは「DXを意識したものづくりをやっています。マーケティングですよね、DXって」と話す不思議な人さえ見かけます。

そうした人たちと議論してもキリがないですし、顧客を論破しても良いことはありません。そこで「まずは知識をアセスメントさせてください」と言って、偏差値を出してもらいます。確かにある科目は高いのですが、多くの場合トータルでは60に届かないレベルになります。偏差値の優れたところは「60以下では優秀だとは言えない」ことが、イメージレベルであっても理解されている点です。具体的に数値化しないとなかなかアクションが起こせないという問題も、偏差値なら解決できるのです。

「我が社のマーケティングのレベルを上げたい」という経営者が多いのはご存じの通りです。その際、「現在の全社偏差値【52】を1年以内に【60】に、研究開発や設計、マーケティングなどの重点強化部門は【68】に上げるように」と具体的に指示できます。マーケティングレベルも計測できなければ、どうやって上げるのかも、どう計測するのかも分かりません。

今では当社の顧客は、

「現在この事業部のマーケティング偏差値は47なので、主力商材の新バージョンがリリースされる来年の6月までに60まで向上させます、そのために……」

という具体的な改善策まで計画できるようになっています。

「知識」と「経験」を分けてチェックする

知っていることとできることとは根本的に違います。これはよく知られているようで、あまり理解されていない原則です。ゴルフがうまくなりたいと思う人が、ゴルフの本や雑誌を貪り読んだだけではスコアは上がらないでしょう。本で読んでも、その通りのスイングができるはずがないからです。

マーケティングで言えばSTPなどがその典型です。マーケティングを少しでもかじった人なら誰でも知っているフレームワークですが、それを使って自社の製品やサービスの「勝てる市場」を正しく定義できているケースはまれです。それどころか、多くの製品やサービスは勝てるはずのない市場に乗せられて苦戦を続け、やがて廃番やサービス停止に追い込まれています。正しい市場に乗せてもらえば売れたはずの商材が、葬られているのを見るのは寂しいものです。

展示会の費用対効果（ROI）のリポートでも、費用は算出できてもリターンを定義できなければ算出できません。名刺やアンケートの獲得単価の計算も、単に総費用を収集枚数で割るだけではターゲット市場以外もカウントすることになり、根拠の薄いリポートになってしまいます。

そうした一つ一つの問題点は、経験を通してしか理解できません。そこで当社のアセスメントでは「言葉として知っている」という知識と、「それを実施したことがある」という経験を分けてチェックしています。自分の実力として活用できるのは、経験を伴った知識だからです。

スキルとは「経験した仕事の質と量」で決まります。いくら知識を詰め込んだとしても、実践しなければ使えるスキルにはなりません。質と量が必要な理由も同じです。どんなに質が高い仕事でも、一度しかやらなければ、思い出や自慢話にはなりますがスキルにはなりません。質の悪い仕事をたくさんすればスキルは確実にダウンします。ハードワークに疲れた人が期待値の低いポジションに移ることがありますが、私は「長くそこにいないように」とアドバイスします。楽な環境は成長しないだけでなく、スキルをダウンさせるからです。

プロフェッショナルは、アマチュアでもできるような期待値の低い仕事をしてはいけないと私は考えています。もし今の職場環境が、質の良い仕事をあまり供給してくれないのであれば、ためらうことなく環境を変えるように勧めています。それは企業内の転属かもしれないし、他社への転職かもしれません。事情が許すなら、海を渡って新しい環境を求めてもよいと思っています。

マーケティングのプロフェッショナルとして十分なスキルを身に付けるのに、特別な才能は必要ありませんが自分のスキルに投資し続ける、学び続ける姿勢が絶対に必要だと思っています。

マーケティング偏差値60を目指す理由

マーケティング部門だけがせっせと専門知識を深めると、社内で孤立してしまいます。私は社内勉強会の講師をすることが多いのですが、熱心な人が集まったマーケティング組織ほど社内で孤立し、営業部門から目の敵にされているケースを見かけます。

人間は弱い生き物です。自分の持っていないものを持っているだけで、嫌いになる理由としては十分で、それは財力でも、容姿でも、知識でも同じなのです。マーケティングは専門用語を使います。その多くはマーケティングの母国である米国の言葉で、しかも「ＰＰＭ（プロダクトポートフォリオマネジメント）」「ＳＴＰ」「ＭＱＬ（マーケティングクオリファイドリード）」「ＣＰＬ（コストパーリード）」などの略語です。そんな言葉の飛び交う会議が、言葉の意味を理解しない人に愉快なはずがありません。

しかし、こういう言葉を使わないように、つまり他部門のレベルに合わせることが良いかと言われれば、私は違うと考えています。私はセミナーや社内勉強会で、年間１５０～１６０回登壇します。その際に

「参加者はマーケティング部門だけではないので、できるだけマーケティング用語を使わないでください」

と言われます。実は難しいというより無理なのです。ＣＲＭ（カスタマーリレーションシップマネジメント）を日本的に言えば「顧客関係管理」です。ＳＥＯ（サーチエンジンオプティマイゼーション）は「検索エンジン最適化」となります。日本語で説明したほうが分かりにくいことが多いのです。ＳＡＬ（セールスアクセプテッドリード）に至ってはもう長々と説明するしか方法がありません。

では、米国や欧州の中でもマーケティングが進んでいる、英国、アイルランド、北欧などの企業の会議はどうなのでしょうか。私はそれらの国で、製品やサービスのＡＰＡＣ（アジア・パシフィック）や日本向けのマーケティング会議に参加することがあります。参加者はマーケティングの他に営業、製品開発、広報なども入ります。その中で、「ＰＰＭ」「ＳＴＰ」「ＭＱＬ」「ＣＰＬ」「ＰＭＦ（プロダクトマーケットフィット）」などのマーケティング用語は普通に出てきます。それが偏差値60以上の姿なのです。

マーケティングは戦略であり、自由度を認めてはいけないものです。その理解の徹底は必要不可欠です。ただ知っているだけでなく、理解し、腹に落とし、企業文化にまでなっていないと、マーケティングの強い企業にはなれません。その一里塚が「偏差値60」なのです。

では、私の経験した偏差値60以上の企業の会議の様子を2つ紹介しましょう。

「偏差値60以上企業」の「展示会選定会議」

これから紹介するのは、マーケティング偏差値60以上の企業における、来期に出展する展示会選定に関する会議の様子です。マーケティング室をつくって3年目、マーケティング室を中心に全社横軸のデマンドセンターをつくって2年目です。マーケティング部門、営業部門、広報部門とマネジャー以上の偏差値は62です。

営業本部長：今日は来期に出展する展示会のことで集まってもらったんだ。マーケティングから方針変更の案が出ているので、それをたたき台にしようか。

営業部長A：予算は昨年と同じですか？

マーケティング室長：来年から展示会の主管は各事業部からマーケティング室に移管されますが、予算は同じ年間３０００万円を確保しています。

営業部長B：それなら今年と同じでいいんじゃないですか？

広報室長：広報的にも今年は成功だったと考えています。業界紙でもブースの写真入りで紹介されましたから。

営業部長A：マーケに移管したってことは、来年は営業から人は出さなくていいんですか？

営業本部長：ウチのマーケはまだ8人しかいないんだ、それじゃ無理だろう。

マーケティング室長：実は展示会の活用をゼロから見直そうと考えています。ですから、営業の応援は必要ないかもしれません。

営業部長B：どういうこと？

広報室長：変えるんですか？　名刺やアンケートもたくさん集まってるし、評判もいいのに……。

マーケティングC：CPLで見ると良くないんです。

営業部長B：CPLってコストパーリードだっけ？　収集個人情報を総コストで割るんでしょ？

マーケティングC：そうです、この集計を見てください。過去5年の展示会のCPLです。

広報室長：1人に1万1000円もかかってるの？

マーケティングC：はい、昨年は3000万円で、各事業部合計で2700人分の個人情報を収集しましたから1人当たり1万1000円です。業界平均は1万4000円なので、悪くはありません。

営業部長B：悪くないのに何で変えるの？

マーケティング室長：純増で見るとこうなります、次のスライド出して。

営業本部長：えっ、４万２０００円かかってるの？ ４倍？

マーケティング室長：はい、２７００人の中の約２０００人は、既にデータベースの中にいた人でした。もう10年近く同じ展示会に出ているので、来場者も変わらないんです。

営業本部長：純増は1年でたったの７００人ちょっとなんだ……。

マーケティングＣ：その７００人を所属企業で分析してみたんですけど、こうなりました。

営業部長Ｂ：これは……４００人が営業対象外か……。しかも、ほとんど競合だね。

マーケティングＣ：なので、本当なら純増３００人でＣＰＬを出すべきかもしれません。それだと10万円になっちゃいます。

営業部長Ｂ：それは駄目だよ。経営企画室にもう展示会に出るのはやめろって言われちゃうよ。

営業部長Ａ：でもさぁ、そりゃこうなるよ。営業部門は自分の担当顧客は必ず連れて来いって言ってるからね。それじゃ駄目なの？

マーケティング室長：そのやり方も変えようと思っているんです。

営業部長A：既存顧客を呼ぶのやめるの？

マーケティング室長：既存顧客企業の新しい人のデータを収集したいんですよ。

営業本部長：あぁ、社長が言ってたABMか……。

マーケティング室長：そうです。ウチは特定事業所の特定の部署しか付き合いがないケースが多いんです。カバレッジ分析の表を出して。

マーケティングC：これです。

営業部長B：これは？

マーケティングC：ABMのターゲット9社の部門ごとのデータ分布です。

営業部長B：色が付いているけど？

マーケティングC：真っ白はコンタクトポイントがゼロですから、何の情報も届いていない部署です。薄い色が1人で、色が濃くなるごとに3人以上、6人以上、10人以上となっています。

広報室長：コンタクトポイントって、名刺と同等の個人情報ですよね？

マーケティングC：はい、メアドは必須ですから。

営業部長A：思いっきり偏ってるなぁ……。いつも出入りしてる部署しかコンタクトないんだね。他の製品が売れないわけだ。

マーケティング室長：これだとABMにならないんです。

営業本部長：ターゲットアカウントの売り上げ最大化だよね、ABMって。

マーケティング室長：そうです。既存顧客の他の事業所での採用や、他の製品に組み込んでもらいたいのです。

広報室長：過去の展示会データを教えてほしいって言うから、何をしてるかと思ったら、こんな集計していたのね。

営業部長B：新製品のターゲット部署の色が軒並み薄いな、これまずいよね……。

マーケティングC：はい、新製品や新サービスのターゲット部署の個人情報がほとんどありません。キャンペーンをやっても反応がないのは、そのせいなんです。

営業本部長：大体、何でこんなに購買部門が多いんだ？　購買に行ってもたたかれるだけだろう。

営業部長A：新しいネタがなければ、設計や研究開発は会ってくれませんよ。営業も無駄だと分かってても、いつでも会ってくれるのは現場と購買だけですから。

営業部長B：文句言われるか、安くしろって言われるところしか行けてないんですよ。

マーケティングC：以前、B部長がターゲットを集めてセミナーをやってほしいと言われましたけど、そのターゲットのデータがないので告知できませんでした。

営業部長B：それで外部データを使って集客したら、競合ばっかり来ちゃったんだっけ？

マーケティングC：そうです、あのセミナーですね。

営業部長A：でも、だからといって既存の担当者はもう誘う必要ないの？

マーケティングC：これ展示会に顧客を連れてきた営業さんにヒアリングした集計データです。

営業部長A：これ？

マーケティングC：連れてきた顧客が他のブースも見たか、そこで名刺交換したかを聞いています。

営業部長A：ほとんど他のブースも見てるし、名刺交換もしてるね。ウチの営業もだらしがないな、目の前で競合と名刺交換させてるのか？

営業部長B：展示会に連れてきて他社のブースを見るなとか、名刺交換するなって無理だよ。

マーケティングC：そこなんです。展示会の主催者は、来場者の利便性を考えて同じ業種が近くになるようゾーニングしています。隣も向かいも競合なんですよ。

営業部長A：ってことは何、今まで顧客担当者を必ず連れてこいって言ってたのは、競合とお見合いさせてたってこと？

マーケティングC：〝浮気〟の種まきをしてたかもしれませんね。

営業部長A：競合もやっぱりメールとか出してるの？

マーケティングC：もうMAを導入していない企業のほうが少ないですから。

営業部長A：あらま、やだねぇ……。

営業本部長：さっきのCPLの純増の表、もう一回出して。そう、これ……ってことは、単に純増を増やすのではなくて、ターゲット企業に所属する個人情報の純増を増やす必要があるんだね。

マーケティング室長：その通りです。ですから、ドラスチックに出展する展示会を変えて、出展スタイルから何から何まで変えないといけないと考えています。

営業本部長：確かにそうしないとABMは始まらないな……。

広報室長：広報でもABMを意識して、ターゲットの読みそうなメディアに出稿しているけど、効果は分からないのよ。

マーケティング室長：展示会や共催セミナーで収集できるデータはマーケで集めますから、広報は展示会に来ないエグゼクティブへの認知度を上げてくれませんか。

広報室長：エグゼクティブ狙いならメディアを再検討しないと駄目ね。でも、そのほうがいいかも。エンジニアとかはメディアに反応してくれないから。

営業本部長　‥じゃ、来年度はマーケティングの提案通り、ターゲットアカウントの純増数をKPIにしてやってみるか……。

CPL、カバレッジ分析、ABMなどの言葉やその定義がそろっているので、このような会議になります。マーケティング部門だけが分かっていたのでは、こうした有意義な会議にはならないのです。

「偏差値60以上企業」の「来期の事業部予算会議」

こちらはマーケティング偏差値が60以上の企業の、次年度事業部予算に関する会議の様子です。既に数年前から企業横断のデマンドセンターが稼働し、全社データが健全な状態で統合管理されています。それだけでなく、営業部長や事業部長も、マーケティングの基礎知識や役割を理解し、営業部門、マーケティング部門のマネジャーの偏差値は63です。

事業部長　‥来期の予算が固まってきたぞ、ウチの事業部で440億円だ。

A部長　：ずいぶん積まれちゃいましたね、今期から140%アップですよ。

事業部長：製品が好調だからな、仕方がないよ。

B部長　：これが各営業部から上がってきた予算の集計です。

事業部長：4部合計で400億円、40億円ショートか、厳しいな……。

C部長　：ウチの部はこれでいっぱいいっぱいです。

A部長　：ウチもこの数字はけっこう強気で読んでいますから、これ以上はきついですね。

事業部長：営業所や販売代理店とも詰めたのか？

B部長　：詰めています。担当している顧客やエリアの数字をかなり詳細に詰めてこの数字です。

D部長：ウチは中・四国と九州の新しいエリアなので、もう少し積める可能性はありますが。

事業部長：おぉ、すごいな。あと、どれくらいいけそう？

D部長：頑張ってあと10億円でしょうか。マーケティング部門が先行して、地域内のターゲット企業のデータを集めてくれたので、ショールームの集客も好調で、良い案件が多いんですよ。

事業部長：そりゃあいいね、しかしそれでも30億円の穴かぁ。

マーケティング部長：30億円はマーケティング由来でつくるしかないですね。

事業部長：メインの商材の案件単価は3000万円だから、受注で100件だ。何とかなるか？

B部長：案件からの受注決定率が30％とすると300件の案件が欲しい。案件化率50％で、600件のアポイントが必要です。

事業部長：ターゲットデータはどうなってる？

マーケティング部長：この製品のターゲットデータは現在、320社で約3700人を保有しています。これだと足りませんね。

A部長：この制御機器は、隣の事業部の計測機器と相性がいいですよ。

事業部長：ターゲットが重なるってこと？

A部長：そうです。

C部長：確かに、そう言われてみると組み合わせた導入も多いな。

事業部長：その計測機器の顧客データは？

マーケティング部長：ちょっと待ってください。えっと……既存顧客が220社で個人だと約1000人ですね。そのうちの140社とメンテナンス契約を結んでいます。それと、展示会などで収集した見込み客ですが、1200社の約7500人がMAに登録されていますね。

事業部長：あの事業部は昔から熱心に展示会に出てるからな。

A部長：重複を考えると合計で何件くらいになる？

マーケティング部長：企業で約1500社、個人で約1万2000人ってところですね。それに、MAの全社データの中で、業種や規模、部署などが近いデータが約4000人分ありますから、それを加えて約1万6000人がコンタクトできるターゲットデータになります。

事業部長：あそこの事業部長とMAの責任者には私から話すけど、そこからどれくらいの案件が出せる？

マーケティング部長：今までのメール開封率やクリック率、コール到達率やアポイント率から計算すると、コンテンツやインサイドセールスのスクリプトを工夫すれば、毎月60件のアポイントなら出せそうです。

事業部長：年間で720件か、フォローするリソースは。

C部長：30億円の穴は空けられんでしょ。何としてもフォローしますよ。

マーケティング部長：アポイントからの案件化率が今年で50％でしたから360件、そこから100件の受注につなげる商談ストーリーが必要ですね。

A部長：それは営業で詰めるよ。でも、もっとデータが欲しいな。

B部長：販売代理店の営業データは使えないかな？　個人情報だけど。

マーケティング部長：共有のパーミッションを取り直せば使えます。それはマーケのほうで法務と相談してやりますが、代理店で顧客情報を開示してくれるところがありますか？

C部長：ウチの専従代理店なら動かせる、当たってみよう。

マーケティング部長：いいですね、分母が増えれば供給できるアポイントの数も増やせるし、何より質も上がります。

事業部長　：今期の展示会はどうなってる？

マーケティング部長：上期に2つの展示会に出展して、新しいリードが約8000人分追加になる予定です。

D部長　：そりゃ心強いね。今のデータで6カ月頑張れば、新鮮な援軍が来るわけだ。

マーケティング部長：2つとも出展したことのない展示会ですから、既存データとの重複は少ないはずです。期待できますよ。

事業部長　：デジタル広告の予算は通ってる？

マーケティング部長：来月からスタートします。デジタル広告からの資料ダウンロードが月に10〜15件は期待できますね。

A部長：あのランディングページの動画はいいね。ウチの制御機器の新機能で、ワークの時間を短縮した事例だから続きが知りたくなる。ダウンロード多いと思うよ。

事業部長：となると、インサイドセールスを増員しないと駄目かな？

マーケティング部長：いえ、その必要はありません。営業リソースの制限がありますからアポイント数は増やせないんです。営業も働き方改革ですからね。アポイントは増やせないとしても、質を向上させてアポイントからの案件化率を10％上げられれば、パイプラインを60～70件増やせます。

事業部長：そこから20件受注できれば、さらに6億円ほど積めるわけだ。

D部長：そんな簡単にはいきませんが（笑）。マーケから供給される商談の質次第ですね。

マーケティング部長：任せてください、これだけ分母があれば良いスコアリングができますから。

事業部長：440億円、何とかなりそうだな……。

企業のマーケティング偏差値が60を超えてくると、マーケティング部門と営業部門は売り上げをつくる仕組みとして連携できるようになります。そして予算会議はここまで洗練されたものになります。

ジュリアード音楽院とニューヨークの関係

ニューヨークのマンハッタンの真ん中に位置する、芸術の殿堂ロックフェラーセンターの裏側に世界最高峰の音楽大学、ジュリアード音楽院（The Juilliard School）があります。この学校は、他の音楽大学と明確な違いがあります。

日本でも世界でも、多くの音楽大学は音楽の教育者を養成することを主眼にしています。それは、プロの演奏家として職を得ることがとても難しいからでもあります。その点、音楽の教員ならば、小学校から中学、高校、大学までニーズがあるので学部として成立するのです。

しかし、ジュリアードは教育者を養成することを全く考えていません。あくまでプロの演奏家を養成することを教育の主眼にしています。世界中の音楽大学ができないことを、なぜジュリアードはできるのでしょうか？　それはロケーションとブランドだと私は考えています。

ニューヨークは米国におけるエンターテインメントの中心です。カーネギーホールという世界有数のクラシック音楽ホールがあり、ロックフェラーセンターというエンターテインメントの殿堂には、バレエシアターもオペラシアターもあります。ロックフェラーセンターからブロードウェイを数ブロック下れば、大きなミュージカルシアターが軒を並べていて、その集積度は世界一です。街の至る所にジャズバーがあり、毎晩聴くことができるその演奏レベルは、世界でも最高峰といわれています。クラシックの室内楽を演奏する小劇場も多く、プロのミュージシャンにとって、この街ほど仕事に恵まれた場所はありません。

ニューヨークを拠点にするオーケストラも多く、オルフェウス室内管弦楽団、セントルークス管弦楽団、アメリカ交響楽団、メトロポリタン歌劇場管弦楽団などが存在し、さらに世界有数の名門オーケストラであるニューヨーク・フィルハーモニックもこの街を拠点にしており、それらの楽団員にはジュリアードの卒業生も多く含まれています。

そしてブランドです。この大学で世界最高峰の演奏技法を学び、世界へ羽ばたくミュージシャンが後を絶たないのです。チェロのヨーヨー・マ、バイオリンの諏訪内晶子ら数え上げたらきりがない音楽家がここから生まれています。世界最高の演奏を見たり聴いたりする機会に恵まれ、仕事にありつくチャンスが多い街のエコシステムに、人材が集積しないわけがありません。

実は米国のマーケティング界もこれと似ているのです。偉大なマーケティング学者が教壇に立つ優れた大学院が多くあり、アナリストファームがあり、専門性の高いパブリッシャーがあり、数え切れないカンファレンスがあり、そして多くのマーケティング関連の仕事が世界のどこよりも多くあり、これらが世界中から優秀な人材を引き寄せています。こうした現状を考えれば、ものづくり、広告、PR、デマンドクリエーションという広い範囲で日本が米国に追いつくのは、気が遠くなるほどの時間が必要になるでしょう。

しかし、もし「製造業」というインダストリーカットでフォーカスするなら、日本がマーケティング大国になれる可能性はあると私は考えています。学ぶ環境やネットワーキングするイベントこそまだ少ないですが、仕事の機会や世界に通用する優れた製品や生産技術があります。

もし「学ぶ環境」と「刺激を受けながら学び、交流する場」を整えることができれば、日本が製造業のマーケティング大国になることは不可能ではないのです。

楽譜が読めなければ交響曲は奏でられない

曲とコードを知っていればギターは演奏できます。学生時代にフォークギターをかき鳴らしていた友人の中には、楽譜が読めない人もかなりいました。しかし、バイオリンやファゴットを持ってオーケストラに参加し、交響曲を演奏しようと思えば、楽譜が読めなければ話になりません。楽譜に書き込まれた様々な記号やその意味を理解しなければ演奏できないからです。

それはマーケティングの用語やフレームワークと同じです。

「この事業は問題児なんだ」

と言われても、この「問題児」がPPM（プロダクトポートフォリオマネジメント）の「市場が拡大している中でまだ自社のシェアが低い象限」を指していることを知らなければ会話にはならないでしょう。

基本的な用語、フレームワーク、人名などを知らないと、ミーティングすら成立しません。日本の企業に勤務する人は、マーケティングを体系的に学んだ経験を持たない人がほとんどです。私の会社のB2Bマーケティングに特化した研修サービスは、マーケティング部門に配属された人向けの基礎講座としてスタートしました。ところが、これを受講した企業から、これを営業部門にも受けさせたい、ものづくりにも受けさせたいという希望が出てきました。それはマーケティングの基礎知識、つまり偏差値をそろえないとマーケティング部門と営業部門やものづくり部門とのギャップがますます大きくなるという理由からでした。

累計で見ると、現在は非マーケティング部門の受講者の数が多くなっています。これは、マーケティングに関わる共通言語がなくて苦労している企業や人が、いかに多いかを示しています。楽器はある程度演奏できても、楽譜を読めない人が集まったオーケストラで指揮をするのは、想像を絶する苦労があるはずです。賢い人ならば、リハーサルの前にまず「楽譜の読み方」から教えるほうが早いと気付くでしょう。

共通言語がなければ連携はできないのです。

同じ言葉を異なる定義で語る会議ほど無駄な会議はない

コンサルティングで行うマーケティング基本設計で、各事業本部の責任者とミーティングをするとき、こんな会話があります。

「庭山さん、マーケティングを始めるってことは、新規案件を期待していいのですか？」
「はい、そういう仕組みをつくります」
「そりゃいい、新しい市場の開拓に手を焼いてたんですよ」

と、ここまでは当たり前の話です。しかし、私がここで「確認」を挟むとややこしくなります。

「今、〝新規〟を〝新しい市場の開拓〟とおっしゃいましたが、定義をそろえたいので確認させてください。御社では既存顧客や過去客からの案件は、新規案件とは呼ばないのですか？」

多くの企業ではここで紛糾します。
今期の販売予算達成が見えている事業本部は新しい市場、つまり新規の取引先を欲しがる傾向が強いのです。しかし、今期の予算が厳しい事業本部の場合は、既存顧客や過去客からの案件を欲しがります。その理由は、取引実績がある企業は既に口座が開いているなどある程度の関係ができているので、営業のリードタイムが短く、案件化すれば今期中の受注や納品に間に合うからです。

実務においては、こうした言葉の定義合わせに十分な時間をかける必要があります。そうでないと後になってマーケティング設計の手戻りが大量に発生するからです。

「案件」「商談」「承認」「エンゲージ」「既存」「新規」「利益」「リターン」そして「マーケティング」などの言葉はビジネスシーンでは頻繁に出てきますが、多くの場合定義を曖昧にしたまま使っています。しかし、会議を行うときや同じプロジェクトに参加するときは、こうした言葉の定義を最初にそろえることがとても重要です。

要素を分解する力

もう一つマーケターにとって大事な資質は「要素分解」です。

日本を代表する経営コンサルタントの一人である波頭亮さんは、その著書の中で「正しく分けられることとは正しく分かること」と述べています。分けることは分かることなのです。

この章で、ＡＷＳは本来正面から戦ってはいけない相手だと書きました。収益構造、特に原価の構造が全く違うので、価格競争力では勝ち目はありません。これは本来ＭＤ（マーチャンダイジング）としての基礎的な知識があれば理解できることです。

私が新卒で入社した会社は、ファッションビルやショッピングセンターなど商業施設の企画・設計を得意としていました。特異な社風ということもあって離職率が非常に高く、プロジェクトの途中で先輩社員がどんどん抜けてしまうこともあるため、新人でも重要な仕事をさせてもらった記憶があります。その重要な仕事の一つに「現調（現地調査）」がありました。リノベーションを計画する施設の商圏内の人口動態や競合店に関する情報を収集し、リポートにまとめる仕事です。

2社目の会社に転職したときに、入社直後に書いた現地調査リポートで「ここまでの調査リポートは見たことがない」と言われて、周囲からの評価がガラッと変わったことを覚えています。それは、最初の会社時代に独学で学んだ、商業施設を【環境】【装置】【MD（マーチャンダイジング）】【オペレーション】【プロモーション】の5つの要素に分解して調査し、リポートする技法を使ったものでした。B2Bではありませんが、参考までにそれを紹介しましょう。

【環境】

基本的には立地環境で、商圏内の人口動態、所得別、年齢別、新築マンション、公共交通機関の整備状況などと、その変化や今後の計画など。また周辺の競合店舗の変化も重要な要素で、販売品目（婦人服、紳士服、食品など）ごとの売り場面積の変化や、閉店や撤退計画、増床、新設の計画、また旧商店街の市街地再開発計画なども情報収集の対象になります。

【装置】

調査対象の商業施設の内・外装を中心に見ていきます。実は重要なポイントはトイレで、特に高感度のファッションや雑貨を扱う場合、トイレのレベルは女性の顧客離れの原因になります。リノベーションの場合の予算配分の重要な指標になります。原宿の表参道にあったビブレというファッションビルは、1980年代のDCブランドの中心的な存在でしたが、そのトイレには大理石が使われ、便器は見たこともない高級品でした。

【MD（マーチャンダイジング）】

小売り、飲食店の場合、最も重要な要素ですから、最も時間をかけなければならない項目です。これが成功と失敗を分ける決定的な要素となる場合が多いのです。MDには狭義と広義があり、狭義ではバイイング（仕入れ）に近い行為を指します。これは店頭の商品やレストランのメニューを見れば分かります。価格帯や顧客の動き、レジ回りの様子などで平均客単価を予想し、月間や年間の売り上げを推量します。

MDの広義はサービスや雰囲気までを含めた、顧客にどんな価値を提供しているのか、という調査項目です。言うまでもなく、広義のMDが商業施設の価値を決めることになります。ショッピングとは、物を購入するだけが目的ではありません。それ自体が楽しいイベントですから、雰囲気がとても重要な要素になります。

狭義、広義のいずれの場合でも大事なことは「誰が顧客か」が明確に定義されていることです。これは

B2CでもB2Bでも、業種、業態、規模を問わず共通することです。飲食店はお店の雰囲気が大事である、というのは一般論にすぎません。例えば香川県のうどん店であれば、仮にターゲット顧客を県外からうどんを食べに来るうどんマニアだとすれば、店舗にお金をかけて雰囲気を出すのは逆効果になるでしょう。玄人好みの名店を求めている彼らからすれば、店舗にお金をかければ観光客狙いと判断され、彼らの名店リストから削除されるでしょう。顧客（ターゲット）の定義はいつの場合でも最重要なのです。

【オペレーション】

その店や企業が、どのようなオペレーションをしているかを外部から調べるのは簡単ではありません。しかし、レストランなら店内を見渡せる席に座って注意深く観察すれば、誰が社員で誰がアルバイトかをある程度見分けることができます。ランチの忙しい時間帯に観察すれば、メニューの品数と、3〜4人のお客さまがオーダーしてから料理がそろうまでの時間で、キッチンの規模や人数を想定することは可能です。

ホテルやレストランの場合、そのサービスレベルは接客スタッフの正社員率が一つの目安になります。1990年代、まだ海外の大手ホテルが日本にあまり進出していない時代は、東京のホテルの格式は〝ビッグ3〟とそれ以外で明確に分かれていました。ビッグ3とは、ホテルオークラ、帝国ホテル、ホテルニューオータニです。中でもホテルオークラは最も格式が高く、関西や九州の富裕層の中には「東京ではホテルオークラにしか泊まらない」という人がいたほどです。

当時、日本のホテルの中で最も正社員率が高かったのがホテルオークラだったのです。帝国ホテルは立地でそれをカバーし、ホテルニューオータニは規模（部屋数）でそれをカバーしました。プリンスホテルなどがいくら良い立地にホテルを建てても、その格式がビッグ3に並ぶことができなかったのはオペレーションの差なのです。

【プロモーション】

プロモーションは基本的に外向けに展開するものなので、最も観察しやすい要素です。ただやっかいなのは、プロモーションが得意な企業はマーケティングが得意な企業と思われてしまうことです。

プロモーションは独立して強化することが可能です。総合力の賜《たまもの》ではない場合が多いのです。極端に言えば、広告代理店のディレクターに能力があれば、プロモーションは成功します。そのディレクターがベテランであっても若手であっても能力があれば、優れたプロモーションは企画できます。もちろん広告を中心としたプロモーションは「水もの」ですから、当たりも外れもあると思ったほうがいいでしょう。いずれにしても、その企業の実力とは異なる場合がある点について注意する必要があります。

1990年代にソニー（現ソニーグループ）がノートPC市場に再エントリーした際、合金マグネシウムの紫色のVAIOは脚光を浴び、多くの人がソニーはやはりマーケティングが強い、と言いました。当時、私はソニー関係の仕事をしていましたが、その内部は驚くほど「製造業」でした。創業者である井深大さんの精神が健在で、まさにエンジニア天国の会社だったのです。顧客管理などのマーケティング的な思考回路はどこにもありませんでした。あれほど強いブランドを持ち、テレビも、オーディオもPCもソニー製品を使い、音楽もウォークマンで聴いている人の顧客データベースすら存在しなかったのです。ソニーの顧客は家電量販店でした。

ただし、プロモーションはとてもうまい企業でした。当時のCEOは出井伸之さんで、国際営業畑から広報担当役員を経てトップになった人で、広告代理店を手足のように使って素晴らしいプロモーションを展開していました。そうしたこともあり、多くの人はソニーはマーケティングが強い企業と思っていました。実態は素晴らしい製品を生み出すテクノロジーとクリエイティブ、そしてプロモーションの得意な企業だったのです。

まずは先進国の平均点を

私は日本のB2Bマーケティングが世界のトップレベルに追いつくには、まだ少し時間がかかると考えています。欧米企業では、企業間の競争もマーケター個人の競争も桁違いに厳しい環境で戦っています。その進化の源泉は、生き残りを懸けた競争なのです。

しかし、私は日本はマーケティングで世界のトップに立たなくても、日本企業は世界で十分戦えると考えています。他の生産技術、営業やサポートの人材、企業風土などのレベルが突出して高いからです。ただ、マーケティングも世界の平均点までは上げなくてはなりません。受験で言えば、ほとんどの科目で70

近い偏差値なのに、英語だけが40という状態です。英語を70にするのは難しくても、せめて60まで上げることができれば足を引っ張らなくなります。

私が「マーケティングの企業偏差値60を目指しましょう」と言っている理由はそれなのです。私の一貫した主張は「日本企業の弱点はマーケティングだけ」というものです。ですから、ここを集中的に強化すべきだし、強化すれば日本企業は再び世界で輝くことができます。

経営者の本気が勝敗を分ける

多くの経営者は「マーケティングに本気で取り組む」と言い、それを中期経営計画に「マーケティングの強化」として明記しています。しかし、それでは経営者の本気とコミットを示すには不十分だと考えています。残念ながら「マーケティング」という言葉の定義が曖昧なものである以上、「マーケティングを強化する」「マーケティングに力を入れる」という経営者の言葉には説明を必要とするからです。そこが伝わらないと、

「ウチの社長が、中期経営計画に強化すると書いたマーケティングって何だろうね？」

となってしまいます。リサーチかもしれない、ブランディングかもしれない、採用に苦戦しているから若者向けのブランディングだ、ウチも何かのキャラクターをつくってもらおう、広告代理店を呼びましょう……、と現場の混乱と無駄遣いが果てしなく続きます。

リサーチ力を向上させてヒット製品をつくりたいのか、ブランドを向上させて採用に貢献し、人的リソースを強化したいのか、それともデマンドを強化し、売り上げをつくるところを分業化して営業の生産性を上げたいのか、そこまで踏み込んで説明しないと日本企業では何も動かないのです。

ですから、経営者の本気が必要なのです。本気の人選、本気の予算、本気の組織改革、そうしたものがなければせっかくつくったマーケティング部門は枯れ、先進国との差は広がり、もう追いつけなくなるところまで離されてしまうかもしれません。エースを人選し、必要にして十分な予算を与え、じっくり育てる。そうした姿勢が必要なのです。

今なら間に合います。本気で取り組めば、3年で手応えを感じ、5年で世界の背中が見えてきます。そこまでいけば、もうマーケティングの偏差値が全体の足を引っ張ることがなくなります。

経営者の本気、これが何より大事なのです。

B2Bマーケティングプロフェッサーの視点から

マーケティングの実務は専門性の高い職人技です。自分の技術に貪欲に投資し、磨き続けなければなりません。マーケティングに限ったことではありませんが、スキルは学び続けなければ本物にはなりません。もう40年以上もマーケティングをやっていることもあり、マーケターを志す若者からキャリアプランを相談されることが多いのですが、私はいつもこう答えています。

「今の社会人スキルで最も投資回収率が高いのはB2Bマーケティングです」

その理由は、この国でB2Bマーケターの需要と供給がバランスが取れるのに、最低でもあと20年はかかるからです。つまり、それまでは完全な売り手市場なのです。

第16章

CMOに求められる要件と、CROの役割

The B2B Marketing

即戦力になるような人材なんて存在しない。だから育てるんだ。

スティーブ・ジョブズ

桑原晃弥著『［決定版］スティーブ・ジョブズ名語録』（ＰＨＰ研究所）

日本のＣＭＯの課題とその原因

日本企業でＣ（Ｘ）Ｏという肩書を見るようになってからずいぶんたちます。ただ気になるのは、日本企業においてはそれが必ずしもプロフェッショナルの最終ポジションではないことです。

本来、ＣＴＯ（最高技術責任者）は技術者の最高位であり、目指すべき最終キャリアのはずです。ＣＩＯ（最高情報責任者）は情報システムの最高位であり、ＣＦＯ（最高財務責任者）は財務・経理関係のキャリアの最高位です。同様にＣＭＯ（最高マーケティング責任者）はマーケティングの最高位であり、マーケターのキャリアの終着点であるべきだと私は考えています。

しかし、現実を見ると、日本企業のＣＭＯにはマーケティングの実務キャリアを持たない人も存在します。対外的にＣＭＯがいないのは具合が悪いので、とりあえずポジションをつくって、広報、総務、営業などのキャリアを持つ人を当てはめているように見えるのです。しかし、こうした人事では学生時代からマーケティングを学び、マーケティング職で転職を繰り返しながらキャリアを積み上げてきた、マーケティング先進国のＣＭＯと渡り合うことは難しいでしょう。

ホワイトカラーはジョブ型が標準の欧米では、専門職の解雇や転職は当たり前のことです。中でもＣＭＯは入れ替わりが激しい職の一つで、規模の大きなＢ２Ｂ企業で言えば、平均在職期間が2年を切ったのは10年以上前のことで、現在は23カ月を切っています。その退職理由の70％は解雇です。

知らないものは生かせない

日本のB2B企業において、マーケティングがうまく機能していない原因の一つに、人と組織の問題があります。現在は様々な企業がマーケティング部門を持っていますが、その多くはミッションを果たすために必要なリソースを、質的にも量的にも持っていません。予算に至っては、何を基準に決められたのか誰も分からない金額しか割り当ててもらえず、その多くは、昨年と同じ展示会やキャンペーンを行い、ツールの利用料を支払えば終わってしまう金額なのです。

もし経営者（トップマネジメント）がマーケティングを正しく認識していれば、正しい位置に配置され、適切な業務分掌が割り当てられ、それを実行するのに十分な質と量のリソースと予算を割り当ててもらえるでしょう。マーケティングチームは役割を果たして売り上げに貢献できます。既存顧客から新しい案件を掘り起こし、新しい市場を開拓し、新製品やサービスが勝てる市場を見つけることができるでしょう。

しかし、残念ながら今の日本でそんなマーケティング部門は極めてまれと言えるでしょう。

私は1990年に会社をつくり、B2B（法人営業）企業のマーケティングを支援してきました。日本企業がマーケティングを必要としなかった10年前までは主に外資系企業の、リーマン・ショック以降は主に日本企業がクライアントです。

偶然、同じ業種で似た規模の日本企業と外資系企業のマーケティングをサポートしたことがありました。

両社の大きな違いは、経営者のマーケティングの位置付けです。外資系企業はマーケティング部門を企業のコア（核）に位置付け、その重要性は社内で周知徹底されています。私の会社がサポートした多くの外資系企業では、マーケティング部門のリポート先は現地法人であるジャパンの社長ではなく、グローバルマーケティング組織の頂点にいるCMOでした。グローバルCMOのポジションは、日本法人の社長よりはるかに高いのが普通です。

それに比べて日本企業の経営者の多くはマーケティングを体系的に学んだ経験を持っていません。経営者になるまでの過程においてもマーケティング部門での勤務経験はなく、そもそも社内にマーケティング部門など存在しませんでした。ですから、そろそろ自分の会社にもマーケティング部門が必要だ、と考えて社内公募や営業からのコンバートで数人から十数人でマーケティング部門をつくり、MAなどのツールを導入し、いくつかのイベントに参加する予算を割り当てるだけで、後は放置して報告を待っています。

これでは雨の降らない痩せた土地に植えられた苗木のようなもので、育つはずもないのです。

日本企業で最も強い政治力を持つ営業部門からは邪魔にされ、広報や法務からは危なっかしい存在と思われ、経営幹部からは見放されたマーケティング部門が、日本には恐らく万の単位で存在します。社内で息が詰まって窒息寸前の彼らは、ツールベンダー主催のイベントに憩いの場を求め、そこで元気をもらって再び理解者のいない会社に戻っていきます。

CMOのミッションは社内のマーケティング理解度を上げること

私はマーケティング先進国のCMOと日本のCMOとの最も大きな違いは、CEOを含むトップマネジメントチームにマーケティングを理解してもらうミッションの有無だと考えています。実はこのミッションは欧米では必要ありません。経営幹部でマーケティングの重要性を理解していない人など、いないからです。また、多くの経営幹部はMBAを保有しており、概論レベルではあってもマーケティングを学んでいます。

一方、日本のトップマネジメントチームのメンバーはほとんどが営業、財務、技術などの分野から上がってきた人たちで、経営幹部に占めるMBAホルダーの数は、恐らく先進国で最も低いはずです。ですから、日本のCMOはマーケティングに対する理解を得るための努力がどうしても必要になります。

これは、新しくできたマーケティング部門のマネジャーも同じです。その企業にCMOがいなければ、トップマネジメントチームにマーケティングを理解してもらう役割を担わなくてはなりません。

ある時、新設のマーケティング部門のマネジャーから緊急の相談がありました。

「担当役員が代わって、新しい役員から昨年の展示会のROIを説明しろと言われました。どう説明したらいいですか？　説明できなければ、予算を削られてしまいそうです」

というものでした。

私は担当役員の気持ちも現場のマネジャーの気持ちも分かるので、こう答えました。

「あなたの上司はマーケティング予算を削りたいのではなく、売り上げに貢献しているのかどうなのかを知りたいのです。それを具体的に計算しましょう」

実は展示会をROIで計算するのは実質不可能です。I（インベストメント：投資）は展示会にかかった総費用を入れればよいので簡単に算出できますが、問題はR（リターン：利益）をどう定義するかです。もし、会計的なROIを適用するならRは純利益になります。税引き後の利益に減価償却などを足して算出するのですが、多くのB2B企業では、案件化した後のセールスのリードタイムだけでも数カ月が普通で、自動車のパーツや素材になれば数年かかることも珍しくありません。さらに受注してから納品までの時間もかかり、純利益であるなら、納品して売り上げを計上しないと計算できないことになります。つまり、強引に計算すればリターンは多くの場合ゼロになってしまうのです。

しかし、そのリターンゼロのリポートで、展示会の出展予算をカットするのが本当に正しい判断でしょうか？　答えはもちろん「No」です。顧客であっても組織には常に新しい人が入ってきて、ベテランは抜けていきます。新しい顧客も開拓しなくてはなりません。

「マーケティングとは要するに顧客の獲得と維持である」と喝破したのはT・レビット博士ですが、だとすれば、顧客を獲得するためにも維持するためにも顧客が集まる展示会には出たほうが良いに決まっているのです。

では、それをどう評価するのか？　この投資が「顧客の獲得と維持」のために無駄ではないことを、証明しなくてはなりません。

CMOの5つのジョブ定義

経営戦略はCEOの責任において立案されます。通常それは中期経営計画としてドキュメントになります。クラシック音楽に例えるなら、これが原曲になります。この曲をオーケストラが演奏するためには、オーケストラの各パート用の譜面が必要になります。どの楽器にどの部分を演奏させるかを決めるのが編曲であり、これを音楽用語では「オーケストレーション」と呼びます。

経営者が立案した経営戦略を実現するため、実施に向けた詳細なマーケティング戦略を策定することがCMOの最も重要な役割です。そのためには、各パートを理解していなければ不可能です。編曲をする人がバイオリンとビオラの違いが分からなかったり、ファゴットの音色を聞いたことがなかったりしたら、オーケストラが演奏するための楽譜は書けないのです。

(1)マーケティング戦略の策定(オーケストレーション)

マーケティング戦略は経営戦略を実現する上で最も重要なサブ戦略です。従って、マーケティング戦略を立案する目的は、経営戦略の実現可能性を最大化することです。つまりマーケティング戦略を立案する人は、経営戦略を正しく深く理解していることが何より重要になります。その理解するプロセスを「アナリーゼ」と言います。

アナリーゼはドイツ語の音楽用語で「楽曲分析」という意味があります。現代のオーケストラがブラームスやベートーベンの交響曲を演奏するときに、その曲の解釈を直接作曲家に聞くことはできません。そこで、その曲を深く理解して解釈するために編み出された技法がアナリーゼで、現代では学問にまでなっています。

アナリーゼでは作曲家が曲を書いた時代背景、出来事、人間関係、経済状態、年齢、季節などを考慮しながら、メロディーの精神を深く理解します。クラシック音楽では曲の解釈を決めるのは指揮者です。オーケストラの楽団員がそれぞれ勉強して勝手に解釈しては、演奏になりません。

それと同じように、CMOは経営者が書いた経営計画や経営戦略を理解し、確認し、それを実現するためのマーケティング戦略を立案して実現します。その範囲は、企業によってまちまちです。製品企画やサービス開発まで入る場合もあれば、リードジェネレーションから受注までの場合もあります。いずれにしても、マーケティング戦略はCMOが策定し、それを周知徹底させなければなりません。

企業経営において作曲家はCEOです。経営戦略を中期経営計画にまとめます。同時にそれを実現するためのサブ戦略を、財務戦略はCFOが、人事戦略はCHOが、IT戦略はCIOがそれぞれ作成します。マーケティング戦略を書き上げるのは、もちろんCMOのミッションです。それは原曲である経営戦略を深く理解し、CEOの精神を解釈し、その意をくんだものでなければなりません。そういう意味ではCEOと良好な信頼関係を築けないCMOは会社を去るべきなのです。「Cクラス」と呼ばれるトップマネジメントチームの中でも、最もCEOに近い立場がCOO（チーフオペレーティングオフィサー：最高執行責任者）、CSO（チーフストラテジーオフィサー：最高戦略責任者）と並んでCMOかもしれません。そのため、CMOの次のステージはCSOやCEOが多いのです。

マーケティング・オーケストレーションでは、指揮者はCMOでなければなりません。各事業部や部門が異を唱えることがあっては演奏にならず、まさに不協和音になってしまいます。

（2）マーケティング組織の編成とマネジメント

米国の経営史学者であるアルフレッド・チャンドラーの有名な言葉に「組織は戦略に導かれる」というものがあります。マーケティング組織は、マーケティング戦略を実現するために必要にして十分な量と質を備えていなければなりません。それを編成するのがCMOの非常に重要なミッションになります。

この組織は、全員を正社員で編成する必要はないと考えています。すべての業務を社内で行おうとすると、膨大な無駄とコストを発生させることになってしまいます。昔、マーケティング部門に多くの人を抱えていた外資系企業に呼ばれ、MAのオペレーション業務を委託したいと言われました。「十分内製化できるリソースを持っているのに、なぜアウトソーシングを使うのですか？」と質問すると、米国本社から赴任してきたシニアマネジャーの答えは明確でした。

「MAのオペレーションは大事な仕事だがお金は生まない。お金を生むのはコンテンツだから、できるだけ多くの人をコンテンツに回したいんだ」

さらにリスクを抱え込むことも避けたいと説明してくれました。

「メール配信は現在は週に1～2回だけど、週に1度しか使わない機能の操作ってミスが出て当たり前だと思うんだ。プロは毎日10回も20回もメール配信するでしょ。だからミスが出ないのですよ。実は米国本社もMAのオペレーションはアウトソースしてます」

まず、マーケティング戦略を実現するために発生する業務を整理し、それを難易度や、社内にノウハウを蓄積したいのか、生産性を上げたいのかを判断し、社員、契約社員、派遣、そしてアウトソーシングを組み合わせて組織を編成するのが日本では最も良いと私は考えています。

（3）KPIの設定

B2BマーケティングのKGIは、基本的に受注であるべきだと私は考えています。特にデマンドセンターやABM施策の場合は、これ以外にKGIを持つべきではないでしょう。売り上げに貢献することがマーケティングの使命だからです。本来KPIとは、そのKGIに対して最も強い相関を持つポイントのはずです。だからこそ、ベンチマークする価値と必要があるのです。

もちろんKGIが受注だとしてもKPIはそれぞれ異なります。それは得意技が違うからです。業界1位と2位は違うでしょうし、直販で売り切る場合と販売代理店を使う場合では違って当たり前です。そのため、KPIの選定はCMOの重要なミッションとなりますが、実はCMO不在の日本では、B2B企業のマーケティングKPIの多くはKGIと相関を持っていません。

Web担当者が報告するリポートにはページビュー、セッション、インプレッション、直帰率などの数値が並んでいます。このどれが受注と強い相関を持っているのでしょうか。B2CのECサイトであれば、これらは重要なKPIかもしれません。しかし、B2Bのラストワンマイルは営業パーソンが稼働するような商材ではほとんど相関はないはずです。相関を持たない活動にお金を使えば、他部門から冷たい目で見られるのは当然です。

展示会のブース来場者、収集したアンケート数、セミナーの参加者などはいずれもKGIとの相関は認められないはずです。私の経験では、評価部門へのサンプル供給、キーパーソンのショールーム訪問、複数人での動画閲覧、詳細資料の請求やダウンロードなどは相関が強く、商談につながる重要な指標です。

KGIに対して最も強い相関を持つKPIを定義し、そこにあらゆるリソースを集中してベンチマークする。これがマーケティングが機能している企業の特徴でもあり、CMOがきちんと仕事をしていることを意味します。

KPIの設定については第3章で書いています。

(4)トップマネジメントチームに対するマーケティングの理解の徹底

日本企業の欧米企業との違いの一つは、前述しましたがトップマネジメントチームのMBA率の低さです。良い悪いではなく特徴なのですが、これはマーケティングを体系的に学んだ経験がないことを意味します。つまり、トップマネジメントチームの中にもSTP、イノベーター理論、ホールプロダクツ、PPM、ファイブフォース、アンゾフマトリクスなどを知らない人が存在するということです。これは世界から見れば驚くべきことです。グローバル戦略を考えて外国人をCMOとして招へいした企業が、そのCMOに短期間に辞められてしまう原因でもあります。

あきれて退職すると言う米国人のCMOと、こんな会話をしたことがあります。

「彼らは何も分かってないんだ。バリュープロポジションという言葉が通じない。製品事業部長がターゲットセグメントの選定基準を説明できない。社長は経営計画にDXって書くんだけど、このDXの定義は何ですか?って質問したら、嫌な顔をされたんだ……。もう無理だよ」

「ここはそういう国だよ、でもその会社が米国企業のシェアをどんどん奪っていったんだ。良いところを見たらどうだろう？」

「言葉が通じない。英語じゃないよ、基礎的なビジネス用語が全然通じないのでコミュニケーションにならないんだ」

「ＭＢＡがほとんどいないから仕方がないよ」

「日本人はビジネススクールが嫌いなのかね？」

この人は結局、上場企業の常務執行役員ＣＭＯというポジションを数カ月で放り出して米国に帰ってしまいました。この国でマーケティングを担当する経営幹部には、他の国では必要ない忍耐力が必要となります。それが嫌ならマーケティング先進国の企業に転職するしかありません。しかし、だからこそ日本企業にはマーケティングのナレッジを持った経営幹部がどうしても必要なのです。

現在、多くの日本企業のマーケティング部門は機能していません。その責任の多くはトップマネジメントにあります。マーケティングが必要だと漠然とは分かっていても、マーケティング組織をどうつくり、どこに置き、どんな人的資源を割き、どれくらいの予算を持たせて、何をさせ、どう評価するかが、誰も分からないのです。そのためどの企業でも、あまりに少ない予算と貧弱なリソースしか持たないチームが、上から期待されていることを実現するために四苦八苦しています。

頑張っても評価されなければ、転職を考えるのは当然です。こうしてスキルに自信がある人から抜けていき、ますますマーケティング部門は弱くなり、社内で浮き上がることになります。そして、いつまでたっても成果を上げられず、他部門からの評価も良くないマーケティング部門に愛想を尽かしたトップマネジメントが予算をカットした瞬間、この会社のマーケティングは終了します。それは、その会社の未来を潰すことでもあるのです。

CEOに経営戦略の裏付けとしてマーケティング戦略を植え付け、CFOにマーケティング予算は経費ではなく投資であることを納得してもらわなくてはなりません。そのために必須なのは〝実数〟で語れることです。

私はマーケティング施策を実数で語れないマーケターは生き残れない時代になると考えています。インターネットという強力なチャネルが登場して以降、そこを主戦場とするマーケターはクリック率、コンバージョン率、直帰率、ページビュー、ユニークユーザーなどでリポートし、自らの貢献をアピールしてきました。しかし「受注/売り上げ」をKGIとするなら、残念ながらこれらの数値はほとんど相関を持っていません。営業がメールのクリック率やページビューの増減に興味がないのはそれが理由なのです。

「今月のWebの閲覧は何社の何人でした。その中でターゲットと思われる企業の重要な事業所からのアクセスはおよそ何人」

こうしたリポートのほうが、経営幹部にも営業部門にも興味を持ってもらえます。「%」はマーケティング部門内で使う指標にすぎないことを覚えておくべきでしょう。

(5)セールス部門との調整

私はクライアントが新しくマーケティング部門をつくるときには、半分以上を営業部門の出身者で埋めてくださいとお願いしています。B2Bにおいてはマーケティングと営業は前工程と後工程の関係で、共通の目標は「受注」です。もし前工程と後工程の意思疎通がうまくいかなければどうなるでしょう。

私は自社の営業部門をリスペクトできないマーケターは活躍できないと考えています。知識や理論はしっかりしているのに実績を出せないマーケターの多くは、社内の営業からの評価が低いのです。しかし、データは営業のデスクの中にあります。最新の顧客の動向に関する情報も営業が持っています。導入事例も営業の手の内です。そしてマーケティング部門が発見した案件も、フォローしてクロージングするのは営業です。そういう意味で、営業部門とマーケティング部門の不仲は多くの人が思っているより深刻な被害を出しています。

営業は顧客の近くにいます。受注と納品を担って、毎月のプレッシャーと戦いながら稼いでいます。だからこそ、私はマーケティングが営業に寄り添うべきだと思うのです。営業をリスペクトし、寄り添える人がCMOとしてマーケティング部門を率いるべきなのです。

マーケティング人材の外部からの招へいは慎重に

日本企業で、自分の会社のマーケティングレベルに自信を持っている経営者は少ないでしょう。それは正しいとも言えますが、残念ながら実態は経営者が考えている以上に深刻です。同業種同規模の欧米企業と比較すれば分かります。マーケティングの部門や全社のマーケティングナレッジの厚みがまるで違うのです。しかし、どんなに差が開いていようが諦めるわけにはいきません。

その差を埋めるために、まずマーケティング組織をつくることになりますが、問題は多くの場合、社内に適任者がいないことです。日本企業の中にはマーケティングを体系的に学んだ人は極めてまれです。社内公募で希望者を募るのは悪くない考えですが、営業に疲れた人が集まってしまい、社内から「売れない営業の墓場」などと揶揄《やゆ》されるチームをつくってしまっては、売り上げに貢献できるはずなどありません。

そうなると「外部からマーケティングの実績を持つ人材を招へいする」というお決まりのアイデアが出てきます。日本でB2Bマーケティングの経験を持つ人を探せば、多くは外資系企業でマーケティング部門に勤務した経験者になるでしょう。優秀な人が多いのは間違いありませんし、多くは新卒で日本企業に入社してから外資系企業に転職していますから、日本企業のカルチャーを知らないわけでもありません。問題は給与テーブルが合わないことですが、ここは経営者の肝煎りで高額オファーをすることも、期間限定で高額年俸で契約することもできるでしょう。

しかし、多くの成功例と失敗例を身近で見てきた経験から言えば、成否を分けるのはスキルやキャリアではなく〝人柄〟だと私は考えています。日本企業に転職し、自社の泥臭い営業部門をリスペクトして信頼関係を構築するのは並大抵ではありません。それができない人は社内で浮き上がってしまい、1年から長くても3年ほどで会社を去って行きます。

例え新卒で日本企業に就職した人であっても、10年も外資系企業で勤務すればもう半分外国人だと思ったほうがいいでしょう。特にマーケティング部門は、グローバルマーケティング組織の一員として本社やAPACのマーケティングと連携しますから、外資系企業の中でも突出して欧米化が進んでいる部門です。

第15章でも述べましたが、人間は〝自分の持っていないものを持っている〟というだけで、誰かを嫌う十分な理由になるものです。お金がない人はお金持ちを、人気がない人は人気者を、英語が話せない人は話せる人を、マーケティングを知らない人は知っている人を嫌う傾向は世界中同じです。

外資系マーケティング部門の出身者はやたら横文字を使います。習慣とは恐ろしいもので、「そこは日本語でいいでしょ？」と思う言葉まで横文字を使います。稟議書はアプルーバルドキュメント、経費はエクスペンス、予算はバジェットと言います。PMF（プロダクトマーケットフィット）とかMDF（マーケティングデベロップメントファンド）、SQL（セールスクオリファイドリード）などの略語も平気で使います。それが習慣になっているので何の悪気もないのですが、日本企業ではたちまち浮いてしまいます。

ですから、日本のB2B企業のマーケティングマネジャーに求められる最も重要な資質は、自社の営業部門とうまくやっていけることなのです。マーケティング部門は全社横軸でつくるべきですが、売り上げをつくるプロセスで言えば、マーケティングが前工程で営業が後工程です。ですから、営業をリスペクトして良好な関係を築けないと売り上げに貢献することはできないのです。

マーケティング人材を外部から招へいする際の選考に当たっては、「自社の営業とうまくやれるか」というポイントをよく見ることが重要です。

外資系企業も間違える人選

実はマーケティングの先進企業である外資系企業も、日本法人のマーケティング人材の人選をよく間違えます。選考の最優先スキルを英語にしてしまうことが原因です。外資系企業はグローバルのマーケティング部門を垂直統合している企業が多く、日本法人のマーケティングは、所属は日本法人ですが、実際のリポートラインは本社のCMOで、日本法人の社長に人事権がないことが多いのです。

マーケティング戦略は本社で決まりますから、各国の現地法人のマーケティング担当者は、本社の戦略や戦術を理解することを求められます。具体的には毎週のようにグローバルのWeb会議に出席し、方針や指示を理解し、進捗を報告しなくてはなりません。そのため英語力を第一優先にしてしまうのです。

しかし、基本戦略の理解を徹底し、自由度を与えないことは正しいとしても、それを実現する戦術には現地に合わせたローカライズが必要になります。戦略には自由度を与えてはなりませんが、戦術には自由度を与えないといけないのです。その戦術を立案し、説明するには、英語力よりもマーケティングナレッジのほうがはるかに重要です。さらにそのためには、日本法人の営業部門や販売代理店の営業とのコミュニケーションがどうしても必要になります。日本の企業文化や意思決定プロセスといった固有の条件も、深く理解する必要があるでしょう。これらは英語よりもはるかに重要なのです。

顧客企業の「CxO（C）クラス」をターゲットにした、ラウンドテーブルミーティング重視の営業を世界で展開して、成功していたハイテク企業がありました。日本法人はよく頑張って市場を開拓していましたが、世界から見たら伸び率が物足りなかったようで、しびれを切らした本社のCMOが日本へやって来ました。

会議には日本法人のシニアマーケティングマネジャーも同席していました。セールスパイプラインの顧客企業のカウンターのポジションに課長補佐や課長が多かったため、CMOは怒り始めました。展示会で集める名刺にもCクラスはほとんどいません。営業も顧客企業のCクラスにはほとんど会えていませんでした。

明らかにCMOは怒っていましたが、日本のシニアマーケティングマネジャーは通訳に徹して何も言いません。日本の営業マネジャーもやり方を全否定されて明らかに戸惑い、そして怒っていました。嫌な沈黙が続いたので、私は説明を始めました。CMO以外は全員日本人なので日本語で話しました。

「日本の意思決定プロセスは、トップダウンではなくボトムアップです。ですから、この国で仮にCクラスと会ってもすぐに担当を紹介されて、以後は担当と商談することになります。日本での商談の主役は稟議書を起案する人で、そのポジションは課長や課長補佐が最も多く、部長は承認側に回ることが多いのです。」

CMOの横にいたシニアマーケティングマネジャーは小声で訳してましたが、聞いていても説明できていませんでした。結局CMOの方針に転換することになり、Cクラスを紹介するという金融機関やコンサルティングファームに莫大な費用を使った挙げ句、数年で撤退してしまいました。日本での立ち上げを失敗した外資系企業に共通する点は、マーケティング担当者が「英語しかできない」ことです。英語ができるから本社の意向は理解できます。しかし、日本固有の環境や文化を伝えられなければ、日本の営業や代理店とぶつかることになってしまいます。

日本でビジネスを推進するのに英語力はほとんど必要ありません。その必要ないスキルを最優先して人選すれば、こうなるのです。

「マーケティングオーガナイジングパラドックス」を乗り越える

マーケティングに取り組んだ企業が、3年から6年以内にぶつかる壁があります。これを私の会社では「マーケティングオーガナイジングパラドックス（Marketing organizing paradox）」と呼んでいます。多くの日本のB2B企業は、マーケティングに投資をしていませんでした。せいぜい製品事業部ごとに展示会に出る程度ですから、事業部予算内の話です。企業の投資ではありませんでした。第2章でも書きましたが、この時、ROMI（Return On Marketing Investment：マーケティング投資回収率）で見ると実は悪くはないのです。リターンはもちろんありませんが、投資もしていないからです。

しかし、本格的にマーケティングに取り組み、マーケティング組織をつくって人員を配置し、外部から経験者を招へいし、マーケティングに必要なMAをはじめとする様々なツールを導入するなど、投資を行ってもすぐに売り上げに貢献できることはありません。これらは製造業で言えば工場のようなもので、ものづくりのインフラだからです。インフラは常に投資が先行し、回収はずっと先になります。製造業で工場の用地買収や製造ラインの設計をしている段階で、その工場からの利益を期待する人はいないでしょう。それは何年も先のことだと分かっているからです。

にもかかわらず、マーケティングに関してはいきなり収益を期待されます。つくったばかりの組織で、ナレッジも蓄積されておらず、データの質も量も不足していて、コンテンツもまだ足りない状況で、ある日突然「ROI（ROMI）でリポートを出してください」と言われるのです。

展示会に出展すればコストがかかります。そこではリードデータを収集し、情報収集に来た人と商談し、自社も出展者の立場を利用して情報収集を行います。しかし、その期中に受注が出ることなどまずありません。良質な案件があったとしても、営業のリードタイムが平均8カ月なら、それを短縮する方法はありません。仮にそこで受注になっても、ROIでリポートするリターン（R）は純利益ですから、納品しなければ売り上げにすら計上できません。

Webをリニューアルしても SEOでアクセスを増やしても、急に売り上げは上がりません。上がるのはスタートアップ企業が提供する、低価格帯の業務アプリケーションくらいです。工作機械や半導体デバイス、機能性素材、物流システムなどがWebから注文が来るわけがないのです。

ここで、ROI（ROMI）でのリポートを承諾してしまえば、リターンなどありませんから、マーケティング部門の評価は散々なものになります。これが企業がマーケティングに取り組んだことで陥るマーケティングオーガナイジングパラドックスです。

この時、CEOや経営陣にマーケティングへの理解がなければ、せっかく構築されようとしているマーケティング組織が部門縮小やキーパーソンの異動といった危機にさらされ、最悪の場合、マーケティング部門自体が解散になってしまうケースまであります。先行投資で蓄積した貴重な経験やナレッジはゴミ箱行きです。さらに「この会社にマーケティングは不要」「ウチの企業文化にマーケティングは合わない」などの間違った評価が定着し、気が付かないうちに企業の未来を潰してしまうことになります。

これはもちろん経営陣のマーケティングに対する理解の低さが原因なのですが、私がCMOの重要なミッションに、CEOをはじめとする経営陣とのコミュニケーションを挙げているのはこのためなのです。経営陣を説得し、先の長い先行投資ながら、今やらなければならない大切なものだと理解してもらわなければなりません。マーケティングオーガナイジングパラドックスを予測し、説明し、それを乗り越えるのもCMOの重要な仕事の一つです。

ネーミングの最終決定権者はCMOであるべき理由

日本の大手企業は、アンゾフマトリクスの「既存×既存」の象限の中に戦後50年間閉じこもっていました。それはまるで「引き合い依存症候群」のように見えました。この引き合い依存が描き出した一つの典型的な風景が、BtoB企業の製品やサービスに名前がないことです。個性ある製品が品番で呼ばれ、競合優位性がある機能でも名前がないのです。

さらに悪いのが、経営者はそうしたことに興味がないのか、担当者に任せっきりで、とてもおかしな名前を付けている場合です。名前を粗末に扱う理由は、そこに期待してないからです。大したことではないと思うから粗略に扱うのです。

日本を代表するIT企業が発売した、パッケージの業務アプリケーションが期待したほど売れていないと相談されたことがあります。その製品名は数字記号になっていました。

「この名前を最初から読める人はいますか？」

「みんな最初は、これ何て読むの？と聞くらしいのです。でも、担当者によると読みにくいほうが覚えてくれるって言ってましたよ」

その考えは決定的に違うと思います。現代の人間が1日で受け取る情報量は100年前の数千倍だといいます。もちろん、人間の情報処理能力が飛躍的に上がるわけはないので、人間は情報を選別する機能を強化して、情報の洪水に対処しています。つまり、情報を受け取って処理に回すか、無視して流すかを、最初の一瞬で選別しているのです。

私が高校を卒業して東京に出て来たとき、新宿や渋谷に行くと人酔いをしました。田舎で育った私は、知人と会って挨拶をしないのは無礼だと思っていたので、擦れ違う人全員をスキャンする癖が付いていたのです。そのため、擦れ違う人の数がスキャンのキャパを上回り、人酔いという状態になったのです。都会の人は擦れ違う人を見ないで真っすぐ歩きます。

ですから読みにくいもの、読み方の分からないものは読まないで流すのです。最初で選別されますから、記憶しません、いつまでも知りません、知らないものの導入稟議なんて誰も書きません、ということが起きていると思いました。

人と同じで名前は大事なものです。製品やサービスはその名前を背負ってプロダクトライフサイクルを生きていきます。ペットの名前ではありませんから、誰かの気まぐれやしゃれで付けていいわけはありません。私はマーケターですから、ある意味〝マーケット至上主義〟です。ですから、マーケットが「分からない」「混乱する」、あるいは「マーケットをバカにしたような」ネーミングには反対します。そんな名前で売り上げがつくれるのは「既存×既存」の象限だけなのです。

そうした理由で、製品名やサービス名の最終決定権はCMOが持つべきだと私は思います。

CROへの統合

マーケティングやセールスの分野で、インサイドセールス、カスタマーサクセス、そしてセールスイネーブルメントなどに活用するツールが爆発的に増え、多様化し、それらを選定、組み合わせて活用するための統合部隊をRevOps（レベニューオペレーション：レブオプス）と呼称する動きが出てきていることは第12章で書きました。

エンタープライズB2B企業では、MOps（マーケティングオペレーション）からRevOpsへの進化が明らかです。MOpsを管掌していたのはCMOで、SalesOps（セールスオペレーション）を管掌していたのはセールスVP（営業担当副社長）、そしてカスタマーサクセスを管掌していたのはCCSO（チーフカスタマーサクセスオフィサー：最高カスタマーサクセス責任者）でした。これらのインサイドセールスを含むマーケティング、セールス、カスタマーサクセスなどの売り上げに関わるすべての部門を統合し、そのオペレーションであるRevOpsを管掌する役割としてCRO（チーフレベニューオフィサー：最高収益責任者）を置く企業が増えています。私は今後、これがスタンダードとなるかもしれないとさえ考えています。

収益や営業生産性を考えれば、マーケティングとセールスは〝より強い連携〟が求められます。B2Bマーケティングのカンファレンスでも、マーケティングとセールスの溝をどう埋めるのかということが恒例のテーマでした。マーケティングがMQLを創出してもセールスが無視する。セールスが案件を進められず、受注にならない。マーケティングは予算ばかり消費して受注に何の貢献もしていない。これらの〝マーケティング対セールス〟の構図が、B2Bマーケティングの世界共通の課題でもありました。

欧米型の組織では、CMOが主管するマーケティング部門と各事業VPが主幹するセールス部門は指揮命令系統が異なる別組織であり、それぞれのミッションもリポートラインも別でした。

2014年ごろから、エンタープライズB2B企業が採用するマーケティングの主流がABMになってきたことで、マーケティング部門にも、アカウントセールスが守る既存の大口顧客からの売り上げ向上に対する、直接的な貢献が求められるようになりました。これを一つの契機として、マーケティング部門とセールス部門がより緊密に連携するRevOpsと組織的な統合が進み、CROという売り上げに責任を持つポジションが出てきたのです。

この組織ではCMOだけでなく、CSOやセールスVP、CCSOもCROの指揮下に入ります。今までのように直接CEOにリポートするのではなく、リポートラインではCROになります。CEOは売り上げに関することはCRO一人に聞けばよいので、マネジメントが簡素化されます。

米国では頻繁に組織やポジションの変革が起こりますが、今のところこのCROの活用が実にうまく機能しているように見えます。中には、このCROをAPAC、欧州、北米と各リージョンに置いているグローバル企業も出てきました。もしかしたら、近未来に日本企業でもRevOpsという考え方やCROを設定する組織、企業が出てくるかもしれません。

CROの役割

RevOpsを管掌し、売り上げのすべてに責任を持つCROはとても重責です。マーケティング部門も、インサイドセールス部門も、セールス部門も、カスタマーサクセス部門も配下に持つため、一切の言い訳はできません。売上予算にコミットするという理由から、CROはやはりセールス担当のVPの中から昇格するケースが多いように見えます。

CROの設置により、今まで別々に語られていた、マーケティングとセールスの課題は同じ組織の課題となり、それをCROが解決するようになりました。マーケティングとセールスの組織的な壁や縄張り意識が解消されることには、大きなメリットがあります。

このポジションの職制は、日本企業に昔から存在した「営業本部長」に似ています。日本企業の営業本部長は営業系社員の最終キャリアであり、最もCEOを輩出してきたポストでもあります。大企業で数千億円、数兆円の売り上げに責任を持つプレッシャーは並大抵ではありません。

米国では営業系のVPがCROに昇格し、CMOの次のキャリアとしてCSO（チーフストラテジーオフィサー：最高戦略責任者）に昇格するケースが増えています。CSOは長期的な企業戦略に関してCEOを補佐しますが、数字責任は負わないのです。

T型タイプマーケーター

今、米国でCMOやCROを語る際によく出てくるキーワードに「Tシェイプ（T型）」があります。フォードの最初のモデルのような言葉ですが、これはスキルのバランスを指す言葉です。ある専門分野には非常に深い知識を持ち、さらに広範囲をカバーするビジネスの教養も備えた人、という意味で使われます。デジタル出身の人はアドエクスチェンジや「インプレッション」について非常に深い知識を持っていますが、同時に古典的なマーケティングフレームワークや、経営戦略に関する基礎知識を十分に持っていないと、CMOやCROは務まらないのです。

この傾向はRevOps時代を迎えてさらに強くなり、T型タイプの人材の優位性が高まっています。RevOpsでは、これまでMQLを出せばよかっただけのマーケティングの役割から脱却し、部門を超えて課題を解決し、受注を増やし、解約を減らして収益に貢献しなければならないからです。

ABMにおいても、ターゲットアカウントの売り上げを最大化するため、アカウントセールスと良好な関係を築き、インテントデータパートナーやデジタルツールを駆使して、ターゲットアカウントの興味や関心を把握し、そこに対してどんなコンテンツを準備してアプローチするのかなど、幅広いマーケティング戦術の策定が求められます。ある分野では深い専門知識を持ち、その知識をてこにより多くの領域をカバーできる「T型」は、これからの日本のマーケターが目指すべき人材像かもしれません。

「チーフマーケットオフィサー」という新しいトレンド

2023年の新しいトレンドとして注目しているのは、米国のCxOに新しく「チーフマーケットオフィサー」が加わったことでしょう。CEO、CFO、CMOなどの基本的な最高責任者に、CIO、CHO、CTOが加わり、さらに近年になってCSO、CCSO、CGO（チーフグロースオフィサー：最高事業成長責任者）、CXO（チーフエクスペリエンスオフィサー：最高体験責任者）、CRO、CCO（チーフカスタマーオフィサー：最高顧客責任者）などが加わってCクラスが増えましたが、このチーフマーケットオフィサーは少し意味が違います。

従来のCMOは企業のマーケティングのパフォーマンスやROMIに責任を持つ人であり、少し広く定義する企業ではマーケティングに広報、広告などのブランディングまでを含めて管掌させることはありましたが、どちらにしても業務の責任者でした。それに対して、この新しいチームマーケットオフィサーという役職は「市場」を見る責任者なのです。市場の動向、変化、ニーズやシーズなどを細大漏らさず観察し、必要に応じてCEOや経営幹部にリポートするミッションです。

市場の変化が早くなり、想定外の代替手段や異業種からの参入者にあっという間にシェアを奪われる現代では、市場の観察に責任を持つ専門家が必要になったのでしょう。

B2Bマーケティングプロフェッサーの視点から

CMOは必須のポジションです。CMOがいないことによる弊害は目を覆うばかりです。しかし、だからといってマーケティングのキャリアを持たない人を立てるのもかえって進化を妨げるでしょう。だから育てるしかないのです。最良の人材を候補に選び、環境を与え、予算をかけて育てるしかないのです。

マーケティングは専門化していますから、その狭い専門領域で活躍するキャリアプランも必要でしょう。しかし、マーケティングマネジャー、シニアマネジャー、CMOとキャリアを上っていく希望があるなら、その絶対条件は営業部門とのコミュニケーション能力です。データは営業が持っています。コンテンツのネタも、顧客の関心動向も現場の営業パーソンが一番よく知っています。MQLを追わない理由やアクセプトしてくれた案件が進捗しない理由を聞き出して、一緒に解決するのがRevOpsの時代なのです。

第17章

マーケターをどう選び、どう育成するのか

The B2B Marketing

従来の組織は軍をモデルにしている。
ところが情報型組織はオーケストラに似ている。
ピーター・ドラッカー

P・F・ドラッカー著『プロフェッショナルの条件』(ダイヤモンド社)

マーケティング部門を新設するときの注意点

第7章で説明したイゴール・アンゾフの「3S：【戦略：Strategy】【組織：Structure】【システム：Systems】」が基本であり基準になります。

【戦略】は経営戦略や中期経営計画を実現するために必要な、マーケティング戦略の立案であり、これがすべての基準になります。これは「その戦略は何をするのか？」という設問を繰り返して練り上げていくものです。本当にそのマーケティング戦略が経営戦略の実現可能性を高めるのか、貢献するのか、経済合理性はあるのか、をディスカッションしながら解像度を上げていくしかないでしょう。

戦略、つまり何をするのかが定まったら、それを実現するためにどんな組織が必要かを議論します。今組織があるなら、いったん忘れてないものとして考えるべきかもしれません。現在の組織を頭に置いて議論すると、それが制約条件になります。組織は生き物です。つくった瞬間から自己防衛本能を持ちます。外注や派遣社員でも十分できる仕事を、さも難易度が高いように説明するのはそのせいなのです。

CMOはROMI（Return On Marketing Investment：マーケティング投資回収率）に責任を持ちます。必要のない大部隊を編成すればマーケティング投資が増大しますから、期待されるリターンがどんどん膨らみ、実現可能性はどんどん低下します。外注、派遣、そして正社員というバランスを重視して編成すべきでしょう。

社内から人選するときの注意点

マーケティング部門をつくる際、社内から人選する場合の注意点を書きましょう。よく間違えるのは、その要件に「英語ができる」「よく本を読んで勉強している」「文章がうまい」「プレゼンテーションがうまい」などを重視してしまうことです。そうしたスキルはあるに越したことはありませんが、二次的な要素になります。

マーケティング部門の人選で最も重要なのは、社内の営業部門や販売代理店の営業と円滑なコミュニケーションが取れることです。マーケティングと営業との関係が前工程と後工程である以上、後工程とうまくコミュニケーションが取れなければ致命的になります。

もし10人でマーケティング部門をスタートするなら、半分以上を営業経験者にするようにアドバイスしています。営業経験があれば、どういう案件を供給すれば営業がやりやすく、受注に貢献できるかが理解しやすいからです。

半分が営業経験者で埋まれば、残りの半分にコミュニケーションを期待する必要はありません。デジタルの専門、データマネジメントの専門、コンテンツの専門、コピーライティングの専門、イベントの専門などを置くのは問題ないでしょう。しかし最初から、専門性は高くても他部門とのコミュニケーション能力が低い人でチーム編成すると、その組織は社内で浮き上がって力を発揮できないものです。

成果が出せるマーケターは営業経験者

B2Bマーケティングの主要なミッションであるデマンドジェネレーションやABMにおいて、マーケティング部門に求められるのは、自社の営業部門や販売代理店の営業チームとのコミュニケーションです。データの大多数は営業部門にあり、コンテンツの素材も営業部門にあります。さらにどんな業種のどんな規模の、どんな企業のどんな部門のどんな役職の、何を担当している人に会いたいのか、というターゲットペルソナも営業の頭の中に定義されています。それがマーケティングのスコアに反映されるべきですし、インサイドセールスに送るホットリードの要件でもあります。営業部門とマーケティング部門が話し合うべき重要なテーマです。従って営業部門と円滑なコミュニケーションができるというのは必須条件なのです。

では、営業部門と円滑なコミュニケーションができる人とは、どんな人でしょうか。結論を言えば「営業部門の出身者」です。それも他の会社ではなく、その会社の営業部門にいたことが重要です。営業は企業ごとに独自の文化を持っています。担当顧客の呼び方だけでも企業によってまるで違うのです。例えばある企業は「パーク」と呼びます。「あそこは田中さんのパークだね」という感じです。またある企業は「島」と呼びます。ある企業はこれが「スポンサー」となり、略して「S（エス）」と呼ばれます。既存顧客は「現エス」と呼ぶのです。

こうした文化は特に営業部門に根強く、強い文化を持つ組織はそれだけ排他的になりがちです。よそ者を排除する傾向が強いのです。

売れない営業をマーケ担当にするとどうなるか

営業とマーケティングは、求められるスキルセットもマインドセットも異なりますから、営業成績が良くなかったからといって、マーケティングの適性がないわけではありません。しかし私は、営業成績が悪かった営業パーソンがマーケティングを希望している場合、転職してマーケティングにチャレンジするようにアドバイスをしています。

その理由は、営業部門の人からすれば〝売れなかった人〟がつくったリードをフォローしてくれということになり、「あの案件をフォローして売れるなら、あいつが売れていたはずだ」という答えを導き出してしまうからです。ですから、その人が〝売れない営業〟だったことを知られていない環境でマーケティングにチャレンジしたほうが、良い結果につながると思うのです。

また、全社からすると、マーケティング部門は売れなかった営業が異動させられる〝ペナルティー部門〟のように見えてしまうことがあります。20年前の日本企業では本当にこういうケースが多く、営業部長が「次の四半期も未達だったらマーケティングに異動だからな」と言っているのを聞いて、経営陣に抗議したこともありました。

その逆に、トップセールスもマーケティングに向いていない人が多いのです。営業成績がトップクラスの人の中には、人間力で売っている人がたくさんいます。声の大きさ、フットワーク、気配りなどで顧客をグリップし、会社でも製品でもなく、その人から買いたいというファンを持っているような人は、マーケティングには向いていません。なぜならこれらの売れている要素はロジカルではないからです。

私は全社の営業のトップ5％とボトムの20％を除いた、75％の中から選抜してくれるようにお願いしています。

一流マーケターへのキャリアパス（事業会社とサービスサプライヤー）

欧米で多く見られるキャリアパスは、事業会社とマーケティングサービス会社の綾織りでのキャリア設計です。事業会社からマーケティングサービス会社、再び事業会社に戻り、転職して次はマーケティングアナリストファーム、そしてまた事業会社でＣＭＯという感じで、サービスサイドと事業サイドを数年おきに交互に経験します。

その理由は、短期間でスキルアップしたいならサービスサイドが有利だからです。サービス会社はエージェンシーでも、クリエイティブでも、アナリストファームでも、常に複数の顧客やプロジェクトにアサインされます。つまり、複数の商材のマーケティングプランにパラレルで関わることで、短期間に多くの経験値を手に入れることができるのです。

一方、事業会社は一つの商材の製品リリース、PR、記者会見などからプロモーション計画、パートナー戦略、デマンドジェネレーションなどをじっくり経験することができます。プロフェッショナルマーケターにはどちらも必要なスキルなのです。

こうして、サービスサイドを何度か挟みながら、事業者サイドでは、マーケティングアシスタント、マーケティングスペシャリスト、マーケティングマネジャー、マーケティングシニアマネジャー、そして頂点のCMOへとキャリアを積んでいくのです。

実は私の会社シンフォニーマーケティングも、競合などに転職する人は少なく、多くは事業サイドに転職していきます。中には転職して予算を確保して当社に発注してくれるOBもいて、数カ月前まで部下だった人が顧客になって、呼び方に苦労することもあります。短期間で成果を出そうと思えば、最も信頼できるベンダーを使うのが手っ取り早く、その理由で当社を選定してくれるならうれしい限りです。

また、事業会社に転職してマーケティングチームで活躍した後で、さらなるスキルアップを目指して復帰する人も増えてきました。私はこうした当社の出身者から優れたCMOやCROが出てほしいと期待しています。ポジションにチャレンジするというジョブ型採用がまだ少ない日本では、この通りにはならないかもしれません。しかし、私はもっとサービスサイドと事業サイドの人事交流があってもよいと考えています。

ジョブ型は厳しいプロフェッショナルの世界

マスメディアは、日本企業は利益を出しながら、それを内部留保するのはけしからんと書き立てています。実は企業が将来に備えて内部留保することと、給与が上がらないことはあまり相関がないのです。給与が上がらない主な理由は、労働基準法のおかげで日本は極端に人材の流動性が低いからです。希少価値のある人材なら、普通であれば給与はエスカレートしますが、それは転職するからで、そうでなければその企業の給与テーブルの中で昇給するだけですから、ドラスチックな変化は望めません。

大企業が内部にため込んでいて解放すべきなのは〝利益〟ではなくてむしろ〝人材〟なのです。優秀でその力を十分に発揮できていない人材のほうが、よほど解放すべき経営資源なのです。人材を流動化し、世界では当たり前の姿に移行しない限り、新卒で採用して手塩に掛けて育てた社員が、会社を見限って外資系に転職する今の状況を変えることはできないでしょう。

日本の採用は、新卒であれ中途であれ、基本的には「就職」ではなく「就社」で、応募者が選ぶのは職ではなく企業です。正社員として採用された人が、募集されていた職種の適性がなければ異動になります。ジョブ型雇用であれば解雇ですが、日本では解雇すれば解雇権の乱用になります。

2023年に経済産業省が発表したショッキングな統計があります。日本企業は従業員のスキルアップの予算が先進国でも圧倒的に低い「学ばせない企業の国」ですが、さらに悲惨なのが、個人のスキルアップや自己啓発にかけるお金や時間がさらに低い「学ばない人間たちの国」なのです。その原因は、どんなに評価が低くても解雇されない〝ぬるま湯〟の労働環境だと私は考えています。そもそも生産性が高く、プロフェッショナル意識の高いブルーカラーは問題ありませんが、日本経済の足を引っ張っているのは企業が膨大に抱え込んだホワイトカラーです。ここの意識を変えないと日本は変われないでしょう。

マーケティングはどこの国でもプロフェッショナルの世界です。ホワイトカラーはジョブ型が標準の欧米では、専門職の解雇は当たり前のことです。私は米国企業を訪問した際に、つい1時間前に解雇を通告されたばかりの〝前CMO〟と話したことがあります。

その企業の訪問予定は月曜日の午前中でした。時差調整のため土曜日にサンフランシスコに入っていた私に、訪問先のCMOから日曜日のバーベキューパーティーの誘いがありました。ゴールデン・ゲート・ブリッジを渡ったソーサリートにある社長の自宅でバーベキューをやるので来ないかい、と連絡をくれたのです。レンタカーを運転して海を見下ろす素敵な邸宅に着いた時は、もうバーベキューは始まっていました。会社の経営幹部が夫婦で参加し、社長自らエプロンをして大きな肉を焼いていました。参加者はみんなファーストネームで呼び合い、私に奥さんや同僚を紹介してくれました。絵に描いたような米国のアットホームな企業文化がそこにありました。

翌日オフィスを訪問すると、昨日社長と並んで楽しそうにバーベキューを焼いていたCMOが段ボールに荷物を詰めていました。どう見ても解雇された人に見えます。

驚く私に彼は、

「会えて良かったよ、今日で最後なんだ……」

と言って握手をしてくれました。そして、そのワケを話してくれました。

「今朝、社長に呼ばれて言われたんだ。この四半期のパフォーマンスは確かに良くなかったからね」

「それが理由なの？」

「いや、社長は〝君より優秀な人を採用できたから〟って言ってたね」

資本主義を教科書通りに説明するなら、会社は株主のものです。経営者は株主のために企業価値を最大化しなくてはなりません。一つしかないCMOというポストにより優秀な人を採用するチャンスがあるなら、躊躇《ちゅうちょ》することは許されません。もし、今のCMOのことを考えて採用を見送れば、それは情に流されて義務を放棄した経営者ということになります。

こうした原理的資本主義が良いか悪いかは私には分かりませんし、少なくとも日本人には向いていないように思います。ただ、間違いなく言えることは、我々日本人は、こうした適者生存の権化のような人間が集まった企業と、国内市場でもグローバル市場でも日々戦っているという現実です。

B2Bマーケティングプロフェッサーの視点から

第1部で「B2Bマーケティングは科学と感性」と書きました。人選のポイントはそこかもしれません。感性に軸足のある人はクリエイティブディレクターやコピーライターに向いていますし、科学に軸足がある人はやはりアカデミックか、データ分析に向いているでしょう。もしそのバランスが「科学が7で感性が3」という人がいたら、その人はB2Bマーケティングの実務家に向いている人かもしれません。

第18章

たどり着いた答えはマーケティング・オーケストレーション

The B2B Marketing

マーケティングは、
マーケティング部門だけに任せるにはあまりに重要すぎる。
デイビッド・パッカード（HPの創業者）

マーケティング・オーケストレーションは経営戦略

マーケティングは戦略であり思想であり企業文化です。これが希薄なことが大きな原因で、日本企業が行き詰まっています。私は、日本企業が今やるべきことは、マーケティングを企業の中心に柱として据え直し、全社最適の「マーケティング・オーケストレーション」に取り組むことだと考えています。

多くの日本企業は、生産技術や企業管理などのバックオフィス系はしっかり整備されています。先進国でも最低の生産性に陥っているのは、「フロント」と呼ばれる「稼ぐ」部分です。そこにはマーケティングとセールスとカスタマーサクセスがあり、これを連携させることがポイントとなります。簡単に言えばマーケティング部門と、セールス部門と、カスタマーサクセス部門と、ものづくり部門を、オーケストラのように配置し、各パートに全体構成を教え、指揮者としてのCMOを置きます。そして楽譜と指揮に合わせて見事に演奏できれば、経営者の書いた事業計画、つまり交響曲が素晴らしいハーモニーを奏でてくれます。そのハーモニーこそが収益なのです。

今のままの日本では、各産業分野でマーケティング先進国の企業に市場を奪われ、国際競争力は低下する一方です。日本の経営者にもはやマーケティングの重要性を否定する人はいないでしょう。問題は何をどう強化すればよいのか、どこから手を付ければよいのかが分からなくて、迷走している企業が多いことです。この本はその方向を示す目的で書きました。

企業の成否を決めるのは経営陣のマーケティングに対する意識であり、本気度です。売り上げをつくるのは人であり、組織です。ＡＩを含むツールはあくまで道具であり、大切なのはそれを使う人なのです。

「マーケティングに最も優秀な人材を配置し、そのナレッジに十分な予算を組む」

ただそれだけです。

残念ながら、今から優秀な若手を欧米のビジネススクールに派遣する余裕はもうありません。彼らが帰って来て活躍する頃には、企業の屋台骨が崩れているかもしれず、現在の日本の労働基準法を考えれば、社費留学させた社員を合法的に会社につなぎ留めておくことは至難の業です。しかし、その必要はないと考えています。ＭＢＡは経営学修士号です、法務、人事・労務、会計、生産など経営全般を学びますが、実は日本企業が弱いのは〝マーケティング〟だけなのです。そこを学ぶだけなら、海外留学は必須ではありません。

経営者は全社の舵を「マーケティング・オーケストレーション」に切り、確固たる意志を示せば、優秀な現場スタッフが情報を集めて実現してくれることでしょう。

マーケティング・オーケストレーションの定義

【シンフォニーマーケティングの「マーケティング・オーケストレーション」の定義】

「ビジネスのアイデアを、市場が最も価値を感じる形で製品・サービス化し、あらゆるリソース・ナレッジ・データ・テクノロジーを組み合わせ、全体最適で調和させながら、顧客を創造し、維持・拡大する経営戦略」

マーケティング・オーケストレーションは経営戦略です。研究・開発、設計、生産技術などのものづくりから、ブランディング、デマンド、そしてセールスや販売代理店のマネジメント、海外の現地法人やその代理店までの、すべてのマーケティング&セールス活動を全体最適で調和連係させ、最良のハーモニーを奏でることを指しています。

私が初めてこの言葉に接したのは、自分の会社を設立する前の1980年代に米国へ出張した時でした。当時の米国でもマーケティングの部分最適は問題になっていました。米国で参加したカンファレンスでの講演で、米ノースウェスタン大学のフィリップ・コトラー教授はこう嘆いていました。

「私はジェローム・マッカーシーの4P（プロダクト・プライス・プレイス・プロモーション）をマーケティングミックスとして紹介したが、今のマーケターはプロモーションだけの1Pマーケターばかりになって、全体最適を考えなくなってしまった」

そして、こうした部分最適を是正するための考え方として「マーケティング・オーケストレーション」という言葉を使う人が出てきたのです。100人近いフルオーケストラが指揮者のタクトに合わせて、荘厳なシンフォニーを演奏するようにマーケティングを行う。35年前に初めてこの言葉を聞いた時、そのアイデアの雄渾《ゆうこん》さに高揚したのを鮮明に覚えています。

私が1990年に日本でマーケティングサービスの会社を設立した時、このオーケストラが交響曲を奏でるようなマーケティング・オーケストレーションを実現したいと考え、その思いを込めて社名に〝シンフォニー〟という言葉を冠したのです。

音楽用語でオーケストレーションとは、ある曲をオーケストラ用に編曲することを意味します。ポップスや映画音楽など、ジャンルが異なる曲をオーケストラが演奏しているのを聴いたことがあると思います。オーケストラ用に編曲するためには、バイオリン、ビオラ、チェロなどの弦楽はもちろん、木管、金管、打楽器など各楽器の特性を深く理解した人が、各パートの楽譜を書かなければなりません。それがオーケストレーションです。すべてのパートの楽譜をまとめたものが総譜（スコア）と呼ばれるもので、指揮者はそれに沿ってリハーサルを行い、テンポやハーモニー、時にはバイオリンの弓の上げ下げ（ボウイング）

といったビジュアルまでも指示して演奏をまとめ上げます。

日本企業のマーケティング活動が全く調和しておらず、展示会担当、Ｗｅｂ担当、セミナー担当、ショールーム担当、データマネジメント担当などがバラバラに一生懸命仕事をし、その結果、部分最適で予算やリソースばかりを浪費して成果を出せずにいるのは、オーケストラになっていないからです。

セールス部門とものづくり部門が連携せずに業務を行っているのは、各パートが勝手気ままに演奏しているオーケストラのようなもので、聴けたものではありません。正しいパートの譜面がなく、タクトを振るう指揮者もいなければ、各演奏者がそれぞれの解釈でそれぞれのテンポで演奏するしかないのです。それを〝不協和音〟と言います。

「弊社では各営業部の中にマーケティング担当を置いていて、Ｗｅｂや展示会、セミナーやインサイドセールスを担当しています」

という企業があります。縦糸だけで顧客はカバーできません。縦糸を横糸で紡いで糸は布になります。それが今の日本企業に求められている進化です。

確かにギター1本でも音楽は奏でられますし、ピアノは1台でオーケストラともいわれます。しかし、荘厳な交響曲（シンフォニー）を奏でるには、やはりフルオーケストラが必要になります。単独の製品やサービスしか持たないスタートアップならともかく、長い歴史を持ち、多くの事業所、部門、関連会社、そして製品、サービス、技術が幾重にも折り重なる日本企業の場合、オーケストレーションでなくては顧客に頼りにされず、競合優位性を発揮することはできません。

基本戦略となる事業計画はCEOの責任において編纂《へんさん》されますから、それがいわば「原曲」になります。それを実現するために必要なマーケティング戦略は、CMOが編纂します。そのマーケティング戦略が、オーケストラの総譜と呼ばれるすべてのパートの楽譜を集めたものです。

ですからマーケティング戦略の中には、事業ごとのターゲット市場の定義や、ポジショニング、そして具体策としての製品・サービス開発や、追加すべき新機能、販売組織の再構築設計、ブランディング戦略、そしてデマンドジェネレーションの詳細まで書かれていなければなりません。それを書くのがCMOの最重要ミッションであり、それが書けない人をCMOにしてはいけないのです。

CEOは作曲家、編曲と指揮はCMO

企業において主旋律、つまり「経営戦略」を書く作曲家はCEOです。多くの場合「中期経営計画」にまとめられ、これがすべての基準になります。この経営戦略を、製品・サービス開発、多くのマーケティング活動、セールスの各パートの特性を踏まえて、最良の調和を引き出せるように編曲されたものが「マーケティング戦略」であり、その編曲者がCMOです。どんなに素晴らしいメロディーでも、編曲が駄目なら良い演奏にはなりません。

多くの企業経営者は、中期経営計画の中にDXという言葉を入れています。少子化、グローバル化、技術継承、高収益モデルなどすべての施策にデジタル活用は必須ですから、経営者が計画の中にDXを掲げるのは正しいと思います。しかし、そのままでは何をどうしたら〝デジタルトランスフォーメーション〟したことになるか分からず、ツールの購入にばかりお金を使うことになります。

経営者が書いた「営業DX」を、CMOは分かりやすく編曲しなくてはなりません。営業の生産性向上のためにデジタルをこう活用し、ここの数値をこう変えていく、顧客とのコミュニケーションについては、デジタルをこう組み合わせて、ここの数値をここまで向上させる。製品設計の開発期間短縮については、顧客データと世界中の販売代理店の声をこう集約して、この部分を何日短縮する。こうした経営戦略を具体的に理解し、実施（演奏）できるようにマーケティング戦略に引き直す作業がオーケストレーション（編曲）です。

さらにCMOは編曲をするだけでなく、指揮者としてリハーサルを繰り返し、テンポや強弱を各パートに伝え、思い描いたハーモニーになるように仕上げていきます。世界的な指揮者が「指揮者を評価できるのは観客でも評論家でもない、作曲家だけだ」と言ったことがあります。ベートーベンやモーツァルトが現代の演奏を評価することはできませんが、経営においてCEOはCMOの仕事を評価することはできますし、しなければなりません。

多くの素晴らしい交響曲を作曲したベートーベンやモーツァルト、チャイコフスキーは、自分がつくった曲は自分で指揮していました。現代でも、米GEのCEOだったジャック・ウェルチ、米アップル創業者のスティーブ・ジョブズ、英ヴァージン・グループ創業者のリチャード・ブランソン、米インテルのCEOだったアンドリュー・グローブなどはこの作曲家自らが指揮するタイプと言えるでしょう。

しかし、こうした創業者やCEOでマーケティングにおいても天賦の才能を持った人を別にすれば、多くの企業経営者はマーケティングだけが仕事ではありません。いつも指揮棒を振ってはいられないのです。また普通の企業は数多くの製品やサービス、販売チャネル、業態を持っています。異なるマーケティング戦略や戦術を必要とするすべての事業について、CEO自らが戦略を書き、指揮を振るうわけにはいかないでしょう。ですから、CMOを専任して、CMOがこれを行います。

CEOが書いた事業計画を深く理解し、編曲し、音の強弱やテンポを決め、演奏の質を最高のものにしていくリーダーシップを担うCMOが、果たして日本企業にいるでしょうか。もしいなければ、そのオーケストラは良い演奏ができません。マニアに「今日は鳴らないね」と表現されることになります。

残念なことに、今の日本企業のオーケストラは〝鳴っていない〟のです。

でも絶望する必要はありません。幸いなことに、日本企業のオーケストラの各パートはしっかりしているのです。演奏レベルも高く、自分の楽団へのロイヤルティーも高いし、良い演奏をしようという責任感も強い。問題は指揮者が指揮台にいないことです。パートの楽譜はしっかり練習していますが、総譜は誰も見ていません。そしてオーケストラ全体のリーダーシップを取るべきコンサートマスターがいません。だから全体練習ではテンポも合わないし、強弱もチグハグで聴くに堪えない演奏になっています。

これを私は「部分最適」と呼んでいます。全体最適はマーケティング・オーケストレーションだけが実現できるのです。

プラットフォーム戦略はマーケティング・オーケストレーションだから展開できる

マーケティング戦略を持たない経営戦略は絵に描いた餅です。それが製品やサービスラインアップを多く抱える大企業であればあるほど、自社の製品やサービスを組み合わせて市場の課題を解決する「ソリューション型」のマーケティングを展開しなければなりません。単独の製品やサービスで長く競合優位を維持することは不可能だからです。

ノキア（NOKIA）はフィンランドに本社を置く北欧を代表する優良企業でした。携帯電話でも、その進化形であるスマートフォンでも圧倒的な世界シェアを握っていました。そのノキアが、2007年1月に突然、通信事業者から見れば部外者であったアップルの奇襲にさらされます。

しかし、アップルのスティーブ・ジョブズが自社イベント「Macworld Expo 2007」で「ノキアやモトローラの製品はベイビーインターネット、5年は追いつけない」と言いながらiPhoneを紹介した時も、ノキアは余裕を見せていました。パソコンメーカーが通信でどこまでできるのか、お手並み拝見というスタンスで半ば無関心を装っていました。2007年6月の発売後、iPhoneが猛烈にシェアを伸ばした時でさえ、あれは熱心なアップル信者が競って購入しているだけだ、と楽観視していました。

iPhoneのシェア拡大が勢いを増す中、あるカンファレンスでノキアのCOOがスティーブ・ジョブズに会った時、こう言い切られてしまったそうです。

「我々はノキアを競合とは考えていない、我々はデバイスメーカーではなく、プラットフォーマーだからね」

その言葉通りノキアの業績は奈落の底へと落ちていき、後にマイクロソフトに大半の事業を売却してスマートフォンの業界から完全に撤退。その後、通信インフラの企業として復活を遂げています。

ダッソー・システムズのCSO、モニカ・メンギニ（写真右）

２０１７年に私はフランスを代表するハイテク企業であるダッソー・システムズのＣＳＯ（最高戦略責任者）だったモニカ・メンギニと会っていました。彼女がグローバルＣＭＯだった２０１４年以来、３年ぶりの再会でした。

自動車や航空機の設計に関しては、ダッソーとドイツのシーメンスが世界市場を分け合っています。ものづくり大国の日本においてもそれは同じで、ほとんどの自動車メーカーや建機メーカーはどちらかのＣＡＤシステムを使って設計していました。彼女はその大成功の立役者の一人だったので、そのことを称賛すると彼女の顔色が変わり、言葉を遮られました。

「我々がＣＡＤの会社だったのはもう10年前のことです。今はものづくりのトータルプラットフォーマーに進化しているの、それを忘れないでね」

現在、ものづくりの分野は、ダッソー・システムズの「3DEXPERIENCE」、シーメンスの「MindSphere」、GEデジタルの「Predix」、BASFの「Verbund」、オートデスクの「Forma」や「Fusion」といった、プラットフォームの戦いになっています。どんなに優れた製品やデバイスをつくっても、プラットフォーム戦略には歯が立たないのです。ましてやそれが精緻に設計されたプラットフォーム戦略なら、あっという間に市場を奪われてしまいます。

そしてトータルプラットフォーム戦略は、マーケティングそのものなのです。マーケティングを企業戦略の中心に据えていない企業には実現できません。そうした理由から、ダッソー・システムズはマーケティングのスペシャリストで、同社のマーケティング戦略のコアを支えてきたモニカをCSOのポジションに就けたのでしょう。

アップルが携帯音楽プレーヤーのiPodをリリースした時、世界中に携帯音楽プレーヤーは数多く存在しました。実は音質だけなら、他社製品のほうが良かったと言う人もいます。ですが、iPodは携帯音楽プレーヤー単独ではなく、iTunesという音楽や動画のライブラリーと一緒にリリースされました。しかもアップルはそれをWindows OSにも対応させたのです。これがアップル製品のシェア拡大に大きく貢献し、それはやがてノキアやモトローラ、多くの日本企業をも飲み込んだiPhone革命へとつながっていきました。

スティーブ・ジョブズが復帰してからのアップルのCMOはフィル・シラー（現アップル フェロー）が務めていましたが、アップルをオーケストラに例えれば、フィルはコンサートマスターのポジションでした。アップルの実質的なCMOはスティーブ・ジョブズであり、彼が原曲を書き、オーケストラ用に編曲し、自身で指揮をするベートーベンのようなタイプのマーケティングの天才でした。

オーケストレーションなら「俺の客問題」は起こらない

私はマーケティングの人間ですから、社内で営業と対立しているマーケティング部門の人にとっては味方に見えるようです。自社の営業がいかにマーケティングに理解がないか、いかに足と汗と対面という前時代的なスタイルに固執しているかを説明されることが多いのですが、私は、B2Bのマーケティングチームは絶対に営業を敵視してはいけない理由を説明するようにしています。

どんな優秀なマーケティングチームであっても、その成果は後工程である営業部門や販売代理店の営業に完全に依存します。後工程である営業がクロージングしてくれなければ、マーケティングの成果は証明できません。営業がクロージングできるかどうかは、経営者から見ればマーケティングがただのコストセンターか、売り上げに貢献するレベニューエンジンに見えるかの分かれ道でもあるのです。

従って、何としてもマーケティング部門は営業部門や販売代理店の営業とうまくやらねばならず、それができないようなら、極論すると転職するしか道はありません。私は営業をリスペクトできないマーケティングは、事業会社では成果を出せないと考えています。

しかし、営業部門や販売代理店とうまくやれないという課題は、マーケティング部門に原因がない場合が多いのも事実です。マーケティング部門の人間に人格的な問題があって、どうしても他部門とうまくやれないというのは、日本よりむしろマーケティングの地位が高い欧米企業に多いのです。日本企業では、営業部門の社内政治力が圧倒的に強い企業が多いのです。ですから、私は営業に強い影響力を持つ役員やトップマネジメントが行動し、新設のマーケティング部門をもり立ててほしいと考えています。

強力なマーケティング部門は、企業にとって強力無比な武器です。しかし、それはマーケティング部門を持った企業の経営幹部や営業部門のマネジャーが、マーケティングを理解し、その部門の扱いに習熟しなくてはなりません。それを全く行わず、ただ10人程度の組織をつくり、ほどほどの予算を与えて後はお任せという企業が多過ぎるのです。これでは育つわけがありません。

私たちが社内で20年以上も前から「俺の客問題」と呼んでいる課題があります。

「俺の客の名刺はデジタル化しないよ」
「俺の担当顧客はMAで管理しないでくださいね」
「俺の客に勝手にメールなんか送られたら困るよ」
「俺の客に電話とかしないでくれるかな」

営業部門がマーケティング部門に対し、このような釘を刺すのです。

こんなことを言われて目を点にしているマーケティング担当者に会ったことは、20回や30回では済まないでしょう。言うまでもなく、法的な解釈では「俺の客」ではなく、会社の顧客であり、名刺の管理責任も会社にあります。しかし、営業の心情からすれば、訳の分からないマーケティングに邪魔をされたくないという気持ちは理解できます。

そこでマーケティングは、営業の支援であり、受注するための前工程であり、決して営業の邪魔をしたり、会社の信用を傷つけたりするものではないことを理解してもらう必要があります。マーケティング・オーケストレーションの意味はそこにあります。オーケストラのようにハーモニーを奏でれば、今より顧客が喜んでくれて、その結果として収益が向上することを理解してもらう以外に近道はないのです。

終章

オーケストレーションで未来を切り開け

The B2B Marketing

あなたにできること、
できるようになりたいと夢見ていることは今すぐ始めなさい。
大胆さには天才と力と魔力が宿っているのだから。
ヨハン・ヴォルフガング・フォン・ゲーテ

Whatever you can do, or dream you can, begin it. Boldness has genius, power, and magic in it.
（ヨハン・ヴォルフガング・フォン・ゲーテ／庭山一郎訳）

企業はそれぞれ固有のマーケティング・オーケストレーションを持つべきだ

オーケストラで奏でる交響曲の多くは古典といわれ、作曲されてから200年以上たつ作品も少なくありません。しかし、それほどの歴史を持ち、数え切れないほど演奏された曲でも、オーケストラが変わり、指揮者が変わると印象は全く別の作品となります。そのためクラシックマニアは「ブラームスの第1交響曲」とは言わず、「2008年に、サイモン・ラトルの指揮でベルリン・フィルハーモニーがベルリンで演奏したブラームスの第1交響曲が素晴らしい」と言います。

マーケティング戦略も全く同じだと思います。業種や規模や製品やサービスのカテゴリーが同じでも、同じマーケティング戦略はあり得ません。その時の業界シェア、顧客の構成、顧客の抱える課題、営業リソース、販売代理店の有無、そしてマーケティング部門の人材の量と質などの変数を考えれば、同じマーケティング戦略になりようがないのです。企業はマーケティングナレッジを持つ人材を育て、CMOを育成し、自前のオーケストラをそろえ、自社だけの独自のハーモニーを奏でるべきなのです。

私は1961年にベルリン・フィルハーモニーがフィレンツ・フリッチャイの指揮で演奏した、ベートーベンの第5交響曲「運命」がとても好きですが、他の指揮者の演奏とは全く別の曲に思えるほどテンポが遅いのです。しかし、圧倒的な推進力で重厚に演奏され、聴くたびに心の底から感動させてくれます。クラシックマニアの友人が、こんなことを教えてくれました。

「フリッチャイが別のオーケストラでこの何年か前に指揮した同じ曲は、ここまで遅いテンポではなかったよ。この指揮者は晩年に大病をして曲の解釈が変わったのかもしれない。それにベルリン・フィルだからできた演奏かもしれないね」

世界最高の演奏技術を持つオーケストラのベルリン・フィルだからこそ、ここまでテンポを遅くしても、バランスを崩さず素晴らしい演奏になったのだろうとのことでした。

実はこれもマーケティングと通じるものがあるのです。

私は2016年にABMを日本に初めて紹介した本『究極のBtoBマーケティング ABM』を書きました。それもあって、ABMをぜひやりたいという経営者からのご依頼をいただくことが多くなりました。

しかし、ABMはB2Bマーケティングの中でもデータマネジメント、コンテンツマネジメント、アナリティクスなどすべての分野で最高水準のレベルが要求される、ハイレベルなマーケティングです。ABMをやりたいと社長が言っている企業のマーケティング部門は、どう見てもアマチュア以下のレベルなのです。そのマーケティング部門でABMという難曲を演奏するのに残された準備期間は、たった6カ月ということが多いのです。

それでも私は、すべての企業が固有の音色で個性あるハーモニーを紡ぎ出すべきだと考えています。なぜなら、それが企業の固有の強みであり、個性であるからです。マーケティングとは市場とのコミュニケーションなのです。

「天城ホームステッド」に見る日本IBMのオーケストレーション

日本市場で大成功した事例を書きましょう。

2015年、IBMが「Silverpop」というアトランタ生まれのMAを買収して販売を始めたことが縁になり、私は日本IBMが伊豆に保有する「天城ホームステッド」で講師をすることになりました。話には聞いていましたが、実際に訪れるのはこの時が初めてでした。

日本は敗戦の焼け野原から朝鮮特需の助けもあって奇跡的な復興を遂げ、1960年代から1980年代へと断続的に続く経済発展を遂げます。それがまさに始まろうという1968年に、これから始まる企業のIT投資を獲得する目的で、この天城ホームステッドは約7万平方メートルの広大な敷地に約7000平方メートルのホテル並みの宿泊施設を持つ企業幹部向けの研修施設として建設されました。ロケーションは伊豆の山奥で、ラウンジの外にはゴルフのグリーンがあり、その向こうに雄大な富士山が見えていま

1968年に設立された、日本IBMの宿泊型研修施設「天城ホームステッド」

した。

ＩＢＭは、日本の金融をはじめとした大手企業のメインフレームへの投資にフォーカスしていました。戦後からの目を見張るような復興とつくり出される製品、そして国民の勤勉さを見て、日本の将来性を確信したＩＢＭは、やがて始まる大手企業の数兆円規模のＩＴ投資を獲得するために、エグゼクティブ研修センターを伊豆の山中に開設したのです。ここに業界ごとの経営幹部を集めて宿泊研修を行い、参加者はここで近未来のＩＴ投資、情報システムという組織の構築やその位置付けなどを、当時の超一流の講師から学びました。

「日本の大手企業のメインフレーム市場を獲得する」という経営戦略を実現するためのマーケティング戦略であり、それを具現化した施設なのです。実はＩＢＭは米国のニューヨーク州で、１９３５年から既に顧客の幹部向け宿泊研修施設としてＩＢＭホームステッドを運営して、顧客の獲得と維持に大成功していました。それを日本でも展開したのです。

ＪＲ伊東駅まで電車で行くと、ＩＢＭのロゴが入った大型バスが迎えに来てくれました。そこから山道を30～40分走ると、道路からは門しか見えない研修施設天城ホームステッドに到着します。講演までの時間、スタッフの方に案内してもらって施設の歴史を聞き、ロビーの壁に掛かっている写真に写っていた日本経済復興の立役者の顔ぶれを見ると、ＩＢＭのマーケティング戦略がいかに目先の収益ではなく、長期的なビジョンに基づいた経営戦略の中枢に位置付けられたものかが分かりました。参加者は情報システム担当者ではなくトップマネジメントばかりで、歴代の講師もコンピューターの専門家はむしろ少なく、経営や国際経済の権威が並んでいました。

恐らくＩＢＭはここでコンピューターやメインフレームの商談はしなかったはずです。ＩＢＭがこの山奥の豪華な研修施設で顧客と語り合ったのは世界経済であり、経営戦略であり、近未来の組織であり、世界の先進企業の組織や戦略だったのです。コンピューターの話などしなくても、そこに至るためにはＩＴ投資が不可欠なことは自明でした。そして参加者は、この体験を通してコンピューターメーカーとしてではなく〝未来への水先案内人としてのＩＢＭの存在〟を再認識したはずです。

約50年の歴史の中で、この天城ホームステッドで宿泊研修を受けた人の数は、各産業の経営幹部とその候補で15万人を超えました。昼の講義の後は、一流ホテル並みの食事と、その後の懇親会があり、お酒を飲みながら講師を囲んでリラックスしたネットワーキングが行われます。もちろん研修にはIBMの営業も同席しますが、セールスでというより、一緒に学ぶという姿勢で接することで、強い連帯感が生まれます。

IBMのすごさは「顧客が何を買っているのか」を深く理解していたことです。インターナショナル・ビジネス・マシーンズ（IBMは略称）という社名を冠し、その名の通りビジネスマシンを製造・販売して大成功したIBMが、企業が買っているのはコンピューターではなく〝そのコンピューターの活用によって得られる成果〟であることを深く理解していたのです。

「機械は作業をしなければならない、人間は考えなければならない（Machines Should Work, People Should Think)」

これは1960年代にIBMがまるでマントラのように使っていた標語です。「作業は（IBMの）機械にやらせて、人間は未来を考えよう」という思想を、具体的に戦術に落とし込んだものが天城ホームステッドであり、だからここには機械を使う人ではなく、企業の未来を考えるべき人を招き、機械の話でもソフトウエアの話でもない、未来の社会、ビジネスを論じたのだと思いました。企業の目的がコンセプトとなり、それが経営戦略に書かれ、それを実現するマーケティング戦略になり、その戦略を踏まえた戦術や標語が生まれたのです。この一貫性は、１９６０年代以降の日本ＩＢＭの快進撃を支えました。

ＩＢＭが、そのマーケティング戦略によって生み出した「強い製品」「最高の技術」「最高の教育を施された営業」で奏でるマーケティング・オーケストレーションで、日本市場から獲得した売り上げは累計で数十兆円に上ります。

講義の翌朝、早朝の緑豊かな敷地内を散策しながら、50年前にこの不便な場所にここまでの投資をする戦略眼と、その戦略を見事に実施して狙った日本のメインフレーム市場を獲得し、確固たる地位を築いた日本ＩＢＭのマーケティング戦略のスケールを感じて鳥肌が立つ思いがしたものです。

日本のＢ２Ｂマーケティングは世界から大きく遅れていますが、注意深く観察すれば、身近に学べる対象は数多く存在します。外資系企業の多くは、世界標準のマーケティング戦略とそれを実現する組織を持って運営されています。そして日本の多くのエンタープライズ企業は、こうした外資系企業と何らかの接点があるはずなのです。こうした機会を逃さずに貪欲に学ぶべきでしょう。

マーケティングを強化すれば未来が見えてくる

2022年の秋から始まった米国IT産業の景気後退を受けて、その後の10カ月間で約10万人のマーケティングパーソンが職を失ったといわれています。そして、これが米国を中心としたマーケティングテクノロジーの進化に拍車を掛けました。

マーケティング部門を大幅に縮小しても、マーケティングに求める成果が変わるわけではありません。その穴埋めをテクノロジーが担うのはいつものことで、景気減速のたびにマーケティングテクノロジーは進化してきました。今回はそれに加えてAIがあります。ジェネレーティブAIと呼ばれるクリエイティブに強みを持つAIは、それまで人間が行っていた多くのマーケティング業務を猛烈な勢いで自動化しています。第2部で書いたように、世界のB2Bマーケティングは、1990年代に起きた「デマンド革命」、2000年代に起きたMAをはじめとする「テクノロジー革命」、そして2020年代になって急速に進化した「AI革命」によって長足の進歩を遂げています。この変化に日本は乗り遅れてしまいました。

マーケティングはイメージと違って地道な積み上げを必要とします。特に経済合理性に対する説明をロジカルに求められるB2Bでは、近道はありません。一歩一歩実力を蓄えるより他に進化の道はないのです。

今、日本企業が取り組むべきことは、これまで営業だけに任せていた〝売り上げをつくるプロセス〟にマーケティングを組み込んで再編成し、販売の生産性を引き上げることです。ものづくり、在庫管理、物流、事務などのバックオフィス系の生産性については、日本は世界に引けを取りません。しかし、残念ながら「フロント」つまり「売り上げを生み出す」部分の生産性はとても低いのです。
この本は私の実務経験を基に、Ｂ２Ｂ企業の営業の生産性を引き上げるための理論、戦略、組織、ツールなどに関する考察をまとめたものです。さらに、それを具体的に改善するためにマーケティング部門、ＣＭＯ、インサイドセールス、営業部門、販売代理店、カスタマーサクセスなどがどうあるべきかについても書いています。日本企業は今、マーケティングを全力で学び、それを経営戦略の中心に据えて全体最適のマーケティング＆セールスの再編に取り組むときです。目指すべき姿は、会社全体で最適に調和された〝マーケティング・オーケストレーション〟なのです。

この本は〝マーケティング・オーケストレーション〟について書かれた、日本で初めての書籍です。

マーケティングとはその言葉通り市場（マーケット）との対話です。市場は絶えず変化し、時には劇的に変わってしまいます。だからこそ市場の変化に対して常に注意を払い、変化を見逃さず、チャンスを逃さず、競合の動きの意味を理解する必要があります。そのセンサーの役割はマーケティングなのです。マーケティング部門を強化することは、未来の解像度を上げることです。クリアに見えればいくらでも手が打てます。その最強のマーケティング組織はオーケストラによく似ているのです。

さぁ、マーケティング・オーケストレーションの旅に出発しましょう。

著者略歴

庭山一郎　（にわやま・いちろう）

シンフォニーマーケティング株式会社　代表取締役
中央大学大学院ビジネススクール客員教授

1962年生まれ、中央大学卒。90年9月にシンフォニーマーケティング株式会社を設立。データベースマーケティングのコンサルティング、インターネット事業など数多くのマーケティングプロジェクトを手がける。97年からBtoBにフォーカスした日本初のマーケティングアウトソーシング事業を開始。製造業、IT、建設業、サービス業、流通業など各産業の大手企業を中心に国内・海外向けのマーケティング&セールスのアウトソーシングサービス、研修サービスを提供している。海外のマーケティングオートメーションベンダーやBtoBマーケティングエージェンシーとの交流も深く、長年にわたって世界最先端のマーケティングを日本に紹介している。主な著書に『BtoBマーケティング偏差値UP』『究極のBtoBマーケティング ABM（アカウントベースドマーケティング）』（ともに日経BP）、『BtoBのためのマーケティングオートメーション正しい選び方・使い方』（翔泳社）などがある。

日経クロストレンド

「マーケティングがわかる　消費が見える」を編集コンセプトとするオンラインビジネスメディア。顧客相手のビジネスを展開している限り、携わるすべての人が「マーケター」です。顧客に寄り添い、課題を解決するヒントを探るべく、日経クロストレンドでは、マーケターのためのデジタル戦略、消費者分析、未来予測など、多彩なテーマの記事を平日毎日お届けします。また、第一線で活躍するマーケターを招いた各種セミナーイベントも定期的に開催。あらゆるマーケティング活動やイノベーション活動を支援します。

儲けの科学
The B2B Marketing
ザ・B2Bマーケティング

売れるサービスを開発し、営業生産性を劇的に引き上げたオーケストレーションの技法

2024年3月18日　第1版第1刷発行
2024年4月11日　第1版第2刷発行

著　者　庭山一郎
発行者　佐藤央明
発　行　株式会社日経BP
発　売　株式会社日経BPマーケティング
〒105-8308　東京都港区虎ノ門4-3-12
編　集　酒井康治（日経クロストレンド）
装　丁　中川英祐（Tripleline）
制　作　關根和彦（QuomodoDESIGN）
印刷・製本　大日本印刷株式会社

ISBN　978-4-296-20458-8
Printed in Japan